KB109866

경제 생로병사

경제 생로병사

초판 1쇄 인쇄　2014년 10월 15일
초판 1쇄 발행　2014년 10월 22일

지은이　박 정 환
펴낸이　손 형 국
펴낸곳　(주)북랩
편집인　선일영　편집　이소현, 김아름, 이탄석
디자인　이현수, 신혜림, 김루리, 추윤정　제작　박기성, 황동현, 구성우
마케팅　김회란, 이희정
출판등록　2004. 12. 1(제2012-000051호)
주소　서울시 금천구 가산디지털 1로 168, 우림라이온스밸리 B동 B113, 114호
홈페이지　www.book.co.kr
전화번호　(02)2026-5777　팩스　(02)2026-5747

ISBN　979-11-5585-375-7 03320(종이책)
979-11-5585-376-4 05320(전자책)

이 도서의 국립중앙도서관 출판예정도서목록(CIP)은 서지정보유통지원시스템 홈페이지(http://seoji.nl.go.kr)와 국가자료공동목록시스템(http://www.nl.go.kr/kolisnet)에서 이용하실 수 있습니다.
(CIP제어번호 : CIP2014029432)

경 제

ECONOMY

생로병사

박정환 지음

북랩book Lab

프롤로그

사람은 태어나면 성장하고 병들고 늙고 죽는다. 이 과정에서 사람은 젊고 건강한 상태로 오래 살고 싶어 한다. 세상을 다 가졌던 진시황 같은 사람도 죽기는 싫었던지, 불로장생하는 약초를 찾으려고 온갖 노력을 다했다. 오늘날에는 의학과 의술의 발달로 사람들이 과거에 비해 상대적으로 더 건강하고 젊게 살아간다. 사람들은 부단히 건강을 위해 투자하기도 한다. 사람의 생이 그렇듯 경제도 젊거나 늙거나 병드는 것 같다. 경제의 생로병사 속에서 인류는 경제가 젊고 건강하도록 부단히 노력했다. 무수히 많은 경제학자들은 경제가 병들면 병을 치료하기 위해 고군분투했다. 그러나 불행하게도 오늘날 많은 국가들의 경제는 병들거나 늙어가고 있다.

유럽은 유럽 통합 이후 일시적으로 경기가 크게 상승했으나, 현재에는 유럽 역내 여러 국가들이 0%대의 경제 성장률을 기록하고 있다. 일본도 2013년에는 양적 완화 효과로 잠시 경기가 살아났으나, 지난 20여 년간 저성장에 시달렸다. 한국도 2018년 이후에는 급격하게 경제가 위축될 위험에 놓여있다. 찬란하게 성장했던 국가들의 경제가 일정 시간이 흐른 후 침체와 정체에 빠져드는 것은 어떤 이유 때문일까? 이런 것을 규명하고 올바른 해결책을 모색하자는 소망으로 이 책은 쓰였다.

물론 작가의 견해가 100% 맞는다고 볼 수도 없을 것이다. 그러나 적지 않은 부분에서 독자들이 작가와 공감하는 것들도 있을 것이라고 작가는 기대하면서 글을 썼다. 경제의 생로병사 과정을 알기 위해 나는 인류의 물질적 경제 번영이 어디서 어떻게 시작되었는지 알아봐야 했다. 그리고 경제가 활기차게 운영되던 국가들이 왜 시간이 지남에 따라 경기침체와 불황의 늪에 빠지는지 그 이유들을 찾고 그에 대한 해결책을 구하고자 노력했다. 이런 것을 기술한 작가의 견해가 정답이 아닐 수도 있다. 나의 관점이 올바르지 않을 수도 있다. 그러나 나의 견해를 통해 경제를 이렇게 볼 수도 있음을 독자들이 생각할 수 있다면 이 책은 성공한 것이라는 생각도 해보았다.

사람의 생각은 저마다 다 다르다. 똑같은 사물을 언제 보느냐에 따라 사물에 대한 느낌도 다르다. 일례로 봄에 보는 산은 푸르러지기 시작하고, 여름에 보는 산은 짙푸르고, 가을에 보는 산은 알록달록하고, 겨울에 보는 산은 앙상하다. 어떤 것이 산의 본래 모습이라고 할 수 있을까? 사람마다 견해가 다를 것이다. 짙푸름을 좋아하는 사람은 산하면 여름의 산 모습이 산의 원래 모습이라 말할 것이고, 단풍을 좋아하는 사람은 가을 산이 산의 원래 모습이라고 말할 것이다. 자연 현상이 그러할진대, 인간이 살아가면서 인간 스스로 만들어가는 사회 현상들에 대한 사람들의 평가와 견해는 무척이나 다양할 것이다. 사회 현상의 이런 다름 속에서 우리는 우리가 놓여 있는 시대와 상황에서 발생하는 문제들에 대해 문제의 본질에 올바르게 접근해야만 한다. 그래야만 적어도 문제에 대한 해결점을 찾거나 해결점 가까이 갈 수 있다.

이 책에는 그간의 나의 미천한 경험과 생각, 지식 등이 총동원되어 있다. 사실 이 책을 쓰려고 마음먹은 것은 10년 전이었다. 그때부터 나는 올바르게 경제를 보는 시각을 가지려고 노력했다. 지금도 그렇지만 그때의 나는 경제에 대해 아는 것이 거의 없는 초보였다. 그러나 정말로 나는 경제가 어떻게 작동하는지 알기 위해 부단히 노력했다. 플라톤이 말한 동굴 속의 자아처럼 경제 현상을 보는 데 나는 많은 점이 부족했으나, 사물을 올바르게 보기 위해 노력하고 노력했다.

그러나 먹고 살아야 했기에 지난 7년간 학원에서 수학 강사 생활을 했다. 회사 생활을 하다가 다시 수학을 공부하니 모르는 것이 무척 많았다. 경제학을 공부하다 보니 수학적 지식도 필요하여 수학 강사의 길을 걷기 시작했다. 수학 강사 초창기에는 잘 가르치지 못했다. 수학 지식이 얕아 몇 번 학원 강사를 그만둘 고비도 맞았다. 처음에 내가 학원 강사를 시작할 때는 학생 수가 많고 강사 수는 많지 않아서, 수학 실력이 부족했던 나도 그럭저럭 강사 생활을 계속할 수 있었다. 반면에 65만 명 수준이던 한 학년 학생수가 45~50만 명으로 줄어든 지금은 학원도 힘들고 강사란 직업도 수입이 많지 않은 직업으로 변했다. 어쨌든 나의 초창기 강사 시절 실력 없는 사람한테 공부했던 학생들에게 무엇보다도 미안한 마음이 든다. 수학 강사를 하다 작년부터 본격적으로 책 출간에 매달렸다. 원고 초안에는 구성이 엉망인 부분도 많아 책을 고치고 또 고쳤다. 무엇을 쓸 것인지는 정했으나 책의 내용을 어떻게 해야 할지 몰라 고민도 많이 했다. 그런 그간의 노력들을 이렇게 세상에 내놓는다.

경제를 바로 알고 경제 문제에 대해 올바른 해결책을 찾는 것은 우리 모두에게 중요하다. 내가 초기 강사 시절 실력 없이 강의하던 때를 회상해보면 알 수 있듯이, 경제 문제에 대한 높은 문제 해결 능력은 경제 관련 종사자 및 일반인 모두가 갖추어야 할 자질이다. 그래야 우리들의 경제적 삶이 좀 더 평안해지기 때문이다. 나는 경제 문제와 문제 해결책을 찾는 과정에서 셜록 홈즈가 되기를 원했다. 그처럼 신출귀몰하게 사건의 단서를 찾아나가기를 꿈꾸었다. 한여름 밤의 꿈이어도 좋다. 그러나 그것을 향해 도전하고 시도해보았다는 것에서 나는 행복했다.

나는 책을 쓰면서, 더 많은 책을 읽고 여러 가지 것을 더 배워야 한다는 것을 자각했다. 내가 읽고 쓸 수 있는 여건이 구비되는 한 더 많이 읽고 더 많이 쓰는 활동을 게을리 하지 말아야겠다는 다짐도 했다. 오래 전에 대학을 졸업한 후 그간에 내가 읽고 생활했던 분야 중 하나인 경제 분야에서, 비록 여러 모로 부족하나마 이렇게 책을 낼 수 있다는 것만으로도 나는 기쁘다. 이 책에는 나의 열정과 노력이 많이 들어 있다. 부디 독자들은 작가에게 많은 점이 부족하다는 것을 느끼더라도, 어여쁜 마음으로 이 책을 읽어주실 것을 부탁드린다. 그동안 살아온 삶 가운데 나와 관련되어 있는 모든 분들에게 지면으로나마 감사의 인사를 올린다.

CONTENTS

I

경제 생로병사의 원인

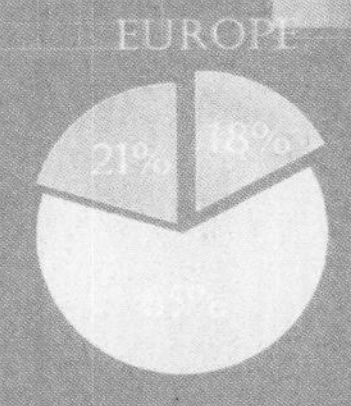

01
경제는 언제 어떻게 발전했을까?

글을 시작하며

오늘날 인류가 이룩하고 있는 물질문명의 발달은 눈부시다. 20년 전 유행했던 '삐삐(무선 호출기)'가 휴대폰으로 발전하더니, 최근에는 스마트폰으로 진화했다. 내가 초등학교 시절 친척집에 가기 위해 지나쳤던 대관령, 삽당령 비포장도로는 아스팔트로 변했다. 비포장 산길을 시골버스로 다닐 때 나는 차멀미를 자주 했다. 그래서 차를 탈 때 나는 항상 비닐 주머니를 준비해야 했다. 그러던 내가 어느 날 차를 타도 차멀미가 나오지 않았다. 버스도 최신식인 데다 도로도 포장되었기 때문이다. 나에게는 경제 발전이 내 차멀미를 해소시킨 의사였다. 오늘날에는 의학의 발달로 사람의 수명도 늘어났다. 그러면 이러한 인류의 경제번영은 언제 어떤 요인으로 시작된 걸까?

이렇게 발전된 물질문명 사회에서도 한국의 자살률은 지난 20여 년간 인구 10만 명당 9.4명에서 28.4명으로 대폭 늘어났다.[1] 한국의 연간 자살 사망자 수는 1만 4,000명에 이르고 있다. 1990년 75.4%에 이르렀던 중산층 비중

1) 『의협신문』 2012년 4월 11일자, 『머니투데이』 2014년 3월 10일자.

은 2010년에는 67.5%로 감소했다. 반면 1990년 7.1%였던 저소득층 비중은 12.5%로 확대되었다.[2)] 1990년대 7~8%에 이르던 한국의 경제 성장률은 최근에는 2~3%대로 낮아졌다. 이처럼 한국 경제는 전반적으로 침체되어가고 있다.

국민의 소득 분포도 나빠졌다. 1990년대 초에는 70~80%의 사람들이 자신이 중산층이라고 생각했다. 그러나 현재 자신이 중산층이라고 생각하는 사람들의 비율은 20~30%에 불과하다. 2012년 기준 한국의 취업자 수는 2,494만 명이다. 이 중 자영업자는 690만 명이고, 이 690만 명 중 70%에 가까운 500만 명이 저소득자로 분류된다. 비정규직 근로자도 591만 명이었고, 정규직 임금 소득자 중 저소득 임금 소득자도 500만 명에 이르는 것으로 추정된다. 결국 한국에서는 60%에 가까운 사람들이 낮은 소득을 얻고 있는 것으로 계산된다. 실제로 월평균 155만 원 이하의 소득자가 전체 소득자 중 50%에 이른다고 한다. 경제가 발전할수록 미국처럼 근로소득의 격차가 커지고 저소득자가 많이 발생하는 현상은 왜 일어나는 걸까? 여러 지표로 보더라도 경제가 늙고 병들어가는 것이 분명한데, 이것은 무슨 이유로 발생하는 것일까? 많은 연구 기관들은 2030년대에는 한국의 잠재 성장률이 1%대로 낮아질 것으로 예측하고 있다. 이런 경제구조 하에서 우리는 무엇이 한국 경제를 이렇게 만들었는지 생각해보고, 이에 대한 적절한 대응책을 모색해야만 한다.

2) 통계청 가계동향 조사 참조.

시장자본주의의 성립 및 발전

1991년 12월 25일 고르바초프 소비에트 연방 대통령이 연방 대통령직을 사임했다. 고르바초프의 사임으로 소비에트 연방은 공식적으로 해체되었다. 소비에트 연방의 붕괴는 사회주의 경제가 시장자본주의 경제와의 체제 경쟁에서 패배했음을 의미한다. 시장자본주의와 자유민주주의가 사회주의와 권위주의에 대해 거둔 승리로 프랜시스 후쿠야마는 "역사는 종언되었다."라고 선언했다. 사람들은 시장자본주의가 인류에게 최상의 경제 제도이며, 이런 제도와 체제가 영원할 것이라고 생각했다.

사회주의와 시장자본주의의 경쟁과 대립에서 승자와 패자가 결정된 것은 제도가 인간의 삶에 중요하다는 것을 의미한다. 물질문명의 발달에는 사회주의보다 시장자본주의가 더 효율적인 것으로 판명되었다. 그래서 어떤 제도 하에서 살아가느냐 하는 것은 사람들의 경제적 삶을 1차적으로 좌지우지한다. 시장자본주의가 세계 경제제도의 대세로 자리 잡은 이상, 시장자본주의의 역사를 살펴보는 것은 인류의 경제 발전이 어떻게 시작되었는지를 살펴보는 것과 같다.

인류는 제도 혁신과 기술 혁신을 통해 물질적 삶의 수준을 발달시켰다. 중세 이후 제도 혁신을 동양보다 먼저 이룬 서양은 근대부터 큰 발전을 이루었다. 반면 종이, 화약, 나침반, 인쇄술 등의 기술 혁신을 서양보다 먼저 이룩한 동양은 유교사상에 파묻혀 제도 혁신을 이루지 못했다. 그 결과 동양은 기술에서도 서양에 뒤처졌다. 서양은 동양의 종이, 인쇄술을 통해 지식산업을, 나침반을 통해서는 해양 개척을, 화약을 통해서는 막강한 군사 전력을 구축했다. 이런 역사의 흐름은 최근에도 나타났다. 과거 냉전시대에 소련은 군사 기술. 우주항공 기술 등에 있어 미국을 앞서기도 했다. 그러나 소련은 일반 생필품 등 각종 산업 제조 기술과 생산성이 매우 취약했다. 계획경제 하에서 사람들은 창의적이지 못한 데다 생산에 대한 동기 유발이 없어서, 소련에서는 각종 산업 생산이 대충 대강 이루어지기도 했다. 1990년까지 러시아 산 트랙터는 차라리 고철로 사용되는 것이 더 나았다고 한다. 이처럼 물질문명 발달에 있어 사회주의는 시장자본주의에 뒤처졌다.

서양은 중세 때는 봉건제 사회였으나 근대, 현대에는 시장자본주의와 민주주의를 정착시켰다. 그런 다음 서양은 시장자본주의의 여러 모순점을 극복하고자 복지주의를 시장자본주의에 가미했다. 서양은 어떻게 이런 제도 변화를 이루면서 경제 발전을 이루어내게 되었을까?

시장의 생성과 시장자본주의 및 경제의 발달

BC 3500년경 메소포타미아에서는 은을 사용해서 세금을 거두었다. 또한 각종 가격 계산에 있어서 은의 무게를 활용했다. 특히 부채도 정제되지 않은 은덩어리로 계산했고, 시장에서는 은을 거래 매개수단으로 사용했다. 인류는 이처럼 고대부터 물물교환 이후 화폐를 통한 상업적 거래를 발달시켰다. 시장은 고대 이전부터 생성되고 발전했다. 시장은 메소포타미아 같은 거대 국가가 생긴 이후에는 국가 영토의 확대와 더불어 확장되었다. 거래 매개수단인 화폐로 사용되는 금속 화폐가 국가에 의해 만들어지고 통용됨에 따라, 시장에서의 상품 거래도 활발히 이루어졌다. 이처럼 고대부터 화폐와 시장이 존재했는데, 고대와 중세는 왜 근대, 현대처럼 비약적인 경제 발전을 이루지 못한 것일까?

고대 경제제도는 노예제였다. 그리스와 로마 시대에 생산은 하층민인 노예들이 주로 담당했다. 고대 그리스에서는 철학 및 과학, 수학이 눈부시게 발달했다. 그러나 고대 그리스에서는 과학의 실용적 응용을 천한 것으로 여겼다. 심지어 아르키메데스처럼 과학의 실용화를 경멸하는 지식인들도 많았다. 그리스의 도시 민주정치 하에서는 교역으로 부를 획득한 상인들이 지도층 시민이 되어 세력을 넓혔다. 그러나 그리스에서는 생산을 전쟁포로나 노예들이 담당했는데, 그들은 천대받았다. 생산자들은 주어진 것만 하면 되었기 때문에 더 많은 것, 더 좋은 것을 생산할 동기를 얻지 못했다. 고대 철학자 아리스토텔레스는 그리스의 민주사회 유지를 위해 노예제를 옹호하기까지 했다. 아리스토텔레스는 도시국가 유지를 위해 시민은 투표와 공론에 참여하는 것이 바람직하고, 그에 따른 생산력 감소 부분을 노예가 담당해야 한다고 생각했다. 고대 그리스에서는 철학, 법학, 과학, 수학 등의 발달에도 불구하고 생산에 대한 천시로 인해 생산력이 비약적으로 발전하지 못했다.

로마 시대에는 한때 평민인 농민이 평민의회를 결성하여 귀족과 동등한 지위를 얻기도 했다. 그러나 농민은 잦은 전투 참전으로 농사 짓기가 어려웠다. 농민 가족들의 생활은 어려워졌고, 농민은 토지를 귀족에게 매각할 수밖에 없었다. 농민들은 경제적으로 몰락하고, 귀족들의 힘은 강해졌다. 점차적으로 농민들은 농사를 지을 땅이 없어 귀족이나 대지주 등에게 귀속되어갔다. 농민의 노예화로 농업 생산에 있어서 이윤 동기가 사라지자, 로마 시대의 농업 생산성도 정체되거나 큰 발전을 하지 못했다.

생산자들에 대한 낮은 대우는 중세부터 완화되기 시작했다. 중세에는 광부와 기초 금속공이 조직한 수공업자 자유 공동체가 결성됨에 따라 기술 발전이 이루어졌다. 중세 말엽쯤에는 이들에게 생산 및 처분 권리가 주어져서, 이들은 각종 농기구 및 철제 제품들을 발명하거나 발전시켰다. 13세기 이탈리아에서는 코시모데 메디치가 도시국가 피렌체를 설립했다. 사회적으로 하층민이었던 메디치는 상업 및 고리대금업(은행업)을 통해 부를 축적한 후 도시국가의 수장이 되었다.

몽골의 유럽 침략도 유럽의 발전에 큰 영향을 미쳤다. 먼저 몽골에서 전래된 화포, 화약 기술은 중세 사회체제를 근본적으로 변화시켰다. 화포와 화약은 로마 붕괴 후 지속되었던 중세의 성 방어 체계를 무력화했고, 성 단위로 봉건영주나 기사에 생존을 의존하던 사람들의 생활을 송두리째 뒤흔들었다. 사람들은 성 방어 체계의 무력화로 봉건영주에 의존하지 않고, 국가라는 울타리 안에서 생활하게 되었다. 근대 민족국가가 출현하게 되었으며, 성 안에서만 거래되던 상거래는 국가의 전 영토로 확대될 수 있었다. 중세의 경제력이 로마 시대보다 뒤처진 것은 이런 협소한 시장 규모에 기인한다. 그런데 이런 것이 무너지자 유럽의 부흥은 시작되었다. 한술 더 떠 근대 유럽 국가는 해상 무역로 등을 통해 교역을 유럽 내와 유럽 이외의 지역으로 확대했다. 시장의 확대는 생산을 촉진시켰다. 유럽은 생산의 동기만 확실하게 생산자에게 주어지면, 경제적으로 번영을 이룰 수 있게 되었다.

한편 중세 말엽에는 페스트가 전 유럽을 휩쓸었다. 십자군 전쟁까지 할 정도로 가톨릭에 신실했던 유럽인들은 종교를 통해 페스트에서 벗어나기를 소망했다. 실제로 많은 사람들이 생존의 위협에서 벗어나고자 종교에 의지했다. 그럼에도 불구하고 페스트는 멈추지 않아 7,500만 명의 사람들이 목숨을 잃었다. 페스트 앞에서 교회가 무기력하자, 유럽인들은 종교에 대한 기존의 생각을 다시 했을 것이다. 그리하여 페스트 발병 이후 유럽에서는 신에게 전적으로 의지하던 것을 벗어나, 인간을 바탕으로 한 르네상스와 계몽주의가 유행할 수 있었다. 르네상스를 통해 유럽의 과학 혁명은 시작되었다. 과학 혁명을 통해 유럽의 기술은 크게 발전했고 생산력도 폭발적으로 증가했다.

페스트에서 살아남고 페스트 면역력을 지니게 된 유럽인들은 이 질병 인자를 몸에 지닌 채 아메리카 대륙에 상륙했다. 페스트 인자가 아메리카 대륙에 퍼지고, 많은 인디안들이 페스트로 사망했다. 그 후 유럽인들은 아메리카 대륙의 새로운 주인이 되었다. 몽골의 유럽 침공은 이처럼 유럽의 생활과 의식에 큰 변화를 몰고 왔다.

중세 말엽부터는 생산자 및 공급자들이 길드 등을 결성하여 시장에서 부를 획득했다. 이들은 부를 통해 신분 상승을 이루기도 했다. 메디치 가(家)의 예처럼 귀족 신분제 사회인 유럽에서 상공업자들이 특권층으로 성장하는 사례가 나타났다. 사회에 신분이동 통로가 생겨난 것이다. 농업 생산성보다 상공업 생산성이 높고 많음에 따라 상공업자들은 봉건 지주와의 경쟁에서 승리할 수 있었다. 여기에는 근대 민족국가 수립에 따른 시장의 확대와 상공업자에 대한 생산의 동기 부여가 큰 역할을 했다. 영국에서는 1688년 명예혁명 이래 상공업자들이 정치를 주도했다. 국가 권력이 상공업자들에게 주어질 정도로 그들의 지위는 상승했다. 고대 그리스에서 시민이면서 상인이었던 사람들이 존중받는 풍토가 근대 유럽에서 되살아났다.

그리스와 근대 유럽이 다른 점은, 근대 유럽에서는 수공업자인 생산자 계층이 상공업자로 발전하여 신분 상승을 이루어냈다는 점이다(고대 그리스에서 생산자는 노예 계급이었다). 생산자 계층은 신분 상승을 이룬 후 자본가 계급으로 발전했다. 『레미제라블』에서의 장발장처럼, 사장이면서 시장이 될 수 있는 시대가 유럽에 도래했다. 상공업자들은 축적된 부를 통해서 산업혁명이 발생하는 데에도 주도적인 역할을 했다. 근대 유럽에서는 귀족 신분제가 사라지지는 않았으나, 계층 이동의 사다리가 생겨남에 따라 생산 활동이 비약적으로 발전했다. 경제적 동기가 경제 발전에 미친 영향은 근대 북유럽 국가와 남유럽 국가들의 모습에서도 잘 나타난다. 국가가 제국주의 수단을 기업에 위임한 북부 유럽은 제국주의 경제를 국가가 진두지휘했던 남유럽보다 한 발 앞서 발전해갔다.[3] 이처럼 경제적 동기 부여가 생산력 발전에 큰

3) 존미클 스웨이트, 에이드리언 울드리지 지음, 유경찬 옮김, 『기업, 인류 최고의 발명품』, p. 67.

영향을 미친다는 것을 알 수 있다.

반면 동양은 일찍이 서양보다 과학과 기술이 발달했음에도 생산자들을 우대할 줄 몰랐다. 우대는커녕 아예 천시했다. 동양에서 공업 생산자들은 왕과 귀족을 위한 물품만 주로 생산했다. 자연스럽게 동양에서는 공업품에 대한 시장 규모가 매우 협소했고, 이런 이유 등으로 인해 근대부터 동양은 서양에 뒤처졌다.

한편, 유럽에서는 상공업이 발전하고 시장이 활기를 띠자, 상품을 시장에 다 저렴한 가격에 고품질로 내놓는 것이 중요해졌다. 상공업자의 이윤추구 활동도 옹호되었다. 이런 풍토 속에서 18세기의 영국은 유럽의 다른 나라보다 근로자의 임금이 높아 상공업자의 이윤 확대가 힘들었다.

영국에는 석탄이 매우 풍부했다. 석탄을 원료로 하는 증기 엔진은 노동력을 대체할 수 있었다. 비용 절감을 원하던 상공업자에게 증기 엔진은 환영받았다. 산업생산에 증기 엔진이 사용되자 노동자들의 고용은 감소되었다. 유럽에서는 방직기계 등의 여러 가지 기계가 발명되었는데, 상공업자들은 기계 등을 구입하기 위해서 많은 자본이 필요했다. 여러 산업 분야에서 산업생산을 위해 대규모 자본이 필요한 시대가 유럽에 본격적으로 도래한 것이다.

자본의 산업적 활용은 15세기 이탈리아 도시국가에서부터 시작되었다. 도시국가들은 무역항해 시 필요한 선박 및 물품 구입 자금을 주식 교부를 통해 마련했다. 이런 주식회사 제도가 17세기에 네덜란드, 영국 등에서 활발하게 행해졌다. 이로써 시장과 자본이 결합된 시장자본주의가 유럽에서 본격적으로 출현했고, 그로 인해 유럽의 경제는 가속도가 붙은 상태에서 발전해 나갔다. 이 당시의 유럽은 화폐적 요인만 제외하고 모든 경제 발전의 요건이 구비되었다. 한편으로 철도 등 수송 수단이 구비됨에 따라 상품을 전국적으로 판매할 수 있어서, 대량생산이 소량생산보다 유리해졌다. 대량생산을 위해서는 많은 자본이 필요했고, 기업들은 자본을 주식 시장 등에서 조달했다. 19세기 말과 20세기 초에는 이런 요인으로 인해 시장자본주의가 활짝 꽃 피웠다.

1870년 이후에는 독일을 위시하여 유럽 각국은 산업 생산과 관련된 것들을 연구하는 대학과 연구소를 설립했다. 화학 등 이공계 학문이 기존 대학에서 정규 교과 과정으로 채택되었다. 이를 통해 유럽의 산업 발전은 양적 성장 외에 질적으로도 도약하게 되었다.

근대 이후 유럽에서는 인구가 증가하자 노동력이 풍부해졌다. 대량생산 등으로 기업들의 규모가 커지자, 기계화에도 불구하고 생산 활동에 많은 노동자가 필요해졌다. 근대 유럽에서는 노동자들이 기업에 종속되었고, 자본가들의 지나친 이윤 축적에 따라 사회제도가 고대 노예제처럼 변모할 위험이 높아졌다. 자본가의 이윤 추구가 강화될수록 노동자들의 생활은 악화되어갔다. 마르크스는 이런 시대 상황 속에서 노동자들의 권리가 강화되어야 한다고 주장했다. 그는 자본가의 이윤 원천이 노동자들의 잉여노동에 따른 결과일 뿐이라고 주장했다(노동자가 하루 12시간 노동해서 6원의 새로운 물품이나 가치를 창조했다고 하자. 이 가운데 노동자가 임금으로 3원을 가져가고 자본가가 이윤으로 3원을 가져갈 때, 자본가에게 귀결된 3원을 마르크스는 노동자의 잉여노동에 의해 발생된 소득이라고 보았다. 3원의 소득은 노동자가 일한 12시간 중 6시간에 해당되고, 이 6시간을 마르크스는 잉여노동이라고 정의했다).

마르크스의 사상처럼 시장자본주의 하에서 생산을 담당하는 사람들인 자본가와 노동자 중 자본가 못지않게 노동자들의 권익도 보호받아야 한다는 사상이 나타났다. 근대 이후 유럽에서 노동자는 시민계급이었다. 고대사회의 생산자들이 노예였던 것과 달리, 유럽에서는 노동자들의 사회 신분이 시민이어서 노동자들은 자신들의 권익을 주장할 수 있었다. 이것이 고대와 근대 유럽이 다른 점이었고, 이로 인해 인류의 경제제도가 진화할 수 있었다. 정치권도 노동자 등의 취약 계층을 보호하고 취약 계층의 요구에 귀를 기울였다. 그 결과 독일의 비스마르크는 복지제도를 채택하여 시행했다. 반면 러시아에서는 마르크스 사상을 참조해서 1917년 혁명이 발생했다. 마르크스는 자본주의가 진전된 국가에서 자본가-노동자 계급의 빈부격차 확대와 대립으로 노동자에 의한 혁명이 발생한다고 보았다. 그러나 러시아에서 발생한 사회주의 혁명은 봉건 농업 국가가 사회주의 국가로 변신을 꾀한 혁명이라는 점에서 마르크스의 주장과 다른 면도 있다.

경제 발전과 진화는 이처럼 시대 상황에 발맞추어 이루어졌다. 이 과정에서 경제는 나름대로 꾸준하게 성장을 거듭했다. 마치 태어난 아기가 청소년이 되고 청년이 되어가듯이, 그렇게 경제는 성장을 했다. 경제는 시장, 자본, 노동, 이윤 동기, 화폐, 지식 등이 구비될 때 발전할 수 있었음을 알 수 있다.

현대 시장자본주의와 경제 발전 방향

19세기 말 유럽에 이공계 연구소가 설립된 데서 보듯이, 시장자본주의는 지식을 중시한다. 시장에 경쟁이 자리 잡으면 기업은 남보다 뛰어난 제품을 만들어야 생존과 발전에 유리하다. 이를 위해서는 자본 못지않게 지식이 필요하다. 그래서 오늘날의 시장자본주의 하에서 지식이 있는 근로자들은 기여의 원칙에 따라 회사로부터 보너스나 스톡옵션 등을 받기도 한다. 고가의 기계 제품을 만드는 장인들도 생산지식 근로자로 간주되어 우대받는다. 독일은 1840년대부터 도제 제도를 통해 축적된 기술이 승계되어 산업발전에서 도약을 이루었다. 발명가들은 발명품을 기반으로 시장에서 투자 자금을 유치 받아 기업을 창업하기도 한다. 지식이 생산의 주된 원천이 되고 우대

받음에 따라, 한국은 전문대학 이상의 대학 진학률이 71.3%인 학력 인플레 사회가 되었다. 현대 사회는 자본가와 노동자, 지식 소득자 간에 소득 차이가 커서 빈부격차가 확대되고 있다.

국가적으로도 지식은 강조된다. 역사적으로 보더라도 지식을 우대한 미국은 20세기 들어 신흥 강대국이 되었다(미국은 19세기, 20세기에 이민 온 유럽 기술자들에게 많은 혜택을 주었다). 반면에 18~19세기 산업혁명을 통해 세계를 지배했던 영국은 귀족 우대 풍조(사업은 속물들이 하는 것으로 천시받기도 했다)와 기술자에 대한 경시 풍조가 있어서, 20세기가 되자 산업 경쟁력이 약화되었다. 영국은 산업 경쟁력이 강할 때 세계의 금을 쓸어 담아 세계 최강대국이 되었으나, 산업 경쟁력이 약화되자 1930년대에는 세계 최강대국 자리를 미국에 넘겨주었다. 미국은 특허제도 등을 통해 18세기 무렵부터 기술을 지속적으로 우대했다. 기술과 지식의 우대는 미국 경제의 생산력을 폭발적으로 확장시켰고, 미국을 세계 최강대국으로 만들었다.

현대 시장자본주의에서는 자본과 지식이 대우받는다. 자본과 지식을 소유한 사람들은 부를 쟁취할 기회도 많다. 반면 단순 근로자들에 대한 대우는 열악해졌다. 근로자의 일자리가 기계로 대체되는 현상도 심화되고 있다. 2000년에 한국 2,000대 기업의 매출 총액은 800조 원이었다.[4] 그리고 2010년에는 1,711조 원으로 증가했다. 그러나 이 기간 기업들의 고용은 제자리걸음을 했다. 기업들의 해외 생산이 증가한 면도 있으나, 공장 자동화와 정보화로 기업의 생산직과 단순 사무직 일자리는 제자리이거나 감소했기 때문에 그런 현상이 발생했다. 반면 최근 10년간 국내에서는 기술 개발과 디자인 등의 고급 일자리는 6배 증가했다. 미국에서도 2007년부터 2012년 5월까지 단순 사무직 일자리는 200만 개가 줄어든 반면, 관리직 일자리는

4) 이원재 벙커원 강연 내용 자료 참조.

38만 7,000개가 늘었다.[5)]

시장자본주의는 자본을 근간으로 하면서 지식을 새로운 발전 요소로 삼는 체제로 진화하고 있다. 이스라엘의 대학 내 벤처기업 '예다'를 통해 이런 현상을 잘 알 수 있다. 예다는 글로벌 제약사인 '테바'와 함께 다발성 경화증 치료제인 코팍손을 개발해 상업화했다. 10명 남짓한 예다 직원은 1,500개 지식 재산권으로 연매출 10억 달러 이상을 달성하고 있다. 예다와 같은 대학 벤처기업의 기술이 상업화에 성공하면 대학은 그동안의 벤처 지원 자금을 회수한다는 명목으로 벤처기업 주식 40%를 교부받는다. 벤처기업의 주식 40%는 개발자에게 돌아가고, 나머지 20%는 연구개발 자금으로 사용된다.

이처럼 오늘날의 시장자본주의 하에서는 지식이 있는 사람들이나 투자자본가들이 돈을 벌 수 있는 기회가 많다. 그 결과 1970년까지는 미국의 소득 상위 1%가 미국 전체 소득의 10%를 차지했으나, 2005년에는 소득 상위 1%가 미국 전체 소득의 33%를 점유할 정도로 빈부격차가 확대되었다.[6)] 2009년에서 2010년 사이의 미국 소득 증가분의 93%도 소득 상위 1%가 차지했다. 시장자본주의는 돈을 벌고자 하는 개인의 욕망을 보장함으로써 경제가 발전하는 제도이다. 그러나 오늘날 지나친 빈부격차의 확대로 시장자본주의 하에서 여러 문제점이 발생하고 있다. 그런 것들이 왜 일어났고 경제에는 어떤 부작용이 있는지에 대해서도 차후 살펴보기로 하자.

---

5) 『매일경제』 2014년 4월 2일자.

6) 『매경이코노미』 2013년 11월 25일자.

02
현대 경제에서 수요가 부리는 요술

수요와 경제 현상

오늘날의 경제 제도 하에서 많은 사람들은 더 많은 돈을 벌어 더 많은 소비를 하고 싶어 한다. 돈을 많이 벌기 위해 사람들은 열심히 일하며 생산도 증대시킨다. 돈을 많이 번 사람들은 소비도 많이 할 수 있기 때문에, 돈을 벌려는 사람들의 욕망으로 인해 생산은 촉진된다. 이런 경제 작동 구조로 시장에는 끊임없이 새로운 상품과 서비스가 출현한다. 더 좋고 더 나은 물건과 서비스가 시장에 계속적으로 흘러 들어온다. 50년 전만 해도 한국의 가정은 가구당 가전제품을 0~3개 정도만 보유했다. 그러나 오늘날의 한국 가정은 라디오, 텔레비전, 냉장고, 세탁기, 로봇 청소기, 에어컨, 컴퓨터, 유선 전화기, 무선 전화기, 전자레인지, 정수기, 제습기, 선풍기 등등의 가전제품을 보유하고 있다. 그러면서 사람들은 히말라야 여행, 캐나다 오로라 관광, 어학 및 각종 교육 상품 등을 구매한다. 사람들의 수요가 이처럼 꾸준하게 증가하고 다양해진 결과, 시장에서는 늘 다양하고 색다른 제품이 출현한다. 그 결과 인류의 물질적 경제 번영은 지속적으로 확대되었다.

케인즈는 일찍이 사람들의 소득이 증가하면, 상대적으로 저축은 늘고 소비는 감소한다고 했다. 이것을 '한계소비성향이 감소한다'고 했고, 이것 때문에 자본주의가 불황을 겪는다고 그는 주장했다. 그러나 케인즈의 주장은 2가지 점에서 오류가 있다. 그의 말대로 불황 시 정부의 시장 개입은 필요하지만, 오늘날의 현실에서는 사람들의 소득이 저축을 증대시켜 소비를 감소하게 할 정도로 소득이 많은 사람들이 많지 않다. 그리고 극히 일부의 부자들을 제외한 대부분의 사람들에게 있어서는, 소득이 증가함에 따라 한계소비성향이 케인즈가 말한 것처럼 그렇게 많이 감소하지도 않는다.

2012년 기준으로 한국의 임금 근로자 1,773만 명 중 1,016만 명이 연소득 3,000만 원 이하의 소득자였다.[7] 1억 원 이상의 소득을 올리는 근로자는 41만 5,000명으로, 전체 임금 근로자의 2.3%였다. 한국에서는 연소득 1억 원 이상의 소득자들은 소득 증가에 따라서 한계소비성향이 감소하는 사람들로 간주될 수 있다. 그리고 이런 사람들의 비율은 전체 소득자 중에서 극소수이다. 대다수의 사람들은 돈이 없어 소비를 많이 못 할 뿐, 소비 욕망이 감소하는 것은 아니다. 미래에 대한 대비도 제대로 못할 정도로 많은 사람들은 소득이 많지 않다. 따라서 현실 경제에서는 한계소비성향 감소에 따라 경제가 불황에 빠져들 가능성은 매우 낮다. 2013년 기준으로 한국에서는 전체 가구 중 55%의 가구가 소득 대비 지출이 많은 적자 가구였다. 1970년대 30%에 육박했던 한국의 가계 저축률은 2013년에 2.7%로 하락했다. 주택 구입 비용, 주택 전세자금. 사교육비 등의 증가로 한국 가계가 적자를 떤다고 맥킨지 보고서는 분석했다. 미국의 가계 저축률도 1970년대에는 10%였던 것이 1990년대에는 4~5%로, 2000년대에는 1~2%로 낮아졌다. 한국 가계의 소득 대비 지출 비율도 2003년에서 2011년까지는 80% 내외였다.[8] 2012

7) KBS 4월 14일자 보도.

8) 통계청 자료 참조.

년과 2013년에는 이 비율이 70% 중후반으로 하락했으나, 사람들의 소비는 꾸준한 편이었다. 2012년과 2013년에 소득 대비 소비 비율이 이전보다 하락한 것은 미래 경기가 불안하고 부동산 시장과 주식 시장이 정체된 데 기인한 것으로 추정된다.

소비 욕망의 과다는 한국 가계부채 증가에서도 발견된다. 한국의 가계부채는 2014년 현재 1,000조 원을 돌파했다. 버는 것보다 쓰는 것이 많고, 많이 벌지 못해 한국의 가계부채가 지속적으로 증가하고 있다. 2011년 기준 GDP 대비 소비 비율은 미국이 77.7%, OECD 평균은 68.5%였다. 10여 년 전 미국은 이 비율이 70%였다. 시간이 지남에 따라 소비가 증가하는 현상은 이처럼 수치 자료에서도 확인된다. 단, 한국에서는 지난 10년간 GDP 대비 소비 비율이 60%에서 54% 수준으로 하락했다. 뒤에서 자세히 살펴보겠으나, GDP 분배에서 한국의 가계소득 비율의 축소, 자산 가격의 정체, 고소득 일자리의 축소 등의 요인으로 한국의 GDP 대비 소비 비율이 하락했다.

1950년 전 세계 전력 소비량은 1조 kWh였다. 이것이 2005년에는 15조 kWh로 증가했다. 이 기간 세계 인구는 25억 명에서 64억 명으로 2.56배 증가했다. 반면 전력 소비량은 15배 증가했다. 전력 소비량이 인구 증가율 대비 큰 폭으로 증가한 것이다. 시장자본주의 하에서의 왕성한 소비욕이 생산과 소비를 활발하게 가져온 결과, 전력 소비량도 기하급수적으로 증가했다. 그 결과 복지제도가 잘 갖추어진 선진국에서는 중산층이 옛날의 왕들과 같은 경제적 수준의 삶을 누리고 있다.

수요에 대한 사람들의 과잉 욕망이 생산을 촉진시켜 경제 발전의 원동력이 된 면도 있으나, 장기적으로는 경기침체를 유발하기도 한다. 이제 어떤 면에서 그런 것들이 발생하는지를 살펴보자.

사람들이 사고 싶은 것이 많고 경제적으로 높은 수준의 삶을 살고 싶어 하다 보니, 경제가 발전할수록 전체 인구 중 80%에 가까운 사람들이 늘 돈이 부족하다고 생각한다(한국 가계의 월평균 소득은 400만 원이고, 소득 상위 20%가 월평균 600만 원 이상을 번다). 왜냐하면 이들이 소비하고 싶은 준거점은 자신의 소득을 기준으로 하는 것이 아니라, 소득 상위 10% 사람들의 소비 행태에 있기 때문이다. 인간은 사회적 동물이다. 베블런은 명품이나 고가의 제품이 사람들의 과시욕으로 인해 가격에 상관없이 잘 팔리는 경향이 있다고 했다. 인간은 배고픈 것은 참아도 배 아픈 것은 못 참는다. 다른 사람의 활발한 소비는 결국 사회 전체의 활발한 소비로 귀결된다.

실제로 2000년 초부터 한국 가계 중 사교육을 실시하는 가계가 거의 90% 이상으로 확대되었다. 너도나도 자녀 교육에 매달렸기 때문이다. 이런 상태에서 자녀가 늘어나면, 대부분 가계의 금전적 부담은 증가한다. 그래서 대부분의 사람들은 경제가 발전할수록 오히려 가급적 적은 수의 자녀를 출산한다. 1840년대에 콘돔에 의지하던 피임이 1960년대에는 먹는 약을 통해서도 이루어졌다. 과학의 발전으로 원치 않는 출산을 하지 않아도 됨에 따라, 출산은 인간의 욕망이 아닌 인간 의지에 따라 결정되었다. 그리하여 많은 사람들이 경제적인 이유로 출산을 기피할 수 있었다. 그래서 경제가 발전한 나라들일수록 출산율은 급격히 낮아졌다. 경제 발전이 이루어진 국가들에서 가난한 사람들은 경제적인 이유로 1명을 초과해서 애를 낳기가 어렵고, 경제적으로 여유가 있는 사람들도 출산이 힘들어 2명 이하로 출산하고 있는 것이 출산율 감소의 직접적인 원인이기도 하다.

1960년대 한국의 출산율은 6.0명이었다. 이처럼 힘들고 못 살던 시절에도 한국의 출산율은 높았다. 그러나 1990년대에는 한국이 경제 발전을 이루었음에도 불구하고 출산율은 1.6명으로 낮아졌다. 한국의 출산율은 2000년 이후에는 1.1~1.3명 수준으로 급격히 낮아졌다. 대다수 선진국들도 1970년, 1980년대부터 출산율이 급격히 하락했다. 프랑스, 영국과 같은 국가들은 출산 시 국가가 지원하는 지원금을 확대했다. 자녀가 성장하는 데 큰 어려움이 없을 정도로 국가가 재정을 지원하자, 이들 나라의 출산율은 1.3명에서 1.9명 수준으로 상승했다. 이것은 결국 출산이 '돈'에 의해 많이 좌우되고 있다는 증거이기도 하다.

경제학에서는 소비할 상품이 여럿 있으면 소비자들은 상품별 가격 대비 한계효용이 같아지도록 상품들을 구매한다고 한다. 이를 한계효용 균등화의 법칙이라고 한다. 이처럼 사람들이 사고자 하는 욕망이 많은 재화는 비싼 값을 주더라도 구입하고, 사고자 하는 욕망이 적은 재화는 낮은 가격으로 구입하는 것이 합리적인 소비 행위라고 경제학은 가르친다.

그러면 이때 구입하려는 재화와 서비스가 많아지면 어떤 현상이 발생할까? 소득으로 소비를 충분히 할 수 있는 일부 사람들만 제외하고 대부분의 사람들은 소비를 많이 못 해 경제적으로 결핍과 빈곤을 느끼게 될 것이다. 더 나아가 사람들은 자녀 1명이 늘어나는 것을 부담스러워하게 된다. 최근의 각종 설문조사에서도 한국의 부부 중 70%가 앞으로 자녀를 더 가질 계획이 없다고 응답했다. 그 이유로 사람들은 내 집 마련 비용과 사교육비 비용으로 인해 자녀를 추가로 갖기 힘들다고 말했다. 이런 이유로 경제가 발전한 나라일수록 오히려 출산율이 감소하는 것이 일상적인 모습이 되었다.

출산율이 감소하면 경제에서는 어떤 현상이 발생하게 될까? 일본을 보면 출산율 감소가 경제에 어떤 영향을 미치는지 잘 알 수 있다. 출산율 감소 등으로 일본은 1992년부터 생산 가능 인구의 감소가 시작되었다. 그 이후 일본은 매년 평균 0.6%의 경제 성장만 기록했다. 사실상 일본의 경제는 20여 년간 답보 상태에 머물렀다. 그리고 2005년부터 일본의 인구는 감소하기 시작했다. 한국도 2018년부터 생산 가능 인구가 줄기 시작한다. 한국에서는 2020년이면 대학생 수가 2012년 대비 20% 정도 줄어들 것이라고 한다.[9] 출

9) 한국개발연구원 외 지음, 『시장경제의 재발견』, p.437.

산율 및 인구 감소로 기업체 등의 신규 인력 수요도 정체되거나 줄어들 수 있다. 한국의 대학생 졸업자 취업률은 2006년 67.3%에서 2010년에는 51.9%로 줄었다. 이 기간 교육대학 졸업자 취업률은 89.2%에서 52.6%로 급격히 줄었다. 많은 시장자본주의 국가에서는 출산율 감소에 따라 신규 일자리 수요가 줄어들자 청년 실업률이 10~20%를 기록하고 있다. 한국도 이 비율이 11% 정도이다.

출산율 및 인구의 급격한 감소는 장기적으로 경제에 큰 질병을 발생시킬 수 있다. 서서히 끓는 냄비 속에서 청개구리는 온도를 감지하지 못하다가 나중에는 결국 죽는다. 경제가 발전할수록 이런 청개구리처럼 되기 쉬운 것이 오늘날 우리들의 모습일지도 모른다.

정부 지출 증가의 필요성 및 문제점

케인즈는 경기침체 시 정부 지출을 확대해 경기침체를 해소할 것을 주장했다. 정부 지출에 따른 정부 부채 증가 문제도 경기가 살아나면 세금을 더 많이 거두어 해결할 수 있다고 그는 생각했다. 그의 주장은 어떤 때는 맞고 어떤 때는 틀린 것으로 나타났다.

개인은 주로 후생 증진을 위해 소비한다. 반면에 기업은 미래에 돈을 더 많이 벌기 위해 소비한다. 이런 기업의 소비를 투자라 한다. 기업이 사원복지 등을 위해 개인의 소비와 같이 소비하는 것도 있으나, 일반적으로 기업의 소비는 투자 활동이 주를 이룬다. 반면, 국가의 소비인 정부 지출은 국민경제의 안정과 국민의 후생 증진을 위한 목적으로 행해지는 것이 많다.

1930년대 미국이 대공황을 극복하는 데 정부 지출 확대 정책은 큰 도움이 되었다. 2008년의 미국 금융위기 극복에도 케인즈적 경제 정책으로 위기가 단기간에 해소되기도 했다. 케인즈의 경제 정책은 1970년대까지 세계 각국이 참조할 정도로 세계를 휩쓸었다. 그러나 1990년대의 일본과 유럽의 불황에 케인즈적 경제 정책이 채택되었음에도 불구하고 이들 나라의 경제는 침체에서 탈출하지 못했다. 왜 이런 차이가 발생한 걸까? 출산율이 저하되고 생산 가능 인구가 감소하는 상태에서는 정부가 재정 지출을 확대해도 경제가 다시 확장세로 돌아서기가 쉽지 않다. 민간의 소비와 기업의 투자가 인구 요인 등으로 감소하기 때문이다. 반면 미국은 출산율도 2명 수준으로 양호하고 매년 해외 이민자도 70여만 명 발생하고 있어, 불황 시 케인즈적 경제 정책을 통해 경제 회복을 이루기 쉽다. 미국 자체가 갖고 있는 소비력이 인구 증가로 인해 더욱 증가하기 때문이다. 이런 상황 하에서 정부 지출을 확대하면, 이것이 마중물이 되어 소비가 증가하고 생산도 증가하는 선순환 구조가 정착된다.

1997년 11%에 불과했던 GDP 대비 국가 채무 비율이 2014년 현재 34% 수준으로 늘어날 정도로, 지난 10여 년간 한국은 정부 지출을 확대하는 경제 부양책을 실시했다. 그러나 한국의 경제 성장률은 이 기간 7% 수준에서 2~3% 수준으로 하락했다. 정부 지출이 행해져도 인구 및 자산소득 정체 요인으로 총수요가 정체 내지 소폭 증가했기 때문에 한국의 성장률은 이처럼 변화했다.

불황을 완화시키기 위해 정부 지출은 필요하다. 많은 국가들이 불황해소를 위해 정부 지출을 확대했다. 오늘날에는 사고자 하는 욕망인 수요가 증가하는 현상에 따라 정부 지출이 증가하는 압력도 커지고 있다. 국민들이 경제가 발전함에 따라 사회복지 수준을 더 많이 요구하고 있기 때문이다. 프랑스 같은 나라는 GDP 대비 정부 지출 비중이 52%에 이르기도 한다. 국민이 정부에 대해 요구하는 것이 많아짐에 따라 많은 국가에서 정부 부채는 기하급수적으로 증가하고 있다. 남유럽 국가들의 재정 위기는 이런 현상이 실제로 발생한 대표적인 사례이다. 미국의 재정 적자도 지난 몇 년간의 경기침체로 급증했다. 과거에 미국은 과다한 군사비 지출에 따른 재정 적자 외에는 비교적 재정 상태가 양호한 편이었다. 그러나 2009년부터 미국은 해마다 1조 달러의 재정 적자를 기록했다. 2013년에 미국은 6,803억 달러의 재정 적자를 기록하여 재정 적자가 과거보다는 축소되었으나, 여전히 정부 지출 규모는 확장 중이다. 그리고 많은 국가들의 정부 지출이 앞으로는 더욱 더 증가할 것으로 예상되고 있다. 노인 인구가 증가해 연금, 건강보험 등의 재정에 소요되는 자금이 더욱 증가할 것이기 때문이다. 반면, 출산율 감소에 따른 생산 가능 인구 감소로 세금을 많이 거두기가 어려운 환경이 조성되고 있다. 최근 10년 단위로 미국의 정부 부채는 4배씩 증가했다. 2013년을 기준으로 미국의 정부 부채는 16조 달러에 이르고 있다.

국민들의 삶의 수준이 높아짐에 따라 국민들이 정부에 기대하는 눈높이도 높아졌다. 이에 따라 정부 지출도 증가할 수밖에 없다. 마치 시장자본주의 하에서 개인의 소비가 다른 사람들의 소비에 영향을 받아 사회 전체의 소비가 증가하듯이, 정부 지출도 같은 원리로 증가한다. 쉽게 생각해보자. 사람들의 의료비 지출이 늘고 학교 교실에서 선풍기가 에어컨으로 대체되는 것처럼, 정부 지출은 경제가 발전할수록 증가할 수밖에 없다. 문제는 이런 정부 지출을 현재 및 미래의 국가가 감당할 수 있느냐이다. 그것을 감당할 수 없는 국가들은 부도를 내거나 극심한 경제 불황에 빠질 수 있다. 1차 대전 종전 후 독일은 전쟁 배상금 320억 달러를 승전국에 배상하기 위해 하이퍼인플레이션 정책을 펼쳤다.[10] 그 당시 독일은 해마다 수출 총액의 80% 수준에 이르는 금액을 전쟁 배상금으로 지불했다. 국가가 빚을 해소하는 방법

10) 진스 마일리 지음, 유왕진 옮김, 『세계대공황』, p.27.

은 인플레이션을 통하거나 부채 탕감, 또는 부도를 내는 방법이 있다. 그 어느 것 하나 경제에 이롭지 않다.

많은 선진국들은 이처럼 정부 부채의 과다에 따른 경제 질병을 갖고 있다. 미국과 같은 기축 통화국은 달러의 발행을 통해 부채 규모를 축소하거나 부채를 소각시키는 최후 수단을 행사할 수 있다. 물론 이때에도 달러의 가치절하와 달러의 기축 통화 유지 가능성이 어떠할지를 미국은 고려해야 한다. 따라서 천문학적인 정부 부채가 쌓여 있는 미국은 지금부터라도 국가 부채를 축소시켜야 한다. 미국의 국가 부채 축소 방법으로는 세출을 합리적으로 관리하면서 점진적인 통화 추가 발행과 FRB의 정부 부채 소각과 같은 방법들이 있다. 기축 통화국의 통화 추가 발행은 다른 국가와는 다르게 물가 상승 압력이 낮다. 기축 통화를 해외로 이전시킬 수 있기 때문이다. 반면, 한국과 같은 국가들은 정부 부채가 과다 누적되면 통화 남발이나 국가 부도 외에는 마땅한 방법이 없다. 통화 남발은 물가 상승에 따른 경제의 장기 침체를 초래할 수 있다. 따라서 정부는 시장자본주의 하에서 증가 일로에 있는 시장 수요의 본질을 잘 파악하여 정부 지출을 관리해야 한다. 정부는 새로운 과세 기반을 확대하거나 재정 집행의 효율화와 엄격함을 통해 정부 부채를 관리 가능한 수준으로 유지해야 한다.

03
공급이 유발하는 경제 성장과 경기침체

공급과 경제 현상

19세기에 세이는 "공급이 수요를 창출한다."라고 말했다. 세이가 이런 말을 했던 당시에는 공급자가 시장에 물건을 내놓으면 내놓는 족족 물건이 다 팔렸던 것 같다. 그리고 이 당시에는 인구 증가와 산업생산 증가에 따라 경제가 성장하다 보니, 시장에서는 수요가 공급을 압도했던 것 같다. 그러나 이런 상황에서도 버블이 발생한 후 버블이 붕괴되면, 사람들의 자산소득이 감소하거나 기업 부도가 증가해 일시적으로 사회의 총수요가 급감하기도 했다. 1930년대의 미국 대공황이 그랬다.

미국 대공황 전인 1929년 6월까지 미국의 산업 생산은 활발했다. 자동차 생산이 증가했고, 라디오 등 새로운 전자제품의 출현으로 미국 경제는 호황을 이어갔다. 성장하는 경제에서는 시장 수요도 꾸준하게 증가하므로, 이에 발맞추어 공급이 증가하면 경제는 엄청나게 빠른 속도로 성장한다. 반면, 대공황처럼 세계가 무역관세 장벽을 확대해 세계 교역 규모가 일시적으로 축소되어 시장의 수요가 공급을 해소시키지 못하면, 극심한 경제 불황이 발생하기도 한다. 케인즈는 개인이 소득 중 일정 부분은 저축을 하므로 사회의 총수요가 총공급에 부족한 상황이 일반적이며, 그에 따라 불황이 자주 발생한다고 생각했다. 물론 뒷부분에서 살펴보겠으나, 그의 이러한 견해는 성장하는 국가 경제에서는 맞지 않는 주장이다. 성장하는 경제에서는 수요가 꾸준하게 증가해 공급 과잉을 해소시킬 수 있기 때문이다. 문제는 공급 과잉임에도 불구하고 계속적으로 생산 시설이 건설되어 공급 과잉이 일상화될 때이다. 공급 과잉은 인구 감소에 의해 쉽게 발생할 수 있다. 공장화, 자동화로 고용 인력이 감소해 사회의 유효 수요가 정체되거나 감소할 때에도 공급 과잉은 발생할 수 있다.

공급에 관한 세이와 케인즈의 주장은 시대 상황에 따라 케인즈의 말이 맞기도 하고 세이의 말이 맞기도 한다. 일례로 한국은 고도 성장기에 내수와 수출이 확대되었다. 고도 성장기의 한국에서는 다양한 공급자들이 시장에 출현해 활발하게 공급 활동을 했다. 그러나 1997년 외환위기 후 한국에서는 기업 구조조정으로 많은 공급자들이 사라졌다. 이때의 한국 경제는 기업 부도에 따른 수요 부진으로 말미암아 발생한 경제 불황에 시달렸다. 엄밀하게 말해 이 당시의 불황은 공급 그 자체가 과잉이어서 발생한 불황은 아니었다. 투자 및 소비 감소에 의해 수요가 갑작스럽게 축소되어서 발생한 불황이었다. 일부 사업체들이 사업성이 있다는 것만 믿고 이자도 내지 못하면서 무분별하게 기업을 확장시킨 것은 큰 잘못이었다. 이런 회사들의 부도로 한국은 외환위기 시 극심한 경기침체에 시달렸다.

최근의 한국에서는 젊은 인구의 감소에 따라 주택 수요가 정체되자 많은 건설회사 들이 부도를 냈다. 이처럼 경제 체력 상 본질적으로 수요가 부진하거나 수요의 하락 압력이 심한데 공급자가 많으면, 그것은 수요 부족이 아니라 공급 과잉 현상으로 간주되어야 한다. 오늘날의 일본 경제와 다가올 미래의 한국 경제가 이러한 국면에 놓여 있다. 이런 때는 장기적인 계획을 통해 인구 감소에 따른 수요 부진을 해소시키는 정부 정책이 필요하다. 그러면서 수출을 통해 공급 과잉을 합리적으로 해소시키는 것도 필요하다.

미국 금융위기처럼 일시적인 버블 붕괴 후 찾아오는 경제 불황도 시장의 수요 부진에 따른 경기침체로 볼 수 있다. 본래의 수요는 존재하는데 일시적으로 자산소득 감소에 의해 수요가 축소되었기 때문이다. 이런 때에는 정부가 시장에 개입해 부진한 시장 수요를 회복시키는 데 노력해야 한다. 1929년에서 1933년 사이에 발생했던 미국 대공황은 1930년대 내내 이어졌다. 정부와 민간이 취한 경제 대응책의 혼선도 미국의 대공황이 1930년대 내내 이어지게 된 주요 원인 중의 하나였다. 이 기간에 미국 정부는 국가산업부흥국을 설립해 생산량의 과잉을 조절하려 했다. 미국 정부의 이런 행동은 민간경제의 위축을 발생시켰다. 미국 정부가 세금을 인상하고 각종 세금을 신설하여 사유재산을 인정하지 않는 태도의 정책을 취하자, 1930년대 내내 미국의 민간 투자는 위축되었다. 미국 경제는 1930년대 중반까지 1929년의 경제 수준을 회복하지 못했다.

설상가상으로 지급준비율 인상과 같은 통화 당국의 통화정책도 이어졌다. 이자율이 상승했고 자금 부담에 따른 기업의 부도도 미국에서는 1930년대 내내 지속적으로 발생했다. 이때의 미국은 인구와 산업생산이 증가하는 성장 단계의 경제였으므로, 생산 활동을 위축시키지 않고 민간의 소비와 투자를 촉진시켜야 했다. 유동성도 확대되었다면 대공황은 단기간에 해결되었을 것이다. 그러나 그러지 못했던 관계로 미국의 대공황은 1930년대 내내 계속되었고, 1940년대 2차 대전에 따른 정부 지출 증가가 있고서야 미국의 대공황은 해소되었다. 1940년 미국 연방정부의 지출은 150억 달러, 1941년은 362억 달러, 1942년은 989억 달러, 1943년은 1,487억 달러로 늘어났다.[11] 정부 지출 증가로 전쟁물자 생산이 대폭 늘어나게 되었다. 실업률은 1940

11) 진스 마일리 지음, 유왕진 옮김, 『세계대공황』, p.182, 189, 190, 194.

년 14.6%, 1941년은 9.9%, 1942년은 4.7%, 1943년은 1.9%가 되어, 미국 경제는 완전고용 상태에 이르렀다. 이 기간에 군 복무자가 895만 명으로 증가해 실업률이 대폭 감소될 수 있었다. 전쟁 중 필수 소비재 등의 생산은 가급적 억제되어 국민의 생필품은 배급제로 보급되었다. 화폐 공급은 1939년에서 1943년 사이에 79.6% 증가해, 미국의 대공황을 종결시키는 데 일조했다. 2차 대전 종전 후 그동안 생산이 억제되었던 소비재 등의 산업 생산이 활발히 재개되었고, 미국 경제는 다시 성장 궤도에 진입했다. 대공황처럼 사회의 일시적 수요 부진에 따른 공급 축소는 수요를 사회의 경제 실력에 맞게 재조정하면 해소된다. 수요는 자산소득을 증가하거나 정부 지출 확대 등을 통해 진작시킬 수 있다.

공급 활동이 활발하면 경제는 성장하고, 공급 활동이 위축되면 경제는 질병을 앓는 상태에 놓이곤 했다. 경제 성장률이 지속적으로 하락하고 있는 국가들은 인구 및 자산소득 감소 등의 요인에 의한 수요 위축에 따라 공급도 위축되는 위험에 직면하고 있다. 이들 국가에 공급 과잉의 위험이 점증하고 있다. 이와는 다르게 오늘날에는 사람들의 수요 변화가 심해 시장 자체적으로 공급 과잉이 발생하곤 한다. 시장에서는 새로운 상품, 서비스가 넘쳐나고 있다. 사람들이 기존 제품에 흥미를 두는 기간도 짧아졌다. 그러다 보니 공급자들은 시장에 다양한 물건을 공급해야 생존이 가능하다. 시장에는 물건이 넘쳐나고 공급은 과잉인 상태에 놓일 때도 많다. 공급자들이 신중하게 공급 활동을 하더라도, 시장에 있는 물건을 모두 소비할 정도로 사람들의 소득은 빠르게 증가하기가 쉽지 않다.

이런 상황에서 공급자들은 공급 활동을 어떻게 하고 있을까? 판매 전문 공급자인 코스트코는 시장에 공급되는 공급품의 가지 수가 많아 소비자가 제품 선택에 힘들어하는 것을 보고 매장 진열 품목을 단순화했다. 코스트코는 잘 팔리고 소비자에게 인기 있는 제품 위주로 매장을 진열했다. 소비자가 물품 구입을 쉽게 하도록 하기 위해서였다. 어떤 공급자들은 소비자가 예산 제약으로 구입하기 힘든 자동차, 가전제품 등을 사용 기간에 따라 리스나 할부 형태로 소비자에게 공급하기도 한다. 오늘날 미국에서는 많은 소비자가 자동차를 할부로 구매하고 있다. 철지난 옷을 저가에 판매하는 아울렛이나 중고차 시장도 소비자에게 인기가 많다. 호텔 숙박료가 비싸 여행이 힘든 배낭족이나 알뜰 여행객들을 위해 일반 가정집을 개조하거나 홈스테이 형식으로 저렴하게 숙박료를 제공하는 공급자들도 있다. 공급자들은 소비자들에게 공감으로 밀착 접근해, 제품 수명 주기가 짧은 것을 극복하는 마케팅을 전개하기도 한다. 제래미 리프킨이 말했던 '소유의 종말'은 오늘날의 공급자가 처해 있는 치열한 시장 경쟁 상황을 극복하기 위해 나온 전략이 아닐까? 슈퍼마켓 진열대에는 매년 2만 개 이상의 새로운 제품이 진열되고, 그 중 대부분은 진열대에서 사라진다.

컴퓨터, 반도체, 휴대폰 등의 IT 산업에서도 다양한 제품들이 빠른 속도로 시장에 밀려오고 있다. 여러 산업 분야에서는 공급자들이 소비자가 원하는 것을 발 빠르게 인식하여 생산 활동을 전개하지 못하면 몰락하기도 한다. 공급자들이 기존 사고에 함몰되어 새로운 시장의 흐름에 뒤처지면 망하기도 한다. 노키아도 그랬고, 일본의 많은 메모리 반도체 업체들도 그랬다. 애플이 처음으로 시장을 장악한 스마트폰 시장에서도 이제는 다양한 공급자들이 다양한 스마트폰을 시장에 공급하고 있다. 구식 제품을 혁신하고 새로운 제품을 만들어 시장에 계속 공급해야 공급자들은 생존할 수 있다. 그래서 시장에는 늘 새로운 기능, 새로운 제품으로 무장한 공급자들로 넘쳐난다. 이런 경쟁의 연속으로 공급자들은 시장에서 사라질 위험에 늘 직면하고 있다. 특히 세계 시장에서는 공급자들 간의 경쟁이 치열하다. 1990년 이후 세계 시장에 본격적으로 등장한 동유럽 국가, 인도, 중국, 러시아 등에서 15~20억 명의 노동 인력이 쏟아졌다. 공급자들도 이와 결부해 증가했고, 세계 시장에서 공급자 간의 경쟁은 한층 치열해졌다.

이런 세계 시장의 흐름을 반영하듯 2013년 1사분기에 한국 제조업체들의 평균 공장 가동률은 76%였다.[12] 구미 공단은 2011년 89%였던 공단 가동률이 2013년 2사분기에는 78%대로 하락했다. 독과점 기업들은 적은 양을 생산해 판매하는 것이 이윤 극대화에 효과적일 때도 있다. 그래서 독과점 기업들은 의도적으로 조업률을 낮추기도 한다. 그러나 한국의 많은 기업들은 국내 시장에서 독과점 위치에 있어도, 세계 시장에서는 독과점이 아닌 완전 경쟁 상태에 있다. 국내 대기업들은 대부분 내수 비중보다 수출 비중이 더 높다. 이런 상태에서 이들 기업들의 공장 가동률 감소는 세계 시장의 경쟁이 그만큼 치열하고 시장 상황이 시시각각으로 변화하고 있음을 의미한다(최근에는 공장 합리화 등으로 국내 대기업들은 공장 가동률을 90% 이상으로 높이기도 했다. 설비투자 증가율이 1990년대 연평균 14%대에서 2000년대에는 연평균 3%대이고 2013년에는 -1%대를 기록한 것이 대기업들의 공장 가동률 향상에 기여한 것으로 추정된다. 대기업의 공급과잉 조절에 따른 설비투자 감소는 경기 불황을 발생시킨다.)

미국의 제조업체도 2010년까지 공장 가동률은 70~80% 수준이었다. 세계를 놓고 보면 공급자들도 많고 공급 품목도 다양해졌다. 철강, 자동차 등의 산업에서는 수요 증가에도 불구하고 공급이 과잉인 상태가 계속되고 있다. 공급자들은 경쟁의 격화로 시장에서 과거처럼 높은 이윤을 얻지 못하고 있다. 상품의 가격과 타 제품의 가격 등도 인터넷상에 공개되어, 소비자들이 가격에 대한 정보를 과거보다 더 많이 알게 되었다. 인터넷 등이 소비자를 영리하게 만든 것이다. 이런 이유가 복합적으로 작용해 한국 상장기업의 2012년 영업 이익률은 5.1%로, 전년도의 5.6%보다 낮아졌다.[13] 국내 많은

---

12) 『매일경제신문』 2013년 보도자료.

13) 『매일경제신문』 2013년 보도자료.

기업들의 수익성은 2010년 이후 지속적으로 하락하고 있다. 10대 재벌 중 12월 결산 상장사들의 순이익의 합은 2012년 59조 8,000억 원에서 2013년에는 50조 9,000억 원으로 줄어, 전년도에 비해 14.9% 감소했다.[14] 세계 시장에 새로운 공급자들이 넘쳐나고, 세계를 선도하는 제품과 서비스를 많이 내놓지 못하고 있음이 기업들의 실적으로 이어지고 있는 걸까? 그래도 한국은 그간의 기술 축적으로 제조업 등에서는 경쟁력이 높은 국가에 속해 있다.

이처럼 시장 상황의 변화로 오늘날 공급자들의 생존 위험은 매우 높다. LED 제조업체인 서울반도체는 2012년 58.6%의 공장 가동률을 기록했다. 서울반도체는 2013년 1사분기에는 공장 가동률이 75~80%였다. 시장 환경이 급격하게 변화하고 있어 공급자들은 투자 계획을 잘 세우고 시장 상황에 카멜레온처럼 적응해야만 생존할 수 있다.

한국에서는 공급자들이 시장 위험에 대응해 1997년 외환위기 후 인수, 합병 등을 진행했다. 2개 업체가 1개 업체가 되거나 1개 업체가 파산됨에 따라, 한국의 주요 기업들은 국내 시장에서 독과점적 지위에 올랐다. 자연스럽게 국내 대기업들의 수익성은 향상되었고, 규모의 경제를 지닌 국내 대기업들은 세계 시장에서 경쟁력도 갖추게 되었다. 그러나 이것은 세계와의 경쟁에서 기술개발을 통해 이룬 승리가 아니다. 위의 경제구조는 전형적인 추격자형 모습이었다. 그 결과 2000년 초부터 2006년까지 구조조정과 규모의 경제 효과 등으로 한국은 매년 10~11%의 수출 증가율을 기록했다. 그러나 2010년대부터는 한국은 고환율임에도 불구하고 수출 증가율이 연평균 9~10%로 낮아졌다. 2013년에는 수출이 2012년에 비해 거의 증가하지 않았다. 한국 수출의 81.7%는 대기업이 담당하고 있고, 중소기업은 18.3%를 담

14) 『연합뉴스』 2014년 5월 7일자.

당하고 있다.[15] 한국은 수출에 있어서 대기업과 대기업 수출 품목에 지나치게 많이 의존하고 있다. 이것은 시장의 유행과 시장 변화에 따른 대응력을 약화시킨다. 미국의 셰일가스 개발과 중국의 공장 증설로 2018년쯤 한국의 석유화학 산업도 불안할 수 있다고 한다. 산업구조의 집중은 경쟁력 강화란 이점(利點)도 있으나, 그 산업이 잘못될 때에는 국가 경제에 큰 타격을 준다. 그래서 끊임없이 새로운 산업과 새로운 기업이 시장에 출현해야 한다.

한국에서는 규모의 경제를 이루지 못한 중소기업들은 대기업과의 경쟁에서 밀려났다. 대기업은 국내 주요 산업을 장악하고 있고 기술개발 및 투자를 주도하고 있다. 반면, 중소기업들은 자금난에 시달리고 기술개발을 많이 하지도 못해 기업 생존이 힘들어지고 있다. 한국에서는 경제력이 대기업에 집중되어 있으나, 전체 기업의 99.9%는 중소기업이다. 중소기업은 전체 산업 종사자 수로는 86.8%를 차지하고 있다. 대기업과 중소기업의 경쟁력 차이로 기업 간 양극화도 심화되었다.

시장에서는 어제의 유행품이 오늘은 잘 안 팔리기도 한다. 시장의 상품 수요는 불규칙적일 때도 많다. 그래서 많은 기업들이 사업성에 대한 기대를 갖고 시장에 도전장을 내밀기도 한다. 그러나 미국에서도 중소기업이 3년간 생존할 확률은 50%에 불과할 정도로 시장에서의 중소기업 생존 환경은 열악하다. 중소기업들의 노동자 임금은 대기업과 비교하면 매우 낮다(한국에서 중소기업 임금은 대기업의 60~70%선이다). 낮은 중소기업의 임금으로 인재들은 중소기업보다 대기업 취업을 선호한다. 지식산업 사회에서 인재난에 따라 중소기업의 어려움은 가중되고 있다.

오늘날 많은 시장자본주의 국가의 소득 분포는 피라미드에 가까운 모습을 보이고 있다. 한국도 1990년 초에는 종형에 가까운 소득 분포 모습을 보

---

15) 중소기업청, 지식경제부 자료 참조.

이다가, 2000년 이후부터는 피라미드에 가까운 소득 분포 모형을 보이고 있다. 2011년 기준 근로소득자 1,545만 명 중 고소득자라 할 수 있는 5,000만 원 이상의 근로소득자는 211만 명으로 전체 근로자의 13.6%였고, 3,000만 원 이하의 근로소득자가 1,030만 명에 이를 정도로 한국의 소득 분포는 악화되었다.[16] 슘페터가 말했듯이 시장자본주의 국가에서는 시간이 지남에 따라 대기업이 독과점 기업이 되기도 한다. 대기업은 돈을 잘 벌고 그 외의 기업은 그렇지 않다 보니, 대기업 종사자만 임금이 높은 구조가 정착되고 있다. 위의 고소득자 비율 13.6%는 대기업 고용 인력 비중과 거의 일치한다. 반면 대기업들은 공장 자동화, 정보화 등으로 고용 인력을 최소화하고 있다. 그러다 보니 사회 전체적으로 고소득자는 적고 중간 이하의 소득자가 60%를 차지하는 소득 분포가 형성된다. 이런 고용 구조로는 결혼과 출산이 잘 이루어질 수 없다. 일본도 최근 여론조사 결과에서 젊은 사람들 중 50%가 결혼을 하고 싶지만 경제적 문제로 결혼하기가 어렵다고 답했다. 공급 측면에서 발생하는 이런 문제점들은 출산율 감소와 젊은 인구의 감소를 가져와 장기적으로 경제의 활력을 저하시킨다.

공급자들의 시장 대응 방안

공급자들은 시장 상황을 역이용해서 기업 발전을 이루기도 한다. 시장에 상품들이 넘쳐나 소비자들은 선택 과부하 상태에 놓이기 쉽고, 시장에는 불량품들이 쏟아져 나오기도 한다. 따라서 소비자들은 상품 선택 시 지명도

16) 『국민일보』 2013년 8월 9일자.

가 없는 회사들의 상품에는 불안해하며 믿을 수 있는 회사와 제품을 선호한다. 공급자들은 이런 상황을 활용해 제품 하자 시 AS(애프터서비스)도 잘해주면서 소비자로부터 신뢰를 받도록 노력한다. 궁극적으로는 자사와 자사 제품을 브랜드화해서, 공급자들은 자사 및 자사 제품에 대한 소비자의 충성도를 높인다. 일부 공급자들은 시장 점유율을 확대하여 시장 위험을 감소시킨다. 다양한 음료수 제품 시장에서 코카콜라는 제품 차별화와 브랜드의 힘으로 지난 100년간 세계 최강자로 군림하고 있다. 시장에서는 이처럼 대기업들이 구조적으로 경쟁에서 승리할 가능성이 많다.

15세기 이탈리아에서는 세계 최초로 특허 제도가 도입되었다. 그 후 공급자들은 특허 개발 및 등록을 통해 새로운 공급자들의 시장 진입을 저지하기도 했다. 특허의 존속 기간은 일반적으로 15년 정도이다. 코카콜라는 콜라 맛을 내는 방법을 영업 기밀로 해서 100년 이상 콜라 시장을 석권했다. 코카콜라처럼 중요 기술을 영업 기밀로 하여 특허 존속 기간 이상으로 시장 독과점을 누리는 기업들도 있다. 미국 국가 경쟁력위원회 자료에 의하면, 미국 S&P 500기업의 시가총액에서 무형 자산이 차지하는 비중은 82%라고 한다. 지적 재산, 기업 브랜드, 영업망 등의 무형 자산이 오늘날에는 이처럼 중요하다. 기업이 돈을 버는 데 무형 자산이 결정적 역할을 하고 있어서, 기업들은 무형 자산을 증가시키려고 온갖 노력을 다한다. 이 과정에서 지식 근로자들은 다른 근로자보다 우대받고 연봉도 더 많이 받고 있다. 앞에서 얘기했듯이, 지식의 차이에 따라 소득이 다르게 결정되는 사회 소득구조가 생겨나게 된 것이다.

시장자본주의는 그 스스로가 가치 팽창적이고 변화 지향적이다. 시장에서 새로운 화학제품이나 전자제품이 생기면, 이에 발맞추어 신규 근로자도 발생한다. 신규 근로자가 돈을 벌어 소비함에 따라 사회의 소비는 확대되고, 이것은 다시 또 다른 공급자가 출현하는 데 이바지한다. 이렇게 시장자본주의는 경제의 발전과 성장에 효과를 많이 내는 제도이다. 그러나 오늘날에는 기업의 공장 자동화 등으로 기업의 신제품 출시에 발맞추어 신규 근로자가 반드시 확대되는 것도 아니다. 근로자 고용 감소로 소득 증가에 따른 소비 증가 활동이 이루어질 수 있는 사람들의 수가 과거처럼 그렇게 많이 증가하지 않고 있다(대기업들의 고용 인구 비중의 감소가 이를 잘 설명한다). 그래서 많은 국가들은 산업구조를 제조업 중심에서 지식 서비스 산업 중심으로 변경했다. 그러나 지식 서비스 산업에서도 브랜드나 기술을 갖고 있는 사람들만 고소득을 얻고, 나머지 사람들은 적은 소득을 올리고 있다. 유명 연예인들은 희소성으로 매년 수억, 수십억 원을 벌고 있으나, 대부분의 이름 없는 배우나 가수들은 월 100만 원 정도의 소득만 얻고 있다. 이름 있는 배우가 10명이라면 무명 배우는 1,000명이나 되듯이, 서비스 산업에서도 직종, 직능별로 개인 간의 소득 격차가 커지고 있다. 서비스 산업을 통해 고용 인력이 늘어도, 서비스 산업 내의 임금 차별화로 사회 전체의 소득 양극화는 해소되지 않고 있다. 이처럼 위와 같이 진행되는 공급 측면에서 발생한 소득 요인에 의해 많은 나라의 경제는 사회 양극화와 수요 부진에 따른 경기침체의 늪으로 빠질 수 있다.

04
경쟁은 경제에 어떤 작용을 하는가?

경쟁의 심화와 경제 호황 및 불황

가계, 기업, 정부의 금전 소비 중 어떤 것이 경제에 가장 유익할까? 모두가 중요하지만, 투자를 포함한 기업의 금전 소비가 경제에 가장 유익하다고 나는 생각한다. 기업의 금전 소비 중 하나인 투자는 미래에 돈을 벌기 위해 행해진다. 따라서 기업이 투자를 많이 한다는 것은 미래 경제에 대한 전망이 밝다는 것을 의미한다. 또한 기업의 투자는 고용도 증가시켜 가계 소비 증대에도 기여한다.

1990년에서 1997년까지 한국의 GDP 대비 투자비율은 35~40%였다. 2000년에서 2010년까지는 2009년을 제외하곤 이 비율이 30~33%였다. 2013년에는 GDP 대비 투자 비율이 28.8%로 하락했다. 위의 지표에서 보듯이, 1990년대 한국에서는 기업들이 그야말로 미친 듯이 투자에 몰두했다. 그 결과 한국의 산업 구조는 노동 집약적 산업에서 자본 집약적 산업으로 발 빠르게 이행할 수 있었다. 한국은 1990년대에 자본 집약적 산업으로 이행하고 있었음에도 불구하고, 활발한 기업 투자로 대기업 고용 인원은 전체 임금 근로자의 22.3%를 차지했다(1980년대에는 섬유, 신발 등 노동 집약적 산업에 대기업들이 많아 대기업 고용률은 30% 이상 이었다). 1990년대에는 1997년 외환위기 전까지 대기업의 활발한 투자와 고용으로 인해 한국에는 안정적이고 임금이 높은 일자리가 비교적 많았다. 그러나 1997년 외환 위기로 대기업의 부도 및 구조조정이 진행된 이후, 2012년에는 대기업 고용 인원이 전체 임금 근로자의 13.6% 수준으로 낮아졌다. 대기업 고용률의 급감은 1998년부터 시작되어 현재까지 유지되고 있다. 규모가 있고 경쟁력이 많은 기업들이 적당히 존재하면 사회에는 안정적인 일자리가 많아진다. 기술력이 있고 경쟁력이 강한 중소기업들이 많아도 사회의 일자리는 안정화된다. 이런 것들은 경제에 유익하다. 1990년대 한국의 경제 성장률은 6~8% 수준이었고, 2001년에서 2010년까지 한국 경제는 연평균 4.4%씩 성장했다. 2011년에서 2013년에 한국의 경제 성장률은 연평균 3.0%였다. 안정적인 기업들이 넓은 세계 시장을 향해 경쟁하고 부도가 나지 않고 돈을 잘 벌면 경제는 원활하게 작동된다. 안정적인 일자리도 많아져 소득, 소비 활동이 촉진되기 때문이다. 이런 기능이 1997년 외환위기 후 약화되자 한국 경제의 성장률은 낮아졌다. 이처럼 적당한 시장 경쟁은 경제에 유익하게 작동한다.

1990년대와 2000년대의 투자와 기업 간 경쟁 강도의 변화는 어떤 흐름으로 전개되었는지 좀 더 살펴보자.

1980년대에 한국은 은행 민영화가 단행되었다. 전에는 기업 대출에 정부의 입김이 관여했었으나 은행 민영화를 통해 은행에 대한 정부의 입김이 약화되자, 사업성이 있는 사업에 대출이 잘 이루어지는 금융 환경이 조성되었다. 1990년대 들어서는 금리가 자유화되었고 자본 자유화도 진행되었다. 재벌들은 재벌 계열 및 종합금융사를 통해 낮은 금리로 해외 자금도 차입할 수 있었다. 1990년대에는 국내 금리가 9%대였으나 해외 금리는 5%에 불과해, 기업들은 해외 자금 차입으로 대규모 투자를 단행하기도 했다. 금융시장에서 투자자들에게 유리한 환경이 마련되었고 한국 경제가 성장하는 단계에 있었기 때문에, 기업들은 투자만 하면 돈을 벌기 쉬워서 투자에 몰두했다. 그 결과 자동차, 철강 등에서 중복 투자가 발생했다. 2000년 초의 세계 경기 호황을 생각하면, 이때의 기업 투자는 중복 투자에는 해당되나 과잉 투자는 아니었다. 그러나 이 기간 대기업들이 결정적으로 실수한 것은 투자에 필요한 자금으로 해외 자금을 무리하게 많이 사용했다는 점이다. 단기간의 이런 행태로 한국 전체의 대외 채무도 늘어났고 한국의 대외 지급능력도 불안해졌다. 1994년 836억 달러였던 한국의 대외 채무는 1997년이 되자 1,673억 달러로 늘어났다. 그런 가운데 태국, 인도네시아에서 국가 부도 사태가 발생했다. 해외 채권자들은 대외 채무가 많은 한국에 대해서도 투자금 손실을 우려했다.

국내에서도 한보철강, 기아자동차 등의 대기업들이 연쇄적으로 부도를 냈다. 결국 해외 채권자들은 한국에서 단기 자금부터 철수하기 시작했고, 한국은 이 과정에서 외화 유동성 부족으로 IMF에 도움을 청하게 되었다. IMF는 한국에 자금을 빌려주는 대신 한국에 대해 엄격한 구조조정을 요구했다. 수많은 한계기업들이 부도 처리 되거나 헐값에 국내외로 매각되었다. 이때 전경련은 삼성에는 반도체, LG에는 석유화학, 현대에는 자동차를 몰아주자는 계획을 수립했다.[17] 빅딜이라고 불리는 이런 계획은 그 후 한국 산업 전반에 폭넓게 적용되었다. 그리하여 2~3개씩 경쟁하던 회사들이 1개 회사로 흡수 합병되는 현상이 발생했다. 대표적으로 외환 위기 전 5개사였던 국내 자동차 회사는 지금 1개사로 변화했다. 이런 여러 요인으로 한국에서는 단기간에 100만 명 이상의 실업자가 발생했다. 그 후 공장 자동화 등으로 대기업의 매출은 늘어도 고용은 늘지 않는, 이른바 고용 없는 성장이 이어졌다. 많은 사람들에게서 안정적인 일자리가 사라지자, 한국 경제에서는

---

17) 한국개발연구원 외 지음, 『시장경제의 재발견』, p.89.

GDP 대비 소비 비중이 낮아졌다.

한편, 대기업 등에서 퇴직한 많은 사람들은 자영업에 뛰어들었다. 좁은 내수시장에 많은 사람들이 경쟁하다 보니 자영업자들은 돈을 벌기가 어려웠다. 많은 자영업자들이 자영업을 하다 투자금을 날리기도 했다. 자영업자에 대해 자연스럽게 구조조정이 진행되어, 경제활동 인구 중 35%에 달했던 자영업자 비율이 2014년에는 27% 전후 수준으로 낮아졌다(1990년대 중반부터 2000년 초까지 한국의 자영업자 비율은 35~40% 수준이었다).[18] 1990년대 자영업 상인들은 한국 내수시장이 성장 단계여서 장사로 돈도 벌었다고 한다. 1990년대 초에는 대형마트나 프랜차이즈 등의 대기업 유통망이 시장에 존재하지 않아 자영업자들의 수입은 괜찮을 수 있었다. 한국 경제의 경기 상황도 그때는 좋아서 많은 자영업자들이 돈을 벌 수 있었다. 자영업자 비중은 OECD 평균이 15.8%이고, 미국은 5.6%이다.[19] 경제가 고도화될수록 자영업자는 대규모화되거나 자본을 앞세운 유통업자들과의 경쟁에서 밀려나곤 한다. 그래서 선진국일수록 자영업자 비중이 낮은 것 같다. 장기적으로 한국의 산업구조도 선진국과 같은 산업구조, 고용구조를 지니게 될 것이다. 그러나 그 이행 과정에서 자영업자의 도산 등과 같은 문제점이 발생할 수 있다. 자영업자 가계의 부채는 한국 가계 부채 중 43.6%를 차지한다.[20] 이들에 대한 수입 저하를 우려하여 한국 정부는 대기업의 무분별한 골목 상권의 진입을 규제하고 있다.

이처럼 시장에서는 경쟁 강도가 약해도 문제이고 너무 강해도 문제이다. 호랑이가 염소 우리에 있으면 염소를 다 잡아먹듯이, 강한 업체가 시장을 독점해도 경제에서는 문제가 발생한다. 많은 염소들이 죽을 수 있기 때문이

---

18) 통계청 통계자료 참조.

19) OECD 2010년 통계연보 참조.

20) 『디지털 타임스』 2014년 4월 14일자.

다. 즉 많은 일자리가 사라지기 때문이다. 세계 시장을 고려해 시장에서는 적당한 수의 대기업들이 경쟁하는 것이 경제에 이롭고, 침체되거나 정체 중인 내수시장에서는 구조조정을 통해 경쟁 강도를 약화시키는 것이 경제에 이롭다.

시장 경쟁이 치열하면 재화 및 서비스의 가격이 내려가고 소비자 후생은 증가한다고 아담 스미스는 말했다. 아담 스미스는 시장에서의 독점의 폐해를 말하면서, 시장이 자유롭고 완전 경쟁에 가까울 때 국부는 증가한다고 생각했다. 그러나 한국에서는 정반대로, 비교적 높은 수준이었던 기업 간 경쟁 구도가 외환위기로 말미암아 독과점 구조로 변화했다. 그 결과 소비자 후생이 침해되는 것 외에 고용시장 구조가 악화되었다. 이것이 오늘날 한국의 경기침체를 불러온 결정적인 요인이기도 하다. 현실적으로 쉽지 않으나, 새로운 기업들이 시장에 진입해 대기업 등으로 성장하는 환경이 한국에는 절실히 필요하다.

1ha(가로 100m×세로 100m)에 나무 500그루가 자라는 것이 적당한데 1,000그루가 자라면 나무들의 성장은 힘들다. 나무들이 햇볕과 토양의 영양분을 차지하기 위해 치열하게 경쟁해서 많은 나무들이 옆으로 자라지 못하기 때문이다. 그리하여 원래 원목 재배 목적으로 심은 나무들이 대나무처럼 가늘고 길기만 해서 목재 용도로 쓰일 수 없게 된다. 그래서 사람들은 간벌 등을 통해 일부 나무를 솎아내 적당한 개체수의 나무들이 자랄 수 있게 숲을 만들기도 한다. 이때 1ha에 적당한 나무 개체수가 500그루인데 너무 많이 솎아내어 나무 개체수가 300그루가 되면, 숲에는 칡이나 기타 잡풀이 자라날 수 있다. 숲에서도 적당한 개체수의 나무가 자라고 성장하는 것이 바람직하다. 1997년 외환위기 시 한국에도 이러한 현상이 발생한 것 같다. 원래 한국에 적당한 기업수가 500개였다고 한다면, 일시적으로 기업수가 700개로 늘어났다. 이를 해소하기 위해 구조조정을 하자 기업수가 300개로 급

감하여 한국에 필요한 200개 정도의 기업이 사라졌다. 이런 변화로 한국은 성장률 감소와 내수경기 부진을 겪게 되었다.

재래시장을 통해서 본 경쟁 패배 문제

시장 내의 경쟁이 치열하여 시장 변화에 발 빠르게 대응하지 못하면 시장 참여자는 생존하기가 어렵다. 시장의 이러한 특징이 싫어 많은 사람들은 협동조합의 형태를 통해 현행 경제 제도를 변화시키자는 대안을 모색하곤 한다. 많은 자본주의 국가에서는 반 세계화와 반 시장자본주의에 대한 시위도 가끔씩 발생한다.

한국 내 소매시장 간의 경쟁 모습도 시장 경쟁의 냉혹함을 잘 보여준다. 한국에서는 선거 때마다 정치인들이 재래시장을 방문해 재래시장 활성화를 공약했다. '6시 내 고향' 같은 TV 프로그램은 일주일에 2~3번씩 재래시장 모습을 방영한다. 그러나 그런 노력에도 불구하고 재래시장을 찾는 사람들의 발길은 계속 감소하고 있다.

소매시장은 대형마트, 백화점, 슈퍼마켓, 인터넷몰, 편의점, 홈쇼핑, 골목상권과 재래시장 등으로 구성되어 있다. 2012년의 소매시장 전체 매출 232조 원에서 골목상권과 재래시장은 97조 원을 차지하고 있다.[21] 1997년만 해도 재래시장과 골목상권은 소매시장 내에서 77.5% 정도의 비중을 차지했었다. 이것이 2012년에는 42%로 축소되었다. 재래시장의 소매시장 내 시장 점유율 감소분을 대형마트와 인터넷몰, 홈쇼핑 등이 가져갔다. 연 초의 여론

21) 신세계유통연구소 2013년 자료 참조.

조사에서는 인터넷 쇼핑이 감소했다는 얘기도 있으나, 홈쇼핑 등의 무점포 시장은 연평균 10%씩 고성장을 하고 있다. 소비자들은 해외 쇼핑몰에서 물건 등을 직접 구매하기도 한다. 급격하게 성장하던 대형마트는 정부의 점포 설치 규제 등으로 최근에는 성장이 정체 중이다. 일부 유통업자들은 시장의 이런 변화로 2015년 이후에는 재래시장이 거의 다 사라질 것이라고 예측하기도 한다.

정부 및 지방자치 단체는 지난 10년간 주차장 건설과 같은 재래시장 현대화 사업 등을 통해 전국의 재래시장에 3조 원을 지원했다. 그러나 거대 자본력을 바탕으로 한 유통업자들은 부산의 신세계 센텀시티처럼 유통, 문화, 오락, 쇼핑이 혼합된 신 유통 채널을 건설했다. 그 결과 재래시장은 가내수공업이 대량생산 공업체제와의 경쟁에서 밀려났던 것처럼, 소매시장 간의 경쟁에서 밀려나고 있다.

이런 소매시장 상황에서도 경쟁력을 유지하는 재래시장들도 있다. 내·외국인 관광객이 많이 찾고 의류, 잡화 등의 도·소매로 특화된 남대문시장, 동대문시장과 전국 한약재 유통의 집결지인 경동시장, 농수산물 유통 집결지인 가락시장처럼, 특성화된 도·소매 재래시장은 그나마 양호하게 영업을 하고 있다. 성남 모란시장도 5일마다 서는 큰 장에 볼거리, 먹을거리를 제공해 사람들의 발길을 끌고 있다.

서울의 역삼 2동에 있는 도곡시장도 소규모 재래시장이지만 아파트, 주택가에 밀착하여 운영하면서 성업 중이다. 도곡시장은 마치 아파트 상가처럼 운영되는 데다 생필품이 저렴한 가격에 소비자에게 제공되다 보니 시장을 찾는 사람들로 붐빈다. 도곡시장 사례에서 보듯이, 생활 밀착형 재래시장은 대형마트와의 경쟁에서 살아남을 수 있다. 반면 전국 여러 도시에 있는 대규모의 재래시장은 방문객이 줄어들고 있어 생존 가능성이 낮아지고 있다. 이들 시장은 주위 음식점, 기타 요식업소에 물건을 납품하는 도매시장의 기능을 담당하면서 소매업도 병행해야 한다. 한편, 동대문 근처의 여러 도·소매 상들의 폐업이 오늘날에는 속출하고 있다. 동대문 인근 상인들은 그날 점심값을 벌었느냐가 상인들끼리의 안부 인사라고 한다. 이곳 시장은 도·소매 기능 외에 인터넷 쇼핑몰을 활용해 물건을 팔 필요가 있다. 정부, 지방자치 단체가 신규로 공연장이나 문화시설을 건설한다면, 이들 시설을 재래시장 내에 유치하는 방안도 재래시장은 고려해봐야 한다.

시장자본주의에서 경쟁의 냉혹함은 위의 재래시장의 모습과 비슷하다. 경쟁에서 소멸하는 사람들과 기업 수가 많으면, 해당 사회는 경기침체에 시달린다. 한국은 1997년 외환위기 시 기업들의 부도로 극심한 경기침체를 경험했다. 미국에서도 자동차 산업이 쇠퇴할 때 디트로이트의 경기는 악화되었다. 경쟁에서 패배하지 않는 다수의 공급자들이 존재하고 활발히 활동하여 시장이 커질 때, 경제는 건강하게 작동한다.

자본시장 간 경쟁의 특이성

잘되는 사업이나 호황인 시장에는 사람과 자본이 몰려든다. 그래서 어떤 시장이 번영하고 있는지를 알려면 시장에 사람과 돈이 넘치는지 살펴보면 된다. 그런데 국제 자본시장 간의 경쟁에서도 어떤 나라의 자본시장에 돈과 사람이 몰려들면, 그 시장이 경쟁력이 많음을 의미하는 걸까? 자본시장은 버블 때문에 이런 것과는 약간 다른 것 같다.

자본시장도 단기간에 자본이 몰려들면 번영한다. 그러나 갑자기 자본이 밀려왔다 썰물처럼 빠지면 자본시장에는 버블과 버블 붕괴가 발생한다. 그리고 사람들은 경제적으로 그 후유증에 시달린다. 1990년대 초의 일본이 그랬다. 버블 붕괴 후 일본은 20년간 경기침체를 겪었다. 니케이 지수는 버블 붕괴 후 20여 년간 정체했다. 따라서 자본시장의 경쟁력은 버블 붕괴가 발생한 이후에 얼마나 빨리 경제가 회복되느냐에 달려 있는 것 같다. 이것은 역으로 이런 자본시장을 가진 나라가 경제 체질이 강함을 의미한다.

오늘날의 자본은 세계 어느 곳에도 자유롭게 이동할 수 있다. 해외 자본은 정치적인 불안 등으로 여러 개발도상국의 자본시장에 투자하기를 꺼려한다. 반면, 오히려 저성장 단계에 있는 선진국들의 자본시장에 세계 각지의 자본이 몰려들기도 한다. 덕분에 미국의 자본시장은 세계 최고의 경쟁력을 지니면서 안정적으로 성장하고 있다. 자본시장의 강세는 경제에 여러 가지 이점을 준다. 먼저 정부투자, 민간투자에 필요한 자금조달이 용이해서 국가 및 기업의 경제운영이 원활해진다. 경제 호황 시에는 주식 시장이 상승하여 가계 및 정부의 수입이 증가한다. 미국은 자본이득세가 15%여서 주식 시장 상승 시에는 정부 세입이 증가한다. 반면, 한국은 주식 시장에서 외국인의 교체 매매가 필요하고 해외자금 유입이 아쉬워 주식 등의 양도차익에 대해 과세를 하지 않으나, 주식거래세(0.3%)가 있어서 주식 시장 호황 시 정부 수입이 증가한다(단 한국에서는 대주주의 양도 차익에 대해서는 과세한다).

브라질은 2011년 외국인 채권 투자에 6%의 토빈세를 부과하기도 했다. 밀려드는 해외 자금으로 헤알 화(貨) 가치가 너무 많이 상승하는 것을 억제하고자 브라질은 토빈세를 시행했다. 토빈세 부과 후 브라질은 단기간에는 헤알 화 가치의 변동이 없었다. 그러나 국제 원자재 가격이 하락하고 브라질의 경상수지가 적자로 전환되자, 2012년에 헤알 화 가치는 폭락했다. 헤알 화 가치 하락으로 브라질은 물가가 상승했다. 토빈세 부과로 브라질에 외국인의 투자 자금 유입도 주춤하자, 2013년에 브라질은 토빈세 부과를 철회했다. 세금 부과가 과다하면 자본이 해당 자본시장을 외면할 수 있다. 자본 유입이 줄어들자 브라질은 경제 활력이 둔화되었고 경제는 마이너스 성장률을 기록했다. 이와 반대로 기축 통화국인 미국은 주식 양도 차익에 대한 세금 부과에도 불구하고 세계의 자금이 몰려들고 있다. 그만큼 미국 경제가 매우 건강하게 작동하고 있기 때문에 이런 현상이 발생하고 있는 것이다.

현대 자본시장은 정보 혁명으로 인해 거래가 매우 빠른 속도로 이루어진다. 각국의 자본시장이 경쟁하지만 큰 의미에서 세계 자본시장은 통합된 것과 마찬가지이다. 세계 자본시장은 효율적이면서 안정적이다. 세계 각국의 자본시장은 영향을 서로 주고받는다. 안정적이고 지속적으로 성장하는 자본시장은 경제에 여러 이점을 주므로, 국가 등의 경제 주체들은 자본시장을 이런 방향으로 만들어가야 한다.

경쟁과 기업, 시장의 변화

1990년대와 2000년 초에 화이자는 비아그라라는 알약을 전 세계에 독점 판매했다. 화이자는 비아그라를 통해 한동안 돈을 무척 많이 벌었다. 화이자의 성공에 자극받아 세계 각국의 제약사는 비아그라와 유사한 기능을 가진 정력제 약을 시장에 출시했다. 그럼에도 불구하고 비아그라 특허 존속 기간에는 화이자가 정력제 약 시장을 70% 가까이 장악했었다. 그 후 화이자의 비아그라 특허권도 만료됨에 따라 여러 제약회사가 비아그라 복제품을 시장에 내놓았다. 화이자는 현재 비아그라 디자인 등에 대해서만 특허를 유지하고 있다. 정력제 약 독점 시장은 완전 경쟁 시장으로 변화했고, 화이자의 순이익은 축소되었다. 이처럼 높은 초과 이윤이 발생하는 곳에는 항상 경쟁자가 몰려든다.

한국은 1980년 이전에는 연탄이 주된 난방연료였다. 연탄 사용으로 연탄

가스 사망자가 자주 발생했고 연탄재 처리도 불편했다. 반면, 도시가스는 한 번 사용 시설만 설치하면 사용이 편리했다. 정부와 도시가스 업체가 협력해 도시가스 공급 시설을 건설하고 도시가스가 주된 연료로 사용되자, 한국의 연탄 시장은 축소되거나 사라져갔다. 현재 한국에는 1개의 연탄공장만 운영되고 있다. 이처럼 기업도 외부환경 변화에 따라서 도태될 수도 있다.

1800년대 말 런던과 뉴욕에서는 마차가 주요 교통수단이었다.[22] 뉴욕에는 20만 마리의 말이 마차에 활용되었다. 많은 말은 런던과 뉴욕에 여러 가지 골칫거리를 발생시켰다. 그 가운데 말똥 처리가 큰 문제를 일으켰다. 도시에 진입하면 말똥 냄새가 진동했고, 여름에는 시민들이 파리 때문에 고생해야 했다. 국제회의에서는 이런 도시 문제를 어떻게 해결할 것이냐를 놓고 격론이 벌어지기도 했다. 그러다 도시 교통수단으로 전차가 등장하고 자동차가 생겨나자, 이런 도시 문제는 해소되었다. 마차 시장은 소멸되었고, 자동차와 전동차가 마차를 대체했다.

경쟁의 결과에 따라 시장은 독과점, 완전 경쟁, 독점적 경쟁 시장 등으로 변화한다. 그리고 시장의 변화는 경제에 큰 영향을 미친다. 세계 시장에 독과점적 위치에서 제품을 많이 내놓는 국가의 경제는 항상 번창했다. 이런 나라는 경제가 늘 젊음을 유지했다. 달러라는 기축 통화를 유지하고 있는 미국은 기축 통화 독점을 통해 경제가 안정적으로 성장하고 있다. 시대 변화에 따라 국가나 기업 모두 경쟁에서 승리할 수 있어야만 경제가 젊음을 유지하는 시대에 우리는 살고 있다.

22) 스티븐 레빗, 스티븐 터브너 지음, 안진환 옮김, 『슈퍼 괴짜 경제학』, pp. 27~28.

05
버블은 어떻게 발생하고, 경제에 어떤 영향을 미치며, 어떻게 예방될 수 있을까?

시장 균형가격의 결정

현대 시장자본주의의 역사는 버블 발생과 버블 붕괴의 역사이기도 하다. 경기도 이에 따라 호황, 침체, 회복 과정을 반복했다. 그러면 시장에서 버블은 왜 발생하는 걸까? 그것을 알기 전에 먼저 시장자본주의에서 가격이 결정되는 모습을 살펴보고, 이를 통해 버블이 발생하는 과정을 알아보자.

시장에서 가격은 수요와 공급이 만나는 곳에서 결정된다. 수요가 상품을 사고자 하는 욕구이고 공급은 공급자의 이윤 동기에 의해 결정되므로, 시장의 균형가격 결정 시에는 사람의 심리 요소가 반영된다. 케인즈는 수요 중 실제로 사람이 구매 행동을 하는 것을 유효 수요라고 하면서 일반적인 수요와 구별했다. 사람은 어떤 행동을 할 때 이성적인 요소와 감성적인 요소를 복합적으로 작동시켜 행동한다. 이때 사람이 감정적 요소보다 이성적 요소에 치중해 현실의 경제 여건, 수요량, 공급량 등을 판단하여 행동하면, 시장의 가격은 합리적인 수준에서 결정된다. 사회의 자원 배분도 효율화된다.

어부가 어느 날 평소보다 많은 물고기를 잡았다 하자. 어부는 다른 어부도 물고기를 많이 잡았을 것으로 생각하며 물고기의 보관 비용을 고려하게 된다. 그래서 어부는 저렴한 가격이라도 일단 많은 물고기를 먼저 시장에 판매하는 것이 경제적일 것이라고 판단하게 된다. 상품 공급이 많으면 시장에서 가격은 낮게 형성될 확률이 높아진다. 물고기 수요자들은 물고기 가격이 저렴하면, 다른 재화보다 물고기를 구매하고자 하는 욕망이 강해져 평소보다 많은 물고기를 구매한다. 우리는 시장에서 송이버섯 채취량이 많은 해에는 송이버섯이 저가에 형성되고, 그렇지 않은 해에는 송이버섯 가격이 고가에 형성되는 것을 해마다 가을에 자주 목격했다. 2014년 봄에는 감자 공급량이 증가하자, 감자 가격이 평년보다 50~100% 하락된 가격에 형성되기도 했다. 이처럼 가격이 오르면 수요가 줄고, 공급이 증가하면 가격이 하락하는 수요 공급의 법칙은 시장에서 잘 작동한다.

그러나 수요, 공급은 사람의 심리적인 요소가 반영된 결과물이기도 해서, 시장의 가격 결정에 이성보다 감성이 우세하게 작용하면 시장 균형가격이 효율적이지 않을 때도 종종 있다. 특히 주식 시장에서는 사람들의 탐욕과 공포로 이런 현상이 자주 발생한다.

1600년대 네덜란드에서는 튤립 구근 1개가 오늘날의 가치로 1억 6,000만 원까지 상승했다. 시장에서 튤립이 귀하면 튤립 가격이 오를 수 있다. 그러나 튤립이 재배 가능하며 산술급수적으로 증가할 수 있음에도 불구하고 튤립 가격이 투기 열풍으로 급등한 것은 비효율적이고 비정상적이었다.

1997년에서 2005년까지 미국에서는 로버트 쉴러 주택 가격 지수가 71% 상승했다.[23] 그런 다음 부동산으로 자금이 쏠려 2007년까지 미국 부동산 가격은 많은 지역에서 1배 이상 또 급등했다. 2년 동안 부동산 가격 상승폭이 지난 8년간의 상승폭보다 많은 것은 사람들이 일시적으로 부동산 수요

23) 조지프 E. 스티글리츠 외 엮음, 김홍식 옮김, 『경제학자들의 목소리』, p.50.

를 탐욕적으로 확대한 결과에 기인한다. 그 후 FRB에서 기준금리를 인상하자, 부동산 대출 금리는 상승했고 부동산 수요는 감소했다. 빚으로만 주택을 구입한 사람들은 대출 이자를 감당할 수 없어 집을 시장에 내놓았다. 건설사들도 주택 가격이 높아 주택 건설을 활발히 했다. 이렇듯 시장에서 주택 수요는 줄고 주택 공급은 넘쳐나서, 미국의 부동산 가격은 이전 고점 대비 단기간에 30~40% 하락했다. 그 후 미국에서는 300만 채 이상인 주택 초과 공급량이 2~3년 동안 시장에서 소화되었다. 이와 같이 시장에서 수요자, 공급자들의 욕망이 강할 때 시장 균형가격은 버블과 같이 비효율적인 상태에 놓이곤 했다.

2013년 봄에 한국에서 발생한 양파 파동도 시장 균형가격이 비효율적인 예이다. 2012년 가을과 겨울 양파 농사에 흉년이 들었다. 양파 농사의 흉작 여파로 2013년 봄에 양파 값은 2012년 같은 기간 대비 80~120% 높게 형성되었다. 정부는 시장에 양파가 부족하자 5만 톤의 양파를 해외에서 긴급 수입했다. 양파 수입으로 양파 공급 물량이 늘어났음에도 불구하고, 시장에서는 양파 가격이 오히려 상승했다. 양파 수입 물량이 수입 후 40~50일 후에 시장에 나오는 것을 알고 있는 양파 수입업자들이 양파 물량을 시장에 제때 공급하지 않았기 때문에 이런 상황이 발생했다. 공급량이 늘어나면 미리 물건을 판매하는 것이 공급자들에게 유리하다. 그러나 양파 유통업자들이 많지 않은 데다 공급자 간의 암묵적 담합을 통해 양파 가격을 조정할 수 있어서, 양파 유통업자들은 시장에 양파를 한동안 적게 내놓았다. 이 당시 5만 톤의 수입 양파 물량 중 농수산물 유통공사가 3,500톤을 수입했고, 4만 6,500톤은 민간 유통업자들이 수입했다. 농수산물 유통공사가 양파 수입을 주도하고 시장에 제때 양파를 공급했다면 2013년 봄의 양파 파동은 발생하지 않았을 것이다. 그 당시 양파 유통업자들은 양파 저장 비용으로 양파 가격을 높게 받을 수밖에 없었다고 변명했다. 그러나 양파 저장 비용을 고려해도 2013년 봄의 양파 가격은 지나치게 높았다. 공급자들의 욕심이 지나치면 이렇게 시장 균형가격이 비효율적인 현상도 발생한다.

시장의 균형가격이 효율적이란 것은 주어진 경제 상황에서 가격-수량 대비 자원 배분이 최적화되어 있음을 의미한다. 재화량이 적으면 높은 재화가격으로 말미암아 재화 소비량이 적어지는 것이 시장에서는 효율적인 자원 배분이라고 여겨진다. 그러나 튤립 버블이나 위의 양파 가격, 2007년의 미국 부동산 가격 급등처럼 시장에서는 비효율적인 자원 배분 현상도 자주 발생한다.

위의 사례를 다시 최종적으로 정리해보자. 시장의 거래에는 돈이 관여되다 보니, 일반적으로 시장 거래자들은 이성적 판단을 우선시하여 거래를 한다. 이성이 감성을 누르기 쉬워서 평상시의 시장 균형은 효율적이다. 그러나 때때로 시장에서는 사람들의 감성이 이성을 앞서고, 수요·공급에서 한 쪽 힘이 지나치게 많이 작용하면, 시장의 균형가격은 비효율적인 상태가 된다. 그러다 사람들이 가격에 대해 다시 합리적으로 판단함에 따라 비효율적인 시장 가격은 효율적인 시장 가격에 다가가게 된다.

비효율적인 시장 균형은 버블로 이어지곤 했다. 2008년의 미국 금융위기처럼 버블과 버블 붕괴는 경제의 호황과 불황을 몰고 왔다. 1990년 초의 버블 붕괴로 일본은 20여 년간 장기 경기침체에 시달렸다. 따라서 인구가 감소하는 국가들에서의 버블과 버블 붕괴는 경제에 매우 해롭다. 그렇지 않아도 경제가 어려운데 버블 붕괴가 발생하면, 자산소득 감소에 의한 소비 감소로 경제는 치명타를 입을 수 있다. 따라서 경제가 늙고 병들어가는 나라들은 경제의 버블 발생을 억제하면서 경제 상태를 다시 젊게 만들도록 노력해야 한다.

오늘날은 공급품 홍수 시대이다. 다양한 공급품이 시장에는 넘쳐난다. 평균비용 이상의 높은 가격으로 물건을 판매하면 금방 다른 공급자들이 시장에 진입하므로 시장 가격은 하락한다. 공급자 후생은 낮아지는 반면, 소비자 후생은 상대적으로 높은 시대에 우리는 살고 있다. 앞에서 보았듯이, 이런 요인은 노동자들의 임금 상승을 압박하는 요인이기도 하다.

한편 시장의 균형가격 결정에 있어서 공급자가 가격을 임의대로 조정하는 것들도 있다. 공급자가 특허 등을 통해 공급을 독점적으로 하면, 공급자는 물건 가격을 임의대로 결정할 수 있다. 그러나 이때에도 공급자는 다른 상품들과 특허 상품이 경쟁하고 있어서 제품 가격을 물건이 잘 팔릴 수 있는 수준으로 결정한다(우유와 커피 및 콜라가 개인의 예산 제약으로 경쟁하는 것과 같다).

공급자 힘이 수요자 힘을 압도하여 자연스럽게 공급자가 희망하는 가격에서 가격이 결정되는 것들도 있다. 2005년에서 2008년간의 원유 가격이 그랬다. 2007년에 세계 원유 수요는 86억 배럴이었다.[24) 반면, 원유 공급은 85.6억 배럴이었다. 원유 수요가 원유 공급보다 0.4억 배럴 많고 미래에도 중국 등의 원유 수요 증가가 예상되자, 국제 유가는 1배럴당 147달러까지 상승했다. 이때의 국제 유가의 고공행진은 시장 효율적이었다. 국제 유가의 고공행진은 대체 에너지 개발을 촉진시켜 국제 유가를 안정시킬 수 있고 자원배분의 효율화를 도모하기 때문이다. 세계는 고유가로 태양광, 풍력 등의 대체 에너지 개발에 열을 올렸다. 특히 이 과정에서 셰일가스의 새로운 시추기술이 개발되었다. 그 결과 오늘날에는 세계 경기가 호전되고 있음에도 국제 유가는 1배럴당 90~110달러 선에서 안정적으로 움직이고 있다. 시장의 균형가격은 결국 수요자 또는 공급자 일방의 후생만 침해시키지 않고, 장기적으로는 수요자와 공급자 모두의 후생을 공평하게 증가시키는 방향으로 움직인다. 그러나 공급자와 공급품이 많은 현대에는 공급자의 후생이 수요자의 후생보다 열위에 있는 현상이 자주 나타난다.

---

24) OPEC 자료 참조 .

시장의 비효율적 균형과 정부 개입

시장자본주의에서는 시장 균형이 비효율적일 때 정부 개입의 필요성이 제기된다. 정부의 무분별한 시장 개입으로 시장가격이 비효율적이거나 버블이 발생할 때도 있다. 원래 시장 실패는 기업이 규모의 경제로 독과점 위치에 오를 때 자주 발생한다. 기업이 독과점 위치에 올라 제품 가격을 인위적으로 높게 형성하면 수요자의 후생은 침해된다. 이때 정부가 가격규제 및 공정거래 촉진 등의 활동을 장려해 독과점 문제를 해결하기도 한다. 그러나 오늘날에는 정치적 목적으로 정부가 무분별하게 시장에 개입해서 경제 상황을 악화시키기도 한다.

인도네시아 정부의 유가 보조금 정책이 그런 예의 하나이다. 인도네시아 정부는 물가안정과 국민후생 증가를 위해 석유 생산자 및 판매자에게 유가 보조금을 지급했다(인도네시아에서는 2013년 봄까지 휘발유와 디젤유 가격이 1l에 4,500 루피아〔원화로 410원 수준〕였다. 한국에서 휘발유는 1l에 2,000원 수준에서 거래된다). 유가 보조금을 정부로부터 받은 석유공급자들은 시장에서 받은 보조금만큼 석유가격을 낮추어 판매한다. 이로 인해 석유 수요자들은 낮은 가격에 석유를 많이 소비할 수 있다. 석유 가격이 낮아 석유 소비가 증가하면, 인도네시아 정부는 유가 보조금 재원에 더 많은 돈이 필요해진다. 재정 지출이 증가했고, 인도네시아의 적자 재정은 확대되었다. 인도네시아는 2012년에 정부 재정의 20%인 220억 달러를 유가 보조금 지급에 사용했다. 인도네시아는 산유국이었으나 2005년을 전후하여 석유 순수출국에서 순수입국으로 전환했다. 석유 수요 확대는 석유 수입 증가로 이어졌고, 인도네시아의 경상수지 적자도 확대되었다. 인도네시아가 석유 순수입국이 되어 석유가 부족하면 시장의 석유 가격이 높게 형성되는 것이 합리적이다. 그래야만 석유 소비가 줄거나 새로운 대체 에너지가 개발된다. 인도네시아에서는 정부의 유가 보조금 정책이 이런 활동을 제약시켰다. 유가 보조금이 인도네시아의 재정 적자와 경상수지 적자를 확대하자, 인도네시아 정부는 2013년 6월에 유가 보조금을 22~44% 축소해서, 휘발유 가격은 l당 6,500루피아(약 600원), 경유는 4,500루피아(약 410원)로 상승시켰다.[25] 유가 보조금을 통해 물가안정을 이루려는 인도네시아 정부의 노력은 역설적이게도 루피아 화의 급락으로 큰 효과를 거두지 못했다. 2013년에 인도네시아의 루피아 화는 26% 가량 하락했다. 현재까지의 상황을 보면 인도네시아의 유가 보조금 정책은 인도네시아에게 약보다는 독으로 더 많이 작용했다.

2003년에서 2008년 사이의 국제 유가 상승 시에 만약 미국 정부가 인도네시아 정부처럼 유가 보조금을 지급해 석유 가격을 안정화시켰다면, 어떤 현상이 발생하게 되었을까? 셰일가스 시추 기술은 개발되지 못했을 것이고, 국제 유가는 1배럴에 150달러까지 상승했을지도 모른다. 정부가 인위적으로 공급량을 증가시키기 힘든 재화는 가격이 높더라도 정부가 무분별하게 시장 개입을 해서는 안 된다. 경제적으로 더 큰 부작용이 부메랑이 되어 돌아오기 때문이다.

한국의 전력요금도 정부의 시장 개입 사례의 하나이다. 한국은 제조업 육성을 위해 산업용 전기요금을 세계 최저 수준으로 운영하고 있다. 한국에서는 전력 원가 회수율이 2013년 9월 기준으로 산업용은 89.4%, 일반용은 92.7%, 주택용은 85.4%였다.[26] 2013년에 한국의 가정용 전기요금 평균가격은 MWh당 93.1달러로 OECD 평균 169.9달러보다 낮고, 276.8달러인 일본에 비해서는 1/3 수준이며, 338.8달러인 독일에 비해서는 1/4 수준이다. 한국의 낮은 전력요금 때문에 일본은 전력 과소비 산업인 데이터 처리, 탄소섬유 생

25) 『한국경제신문』 2013년 10월 9일자.

26) 『매일경제신문』 이지연 칼럼 내용 자료 참조(2013년)

산 시설을 한국으로 많이 이전했다. 화훼 농가는 겨울 난방용 에너지로 석유보다는 값싼 전기를 주로 사용했다. 제철, 제강소는 석유, 석탄으로 운영되던 용광로를 전기로로 바꾸기도 했다. 한국의 낮은 전력요금은 한국의 산업구조를 전력 과소비 산업구조로 변모시켰다. 그 결과 한국의 1인당 연간 전기 소비량은 9,197㎾h로, OECD 평균 7,617㎾h보다 높다. 국민소득 대비로 보면 한국의 전력 사용량은 세계 1위이다.

낮은 전력요금으로 전력 수요가 확대되면, 전기요금을 상승시키는 것이 시장 효율적이다. 그러나 공기업인 한국전력은 정부의 물가 상승 억제와 산업생산 확대 방침에 따라 전력요금 상승을 마음대로 하지 못하고 있다. 한국에서 전력 유통은 한국전력이 독점적으로 하고 있다. 한국전력은 각 발전소에서 생산한 전력을 전력 거래소를 통해 구입하고 소비자에게 전력을 판매한다. 한국전력이 소비자로부터 전력요금을 낮게 받아 전력 구매도 낮은 비용으로 하면, 전력 생산이 감소할 수 있다. 이를 방지하기 위해 정부는 계통한계 가격제도를 시행하고 있고, 한국전력은 전력 구매 시에 높은 비용으로 전력을 구매하기도 한다. 계통한계 가격제도란 한국전력이 전기를 구매할 때 구입 가격을 동시간대에 가장 생산원가가 높은 발전소의 전기 생산 가격을 기준으로 하여 전력을 구매하는 제도이다. 예를 들어 전력 사용 피크 시간대에 ㎾h당 220원이 드는 벙커 C유 발전소가 가동되고 있고, 다른 곳에서는 ㎾h당 170원이 드는 LNG 발전소가 가동된다고 하자. 이때 LNG 발전소는 벙커 C유 발전소의 발전 비용에 준하는 가격으로 전력을 한국전력에 판매한다. 발전사의 이익은 커지지만, 한국전력은 소비자들로부터 전기요금을 높게 받지 못하면 손해를 보게 된다. 이와 같은 전력요금 체계로 전력 독점 유통업자인 한국전력은 2012년 8,179억 원의 영업 적자를 기록했다. 한국은 2013년 말과 2014년 초에 원자력 발전소에 대한 점검 및 정비로 원자력 발전소 몇 곳의 가동이 중단되었다. 원자력 발전소가 생산하는 전력

공급이 중단되자, 한국은 전력 수요가 전력 공급을 초과해서 발생하는 블랙아웃 위험에 시달리기도 했다.

정부의 전력 정책이 한국의 산업생산 확대에 긍정적일 수도 있다. 그러나 한국에서는 정부 정책으로 탄소 배출량이 증가하고 전기 과소비가 발생하고 있다. 한국에서는 전력 수요 초과에 따라 자동적으로 전기가 꺼지는 블랙아웃이 발생할 확률도 높아지고 있다.

이와 달리 정부의 시장 개입이 긍정적일 때도 있다. 농협의 배추 계약재배가 그러하다. 배추 농사는 여름철 폭우, 가뭄 등에 따라 작황 변화가 심하다. 그래서 배추 값은 해마다 널뛰기를 한다. 농민들은 잦은 기상변화로 풍년, 흉년이 들 수 있어 배추 농사에 대해 불안해 한다. 풍년이 들면 배추 값을 잘 못 받고, 흉년이 들면 많은 손해를 배추 재배자가 입을 수 있기 때문이다. 농협은 이를 해소하고자 농민과 계약재배를 실시한다. 계약재배는 농협이 배추 재배부터 출하까지 도맡아 하는 것이다. 농민은 배추 시세가 어떻게 변해도 미리 정해진 가격에 배추를 농협에 팔 수 있다. 농협은 배추 농가가 일손이 많이 필요할 때는 농사에 필요한 인력을 농가에 지원해주기도 한다. 계약재배를 통해 배추 생산은 안정화되고, 배추 가격도 배추 농사의 풍년, 흉년에 관계없이 비교적 안정적인 흐름을 보일 수 있다. 정부의 이러한 시장 개입은 생산자와 소비자에게 모두 이롭다. 정부는 손해가 발생하지 않는 범위 내에서 유통 마진을 취해 계약재배에 필요한 재원을 마련한다. 농협의 배추 재배와 같은 경제 사업은 현실적으로는 많이 손해를 보고 있다고 한다. 그러나 이 사업은 경제 전체적으로 보면 긍정적인 효과가 많다.

이제 위의 견해를 다시 정리해보자. 경기침체를 발생시키는 버블 붕괴는 버블 발생에서 시작된다. 그리고 시장에서의 버블은 시장 내에서 공급자, 수요자 등의 욕망 과다에서 비롯된다. 미국의 금융위기, 한국의 외환위기가 모두 그러했다. 버블은 개인의 욕망 과다 외에 정부 정책의 부작용으로도 발생한다. 인도네시아의 유가 보조금, 한국전력의 낮은 전기요금으로 석유와 전기의 과소비가 발생했다. 다음 장에서 보게 될 2005년을 전후하여 발생한 한국의 부동산 버블도 정부 정책의 실패에서 비롯되었다.

이처럼 시장의 욕망 과다 시 정부가 시장에 개입하지 않아도 문제가 발생하고, 무분별하게 정부가 시장에 개입해도 경제 문제는 발생한다. 그러면 무엇을 어떻게 하는 것이 경제가 병들지 않고 건강하게 운영되는 길일까? 먼저 정부가 경제 상황을 잘 파악하여 시장에 개입하는 것이 나은지, 개입하지 않은 것이 나은지를 현명하게 결정해야 한다. 정부의 시장 개입이 결정되면, 어떤 정책 수단을 사용할지도 정부는 잘 판단해야 한다. 정부의 시장 개입의 준거점은 시장 상황에 따라서 정부가 시장 개입을 통해 시장 공급량을 인위적으로 확대할 수 있느냐 축소시킬 수 있느냐이다. 이를 통해 사회 전체의 후생이 증가할 수 있을 때, 정부의 시장 개입은 정당성을 부여 받을 수 있다. 그리고 정부가 시장 개입을 할 때는 가급적 시장 친화적인 방법을 통해 시장의 수요량과 공급량을 조절해야 한다. 정부의 시장 개입은 경제 체질을 허약하게 만들 수도, 건강하게 만들 수도 있다. 정부는 시장 개입이 필요할 때는 시장 개입을 현명하게 해서 경제의 건강한 상태를 지속시켜야 한다.

06
부동산 가격의 결정과 부동산이 경제에 미치는 영향

도시화와 부동산 시장

한국 가계 자산의 80%는 부동산이다. 미국 가계는 자산 중 40%를 부동산으로 보유하고 있다. 부동산 가격의 상승은 가계 자산의 증가로 이어져 가계의 소비도 증가시킨다. 일반인들도 주택 등의 부동산을 소유함에 따라 토지의 지대와 같은 이익을 많이 누리기도 한다. 한국의 자가 주택 보유율이 58%이므로 전체 인구 중 42%에 이르는 사람들이 임대소득을 얻을 수 있다(물론 주택 보유자 중에는 3주택자 이상도 있어서 임대소득을 누리는 사람들은 전체 인구 중 42%보다 적을 것이다. 한국에서는 2주택자 이상 가구가 115만 호로 전체가구의 6.4%를 차지하고 있다). 어쨌든 많은 사람들이 부동산을 소유하고 있어서 부동산 가격 상승은 단기적으로 경제 활성화에 기여한다. 따라서 부동산 관련 소득을 무조건적으로 죄악시할 수 없는 상황이 오늘날의 경제 상황이다.

반면, 부동산 가격이 하락하면 가계의 자산이 감소하여 소비가 위축된다. 앞에서 보았듯이 부동산 시장에 미국의 금융위기처럼 버블과 버블 붕괴가 발생하면 경제에 큰 충격이 발생한다. 부동산 버블 시 경제는 호황이었고, 버블 붕괴 시에 경제는 불황 상태에 빠졌다. 부동산 가격은 시장에서 급등락을 반복한다. 대체적으로 많은 국가들에서 부동산 가격은 인구증가와 도시화, 물가 상승 등으로 상승만 해왔다. 최근에는 인구가 정체된 국가들에서 부동산 가격이 하락하는 현상도 발생하고 있다. 부동산 가격의 지나친 상승은 젊은 세대들에게 경제적인 부담을 가중시켜 출산과 결혼 기피를 불러오곤 한다. 이처럼 부동산은 가격이 너무 높아도, 너무 많이 하락해도 문제인 재화이다. 주택 가격은 소득 대비 5배 내외가 대체적으로 적정가격 이라고 한다. 부동산 가격은 적정 수준에서 움직이는 것이 바람직하다. 그러나 지역별로 소득 분포가 다르고 인구 집중도가 달라, 부동산 가격은 지역별로 가변적이고 다양하다. 서울의 주택 값은 근로자 평균소득 대비 12.62배이고, 미국 대도시는 7~9배 수준이다.[27] 반면 한국 평균 집값은 근로자 소득 대비 6~8배이고, 미국 평균은 3.55~5배 수준이다. 대도시 및 도시의 집값이 타 지역의 집값보다 이처럼 매우 높다.

한국의 가계는 미국 가계에 비해 자산으로 부동산을 왜 그렇게 많이 보유하게 되었을까?

1960년에 도시에 거주하는 사람들의 비중인 도시화 비율이 한국은 28%였다. 그로부터 50년 후인 2010년 한국의 도시화 비율은 85.4%가 되었다. 1960년까지 한국에서 농업 및 1차 산업 비중은 60%였다. 한국은 1960년까지 국민 대다수가 농업과 같은 1차 산업에 기반을 두고 살아가고 있었다. 많은 사람들이 먹고 사는 것을 땅에 의지하게 됨에 따라, 도시에 거주하는 사람들의 비율은 과거에 그리 높지 않았다. 그런 한국의 산업구조가 지난 50여 년간 2차, 3차 산업 종사자가 많은 산업구조로 변모했다. 2013년에 한국의 2차 및 3차 산업 비중은 92.1%였다. 2차, 3차 산업은 도시에 기반을 두고 있다. 먹고 사는 터전이 도시에 있다 보니 많은 사람들이 도시로 몰려들

27) 박유연 지음, 『경제지식 7일 만에 끝내기』, p.131.

었다. 도시로 사람들이 몰려들어오자 도시는 재 확장되었고, 도시의 부동산 가격은 상승했다.

도시화가 진행되는 가운데 한국의 인구는 꾸준하게 증가했다. 1960년대의 출산율은 4~5명 수준이었고, 사망률은 의학의 발달로 인해 2명 이내로 낮아졌다. 인구가 증가함에 따라 한국에는 더 많은 주택과 사람들의 거주 공간이 필요해졌다. 그런 가운데 30년 이상 도시화가 진행됨에 따라 도시 부동산은 늘 수요가 공급을 초과했다. 이를 통해 도시의 부동산 가격은 상승만 했다. 부동산에 투자하면 실패하지 않는다는 부동산 불패의 신화가 한국에서 만들어졌다. 한국 사람들은 재테크 수단으로도 부동산 투자에 집중했다. 한국의 인구밀도는 2010년 1㎢에 490명으로, 세계 평균인 51명보다 매우 많다.[28] 그런 와중에 전 국민의 90% 가량이 좁은 도시에 밀집해서 살다 보니 한국의 부동산 가격은 높게 형성되었다. 그래서 부동산은 한국에서 안정 자산에 수익성 높은 투자 자산이 될 수 있었다.

1950년에 일본은 도시 인구 비중이 38%로 낮은 편이었다.[29] 2010년에는 일본의 도시화 비율이 78%로 확대되었다. 낮은 도시화 비율이 높은 도시화 비율로 이행될 때는 도시에 주택건설 등의 건설 수요가 많다. 활발한 건설 수요와 도시 주택 가격의 상승은 경제성장률을 대폭 끌어올렸다. 소비 수요와 투자 수요가 활발하여 1950년에서 1973년까지 일본 경제는 연평균 7.3%씩 성장했다. 그러나 도시화 비율이 80%로 육박하고 인구가 정체되자, 2000년 이후 일본은 연평균 0~1% 수준의 경제 성장률을 기록했다. 한국도 도시화가 성숙된 후 건설수요가 감소하고 부동산 가격의 상승이 둔화되자 경제성장률이 7%에서 4%대로, 다시 2~3%대로 하락했다. 오늘날의 한국에서는

---

28) 국토해양부 국토지리정보원 2010년 자료, 2006년 통계청 상태 인구 추계조사 자료, UN 자료 참조.
29) 론도 캐머런, 래리닐 지음, 이헌태 옮김, 『간결한 세계사』, p.395.

인구 정체 및 출산율 감소로 부동산 가격의 하락 압력이 심화되고 있다.

한국과 일본의 도시화 현상에 있어서 그 특징은 수도권으로의 인구 유입이 매우 많았다는 것이다. 1~2개 도시로 인구가 집중되면, 집중된 도시의 부동산 가격은 매우 높게 형성된다. 인구 집중화로 발생하는 도시 부동산 가격의 고공행진은 출산율 감소와 인구 감소를 가져온다. 인구 감소는 장기적으로 도시의 부동산 가격을 하락시키거나 정체시키며, 이로 인해 가계의 소비는 위축된다. 경제는 침체의 늪에 빠져든다. 2012년 기준으로 한국의 출산율은 1.29명이었으나 서울의 출산율은 1.0명이었다(2014년에는 서울의 출산율이 전국 최하로서 0.97명이었다). 서울의 인구도 높은 부동산 가격 등의 요인으로 인해 지난 10여 년간 지속적으로 1,000만 명 내외에서 정체 중이다. 이처럼 도시화와 부동산 가격, 출산율과 인구 증가율은 비교적 높은 상관관계에 있다(부동산 가격이 지나치게 높으면 장기적으로 출산율은 하락했다).

한국의 사례에서 보듯이 도시화 비율이 낮은 국가들은 미래 성장 잠재력이 크다. 중국은 지난 20여 년간 활발한 도시화와 산업화로 연평균 9% 이상의 경제 성장을 이루었다. 2008년 금융위기 시에 중국은 활발한 건설투자 등을 통해 세계 경제의 위축을 약화시켰다. 이로 인해 중국은 미국과 더불어 G2의 대우를 받게 되었다. 이처럼 1차 산업 중심의 국가가 2차, 3차 산업 중심 국가로 변모할 때, 경상수지를 잘 관리하면서 도시화와 산업화를 추진하면 높은 경제 성장을 이룩할 수 있다. 그러나 이 과정에서 한국과 일본처럼 1~2개 도시로 지나치게 인구가 집중되면, 국가 전체적으로 인구 감소가 나타나 국가 경제는 장기적으로 침체에 빠져든다. 따라서 도시화 비율이 낮은 국가는 국토의 균형 발전을 고려하여 도시화를 합리적으로 추진해야 한다.

도시화의 문제점과 정부 정책

한국 도시화의 특징인 수도권 1극 체제와 같은 현상은 왜 발생하는 걸까? 한국은 1392년 조선왕조가 개창된 후 중앙집권적인 관료 중심 국가로 변화했다. 사람들은 출세를 서울에 살면서 벼슬 등 한 자리를 차지하는 것으로 생각했다. 그러다 보니 서울로 사람이 몰려들었고, 한국의 산업구조가 농업 중심 사회에서 2차, 3차 산업구조로 바뀌면서 서울 집중은 심화되었다. 서울은 한국의 교육, 문화, 정치, 경제, 행정 등의 중심지 기능을 통해 팽창했다. 서울의 면적이 한정되어 있어서 서울의 팽창이 더 이상 어렵게 되자, 서울 인근으로 사람들이 몰려들었다. 그에 따라 수도권의 부동산 값이 크게 상승했다.

이런 과정을 좀 더 자세히 살펴보자. 1960년 서울 강남 땅 1평의 가격은 200~300원 사이였다.[30] 그 당시 수도권 인구 비중은 총인구의 20.8%였다. 그러던 것이 1980년에는 수도권 인구 비중이 35.5%가 되더니, 2010년에는 48%가 되었다. 수도권으로의 인구 집중은 수도권 부동산 가격을 폭발적으로 상승시켰다. 2013년에 서울 강남땅 1평의 가격은 지역에 따라 2,000만 원에서 4억 원 사이에서 거래되고 있다. 1960년과 비교하면 서울 강남땅 1평의 가격은 10만 배에서 100만 배 수준으로 상승했다. 한국의 GDP는 1960년 39억 달러에서 2012년에는 1조 1,350억 달러로 늘어났다. GDP는 이 기간에 290배 상승했으나, 서울의 땅 값은 GDP 상승보다 훨씬 많이 상승했다. 이런 이유로 한국의 부자들 중 90% 이상이 부동산 투자, 투기를 통해 부자가 될 수 있었다. 2013년에 한국의 가계 부동산 자산은 5조 달러로,

30) 『한겨레신문』 한홍구 칼럼 내용 자료 참조(2013년).

GDP 대비 432%였다.[31] 좁은 땅에 인구가 도시에 밀집된 결과 한국의 부동산 가격이 소득 대비 높게 형성되었다. 소득 대비 한국의 부동산 가격은 다른 나라와 비교할 때 지나치게 높은 편이다(보통 가계의 부동산 자산을 각국은 GDP 대비 200~300% 수준에서 보유 중이다. 각국 가계는 부동산을 가계자산 중 50%를 가지고 있고 한국은 80%를 가지고 있는 것을 참조해도 한국의 부동산 가격은 타국에 비해 소득대비 높은 편이다).

1970년 이후 한국 정부는 수도권 부동산 가격이 지나치게 많이 상승함에 따라 부동산 가격 안정화 정책을 시행했다. 그러다 경기가 안 좋으면 건설경기의 부양을 통해 경기를 부양시키곤 했다. 한국 정부는 부동산 가격 억제정책을 경제 상황에 따라서 완화하거나 강화했다. 그러나 전반적으로 부동산 가격 안정화가 한국 정부의 주된 정책 기조였다. 1967년부터 2006년까지 31건의 부동산 투기 억제책이 발표되었으나, 이 기간에 부동산 가격은 지속적으로 상승했다.[32] 정부는 부동산 가격이 폭등하면 주택 200만 호 건설 등과 같은 주택 공급을 통해 주택 시장의 안정화를 꾀했다. 이런 정부 정책으로 1980년대에는 수도권에 분당, 일산 등의 5개 신도시가 건설되었다. 신도시 건설로 시장에 주택 공급이 늘어나자, 1990년대에는 수도권 부동산 가격이 일시적으로 안정되기도 했다.

한국 정부의 이런 부동산 정책은 올바르고 합리적이었을까? 정부의 부동산 정책은 단기적으로는 시장 안정화 측면에서는 긍정적이었다. 도시 중산층들은 정부의 부동산 안정화 정책 덕분에 저렴한 비용으로 주택을 마련할 수 있었다. 그러나 이것은 장기적으로 여러 문제점을 발생시켰다. 수도권으로의 지속적인 인구 유입은 많은 주택 공급에도 불구하고 수도권 부동

31) 『매일경제신문』 2013년 9월 9일자.

32) 한국개발연구원 외 지음, 『시장경제의 재발견』, p.227.

산 가격을 지속적으로 상승시켰다. 그리하여 1990년대 초반에 저렴하게 수도권 주택을 구입한 사람들은 큰 시세 차익을 얻은 반면, 2000년 이후 젊은층의 신규 부동산 구입은 어렵게 되었다(한국의 집값은 전국적으론 연평균 근로자 소득 대비 7.7배이나 서울은 12배 수준이다).[33] 통계청 자료에 의하면, 1990년의 한국 초혼 평균 연령은 남자가 27.9세, 여자는 24.78세였다. 2012년에는 남자 32.1세, 여자 29.4세였다. 출산율은 이 기간에 1.66명에서 1.23명으로 하락했다. 많은 여론조사에서도 높은 주택 가격으로 결혼과 출산이 부담스럽다고 결혼 희망자들이 대답했다. 수도권에는 한국 인구의 50%가 살고 있고 부동산 값이 비싸 이런 현상이 더 심한 편이다.

한국 정부는 수도권 집중에 따른 경제적 변화를 예측하고, 수도권 기능의 일부 지방 이전과 같은 국토 균형발전 전략을 1980년대부터 추진해야 했다. 그러나 한국은 단기적인 부동산 대책인 수도권 주택 공급 확대 정책에만 매달렸다. 2006년 노무현 대통령 시절에 추진된 행정수도 이전, 공기업 지방 이전은 너무 늦게 시행되어 아쉬움이 많다.

1997년 외환위기 이후에 주택에 대한 잠재 수요가 주택 공급보다 많은 수도권에 대해 정부는 건설 경기 활성화를 위해 부동산 안정화 정책을 포기했다. 2000년 초에 수도권 부동산 안정화 대책이었던 분양권 전매 제한이 철폐되고 재건축 용적률도 상승하자, 수도권 부동산에 시중 자금이 몰려들었다. 사람들은 아파트 분양권을 분양받아 시세보다 높은 가격에 분양권을 되팔 수 있어 분양권을 구입하기 위해 노력했다. 용적률이 상승하자 재건축 시 넓은 평수의 아파트를 가질 수 있게 되었고, 그에 따라 재건축 노후 아파트는 투자 시 많은 시세 차익을 투자자에게 돌려주기도 했다.

1996년 이후 한국에서는 부동산 대출의 활성화가 진행되기 시작했다. 이

33) 『매일경제신문』 2010년 6월 24일자, 『한국경제신문』 2013년 4월 14일자.

런 와중에 진행된 정부의 부동산 정책은 수도권 부동산의 수요를 폭발시켰다. 2001년에 은행권의 예금과 대출의 비율인 예대비율은 80%였다. 그러나 이 비율이 2004년에는 100%가 되었고, 2008년에는 140%에 이르렀다.[34] 그만큼 은행들은 이 기간에 돈을 벌기 위해 대출 확대에 열중했고, 많은 돈들이 부동산 대출로 사용되었다. 가계 대출은 2002년 417조 원에서 2008년에는 684조 원으로 확대되었다. 은행은 예금보다 많은 대출에 따른 은행 안정성 저하를 방지하고자 은행 채권을 발행했다. 은행 채권 발행으로 시중 자금을 일부 흡수한 은행들은 대출 여력이 생기자 다시 대출 확대에 몰두했다. 2005년 은행들의 은행채 발행 잔고는 50조 원 미만이었으나, 2008년에는 139조 원으로 확대되었다. 그러면 그 당시 은행과 개인들, 기업 등은 왜 그렇게 부동산 투자와 투기에 광분했을까? 그것은 부동산 공급에 문제가 있었기 때문이다.

1997년 외환위기로 한국에서는 한양 등 많은 건설회사가 부도를 내며 사라졌다. 외환위기 후 금리가 20%로 상승하여 주택사업 자금을 구하기가 어려웠다. 건설사들은 1998년에서 2001년까지 주택 건설을 급격하게 축소했다. 1997년까지 연평균 60~70만 호의 주택 인·허가 물량은 1998년에 30만 호로 급격히 축소되었다. 국내 건설 수주액은 1997년 63조 원, 1998년은 36조 원, 1999년은 36조 원, 2000년은 42조 원, 2001년은 51조 원일 정도로 낮아졌다.[35] 무분별하게 건설이 추진되어 도시가 마구잡이식으로 개발되는 것을 방지하고자 정부가 도시계획을 엄격하게 추진하고 시행한 것도 주택 공급을 위축시켰다. 2002년 이후에 국내 및 세계 경기가 회복되자, 수도권 부동산 가격은 완벽하게 상승 조건을 갖추게 되었다. 2000년부터 수도권 부

34) 김광수 경제연구소 지음, 『버블 붕괴와 경기침체』, p.45.

35) 기획재정부 자료 참조.

동산은 미친 듯이 상승하기 시작했다. 1998년에 비해 2007년의 수도권 부동산 가격은 3~10배 수준으로 상승했다. 이 기간에 GDP는 501조 원에서 1,043조 원으로, 약 2배가량 상승했다. 집값이 지속적으로 상승하자 2006년에는 집값이 계속 오를 것을 염려해 많은 사람들이 대출을 통해 막차로 부동산 매수 대열에 동참했다. 부동산 가격이 상승할 때인 1999~2002년 한국은 연평균 6% 이상씩 경제가 성장했다. 2003~2008년까지 한국은 연평균 4%대의 경제 성장을 기록했다. 그러나 2009년부터 부동산 가격이 정체되고 침체되자, 한국의 성장률은 2~3% 수준으로 급락했다. 물론 세계 경기의 호황, 불황 등의 여파가 한국의 성장률 증감에 영향을 미쳤으나, 부동산 가격의 변화도 한국의 성장률 변화에 적지 않은 영향을 미쳤다. 부동산 가격 변화와 성장률 증감은 비례관계를 보일 정도로 밀접하게 상호작용을 했다.

맬서스는 시장자본주의 하에서 인구 폭발로 지구가 멸망할 것으로 예측했다. 그는 근로자들이 생계비보다 많은 임금을 받아감에 따라, 근로자 생활은 윤택해지고 자원 소비는 증가할 것이라고 생각했다. 사람들이 많아지고 인구증가 속도가 식량증가 속도보다 빨라, 식량자원이 미래에는 부족하게 될 것이라고 맬서스는 판단했다. 그러나 녹색혁명으로 식량이 기하급수적으로 증가해서 맬서스의 전망은 틀린 것으로 판명되었다. 맬서스의 인구 추정과는 다르게 앞에서 본 대로 발전된 시장자본주의 하에서는 수요 공급 현상, 도시화와 주택 가격의 상승 등으로 많은 국가들의 인구는 감소하고 있다. 인구 감소에 따라 경기침체와 경기불황도 발생하고 있다.

고층 아파트를 지으면 지상 위의 여러 층으로 주거 공간이 확대된다. 주거 공간의 확대는 토지가 늘어나는 효과를 발생시켜, 토지의 한계이윤에 의해 결정되는 도시 땅값은 안정화되거나 하락할 수 있다. 도시 주거 공간이 늘어나는 효과로 토지의 한계이윤이 감소하기 때문이다. 건물의 고층화는 한국과 같이 인구밀도가 높은 나라에서 부동산 가격 상승을 제약할 수 있다.

그러나 국토가 좁은 한국에서는 국토의 11.4%에 불과한 수도권에 한국 인구의 50%가 몰려 살다 보니, 수도권 땅값은 건물의 고층화에도 불구하고 하락하지 않았다. 되레 수도권 땅값은 엄청나게 상승했다. 사람들이 수도권에 몰려들어 상업용 부동산의 수요가 급증하는 등, 부동산의 한계소득이 토지의 한계이윤 하락 요인을 상쇄했기 때문이다. 물가와 소득의 지속적인 상승도 부동산 가격을 폭등시켰다. 한국에서 지방 주요 도시의 땅값은 평당 100~200만 원 수준이나, 서울의 땅값은 위치에 따라 지방 땅값의 5~20배 수준에서 거래되고 있다. 이로 인해 수도권에서는 도시 근로자의 주택 구입 부담이 매우 높아졌다. 그래서 수도권의 일부 기능을 분산해 수도권의 인구 유입을 억제하는 것이 한국에는 필요했다. 이런 것이 부동산 시장 문제에 정부가 효율적으로 대응하는 방안일 수 있다.

한국은 국토를 중부권, 남부권, 수도권과 같은 3개 광역권으로 나누어 개발할 필요가 있다. 국토의 교통망을 잘 정비하고 광역클러스터를 통해 도시의 지식생산과 교류도 확대해야 한다. 수도권과 지방의 교류를 촉진하고 지방 거점에 지식을 활발하게 생산하는 대학 및 연구소를 육성해 지방의 발전을 이루어야 한다. 이를 통해 한국은 수도권의 집중화 현상도 완화시킬 수 있다.

도시 집중화가 주는 장점과 도시의 흥망성쇠

수도권으로의 지나친 인구 집중은 위와 같은 문제점을 발생하지만 이로운 점도 있다. 인구 집중으로 인해 유통에 있어 거리 효율성이 있다. 그러나 무엇보다도 도시 집중화로 지식의 교류가 쉬워 지식이 폭발적으로 생산

될 수 있다. 오늘날과 같은 지식산업 사회에서 집중화된 서울과 같은 도시는 지식 생산에 매우 효율적이다. 지식을 많이 소유하고 잘 활용하는 사람이 부를 많이 획득하는 시대에는 결국 도시 경쟁력이 국가 경쟁력으로 귀결된다. 그래서 한국은 수도권으로의 인구 집중이 해악이면서도 장점이기도 했다. 한국에는 창조산업 종사자의 58%가 서울에 근무하고 있다.[36] 경기도와 인천을 포함한 수도권의 창조산업 종사자는 한국 전체 창조산업 종사자의 80%에 이를 것으로 추산된다. 서울이 국제도시로 발돋움할 때 한국도 크게 성장했다. 그러나 서울 1극 체제는 앞에서 본 것과 같은 인구 문제를 야기해 한국 경제에 장기적으로는 악영향을 주고 있다. 도시 집중이 경제성장에 유리할 때도 있고 경기침체를 발생할 때도 있으니, 국토 개발은 참으로 어려운 일인 것 같다.

미국에서는 산업혁신 중 절반 이상이 뉴욕-뉴저지, 캘리포니아, 매사추세츠 등 3개 지역에서 이루어졌다.[37] 컴퓨터 분야 혁신 중 절반가량이 캘리포니아에서 이루어졌고, 의학 분야 혁신 중 절반 이상은 뉴저지 주에서 이루어졌다. 이 지역으로 이들 산업에 종사하는 사람과 돈이 몰려든 결과 위와 같은 성과가 발생할 수 있었다. 특히 뉴욕과 같은 도시는 전 세계 사람과 문화가 몰려들어 인적 교류가 활발하다. 이에 따라 창조적 지식과 혁신이 뉴욕에서는 많이 생산되고 있다. 오늘날 뉴욕은 전 세계 문화와 패션, 금융 등의 중심지 역할을 하면서 발전하고 있다.

국가 및 지방자치 단체는 특화된 도시 건설을 통해 경제 발전을 이루기도 한다. 2009년에 두바이는 두바이월드의 모라토리엄으로 도시 발전에 위기를 겪기도 했다. 그러나 두바이는 이후 유통, 금융, 관광 등의 특화된 기능

---

36) 『매일경제』 2014년 5월 7일자.

37) 팀 하포드 지음, 이진원 옮김, 『경제학 콘서트』, p.256.

을 발전시켜 비약적으로 성장했다. 1990년대 70만 명이었던 두바이 인구는 2013년에는 210만 명에서 230만 명에 이르고 있다. 두바이의 발전은 독특하다. 대부분의 많은 도시는 기능에서 특화된 후, 그 기능을 중심으로 도시에 인구가 몰려들어 성장한다. 그러나 두바이는 오일 달러를 바탕으로 최신식 도시 건물을 많이 지은 후 관광, 금융 등의 기능을 특화하며 성장했다. 아랍에미레이트 연맹의 도움과 중동의 금융 허브 전략이 맞아떨어져 두바이는 도시 성장을 이룩할 수 있었다. 이것은 사람들의 의도에 따라 도시가 건설되고 발전할 수 있음을 의미한다.

도시 경쟁력은 도시의 안정적인 성장, 유지, 발전을 좌우한다. 도시 경쟁력 유지에는 도시 집중화와 광역화가 큰 도움이 된다. 그러나 도시는 외부 환경에 의해 쇠퇴하기도 한다. 미국의 디트로이트는 미국 자동차 산업 번영기에 호황을 누렸다. 그러나 미국 자동차 산업이 쇠퇴할 때 디트로이트도 쇠퇴했다. 1950년대 자동차 산업 호황기에 185만 명이었던 디트로이트 인구는 2010년에 71만 명으로 줄었다. 인구 감소로 세금도 줄어들어 디트로이트의 채무는 쌓여만 갔고, 2013년 디트로이트는 180억 달러의 규모로 파산했다. 축구로 유명한 영국의 맨체스터는 산업혁명 이후 1900년 초까지 영국의 면·방직 공업의 중심지로서 번성했다. 그러나 1930년 이후 영국의 면·방직 공업이 쇠퇴하자 맨체스터도 쇠퇴했다. 오늘날의 맨체스터는 음반 제조 등의 새로운 산업 부흥을 통해 도시가 발전하는 전략을 취하고 있다.

오늘날 많은 국가에는 유동성이 넘쳐나고 있고, 돈은 투자처를 찾기 위해 부단히 노력 중이다. 이런 때 경쟁력이 있는 도시가 발전하면 돈은 해당 도시로 순식간에 몰려든다. 최근에 평창과 함께 동계 올림픽을 유치하게 된 강릉에 택지 개발이 조성되자, 투기 자금이 엄청나게 몰려들었다. 강릉에서 택지가 조성된 곳의 땅값은 지난 2년간 지속적으로 상승하여, 현재 이곳 땅값은 2년 전보다 50% 이상 상승했다.

한편 디트로이트처럼 쇠퇴하는 지역의 부동산은 하락만 지속할 수 있다. 많은 시장자본주의 국가도 출산율과 인구 감소로 부동산이 디트로이트처럼 변할 수도 있다. 한국에서는 부동산 전세 값이 매매 값과 비슷하거나 매매 값을 초과하는 현상도 나타나고 있다. 전세 값과 매매 값의 현재 추세는 한국의 부동산 가격이 미래에 상승하기 어려울 것으로 시장이 예상하고 있음을 의미한다.

한국은 주택을 임차할 때 임차인은 주택 사용료로 매달 임대료를 내는 것 없이 주택 값의 50~70%에 해당하는 목돈을 한 번에 지불하고, 이사 시 낸 돈을 임대인으로부터 되돌려 받는 전세 제도를 오래전부터 시행했었다. 부동산 값이 상승할 때 주택 임대인은 주택 보유를 통해 주택 상승 차익을 얻는 한편, 전세 자금을 은행에 예치해 은행 이자를 받기도 했다. 어떤 임대인은 주택 구입 시 기존 주택 전세 계약을 떠안고 전세 자금과 주택 매매 자금의 차액만 주택 매도자에게 지불하면서 주택을 구입하기도 했다. 주택 전세 제도는 주택 구입자에게 주택 구입 시 주택 가격의 50~70%만으로도 주택을 구입하게 할 수 있고, 주택 가격 상승 시에는 가격 차익의 이점도 있어 각광받았다. 임차인도 주택 가격보다 낮은 가격으로 주택을 사용할 수 있었다. 그러나 주택 가격이 하락하거나 정체하면, 전세 제도를 통해서는 주택 소유자들이 부동산을 장기간 보유하더라도 시세 차익을 거두기가 어렵다. 그래서 이들은 주택 임차인에게 주택 시세에 근접한 전세 자금을 받거나 월세로 주택을 임대하는 것을 선호하게 되었다. 주택 임차인 중에는 주택 가격 하락의 위험으로 주택을 구입하기보다는, 월세나 높은 전세 가격에 주택 임차를 선호하는 사람도 생겨났다. 이렇게 시장은 한국의 부동산 가격을 앞서서 예상하고 있다.

07 자산소득은 경제에 이로울까, 아니면 해로울까?

소득 획득의 방법과 경제 정책

과거 한국의 고도 성장기에 한국에서는 부동산 투자나 투기로 1년에 몇십억 원을 버는 사람들도 있었다. 평생 도시 근로자가 10억 원에서 20억 원의 근로소득을 버는 것과 비교하면, 부동산 투자자나 투기꾼들은 단기간에 손쉽게 돈을 벌었다. 부동산 투자와 투기에는 개발 정보가 중요해서, 사전에 개발 정보를 얻고자 많은 정보 활동이나 로비가 음성적으로 행해지기도 했다. '복부인'이란 말처럼 부동산 정보를 사전에 습득한 사람들의 투자, 투기 행태가 한국에서는 사회적으로 물의를 일으키기도 했다. 정부는 이런 폐해를 근절하는 데 행정망을 동원하기도 했다.

오늘날의 한국에서는 과거와 달리 이런 현상이 거의 발생하지 않고 있다. 한국의 도시화가 포화 상태이고 부동산 시장도 침체 상태에 있기 때문이다. 그러면 8년 전, 15년 전, 25년 전 등의 과거에 한국인들이 부동산으로 돈을 벌었던 것은 잘못된 것일까? 등소평은 쥐만 잘 잡으면 검은 고양이면 어떻고 흰 고양이면 어떠냐고 말했다. 그는 자본주의든 사회주의든 상관없이 어떤 체제라도 국민과 국가를 부강하게 만들면 된다고 생각했다. 시장자본주의 사회에서는 돈을 벌 때 합법적이기만 하면, 자본 소득이든 근로소득이든 사업 소득이든 간에 그 어떤 것도 상관없다. 오로지 돈을 많이 벌었느냐 그렇지 않으냐가 중요한 것일 수 있다. 다만, 돈만 벌기 위해 안전과 환경 등에 위해를 주는 행위에 대해서 국가는 강력하게 처벌과 근절 활동을 한다. 일부 사람들은 부동산, 주식투자 등에서 발생한 자산소득을 불로 소득이라며 죄악시하기도 한다.

중상주의는 부의 기준을 화폐나 귀금속의 보유량이 많고 적음으로 판단했다. 화폐인 금화나 은화를 갖고 있으면 물건을 많이 살 수 있어서, 중상주의는 가치의 우선을 화폐의 보유량에 두었다. 반면 아담 스미스는 참된 부의 기준을 국민의 생활수준에 두었다. 국민의 생활수준은 많이 생산하고 많이 소비하면 높아질 것이라고 아담 스미스는 생각했다. 이를 위해 아담 스미스는 분업 활동을 통한 생산 장려와 완전 경쟁적 자유시장의 확립이 필요하다고 역설했다. 돈을 버는 방법에 있어서도 중상주의는 식민지에서 귀금속을 착취하거나 식민지의 원료 확보를 통해서 돈을 벌어도 무관하다고 생각했다. 또한 그들은 독과점에 따른 부의 축적도 옹호했고, 국가가 이런 활동으로 부강해질 것이라고 생각했다. 그 당시 경제의 기득권자들이 중상주의자들이었으므로, 중상주의자들은 이러한 사고체계를 당연시했다. 반면 아담 스미스는 산업 생산의 확대와 소비를 통해 국가의 부가 늘어남을 강조했다. 중상주의자들도 아담 스미스처럼 국가의 부가 중요하다는 생각을 지녔으나, 그것을 얻는 방법에 있어서 아담 스미스와 중상주의자들은 많이 달랐다. 아담 스미스는 개인의 자유로운 경제 활동을 국가가 간섭하지 않고 장려하면 국가의 산업 생산과 소비 활동은 확대될 것이며, 이에 따라 국가의 부도 증가할 것이라고 생각했다. 아담 스미스의 생각은 경제의 주요 사상이 되어 서양의 경제 발전에 이바지했다.

오늘날 돈에 대해서는 중상주의자와 아담 스미스의 생각이 복합적으로 작용하는 것 같다. 개인이 근로 활동으로 돈을 버는 것은 아담 스미스의 생각에 가깝고, 자산시장에서 벌 수 있는 부는 화폐를 강조한 중상주의자들의 생각에 가까울 수 있기 때문이다. 오늘날까지 경제학자들은 투자와 투기를 통해 개인의 소득이 늘어나는 것에 대해 많이 생각하지 않았다. 투자와 투기로 돈을 버는 데 치중하면 산업 생산이 증가하지 않는다고 생각했기 때문이다. 그러나 오늘날에는 자산소득, 근로소득 등을 통해 개인이나 국가의 부를 증가시키는 것이 중요하다. 소득이 증가할 때 생산과 소비 활동이 활발하기 때문이다.

고도 성장기를 이룩한 국가들은 모두 도시화가 활발할 때 높은 경제 성장을 이룩했다. 2013년 기준으로 한국 가계 소득에서 근로소득 이외의 소득이 가계 전체 소득에서 차지하는 비중은 17.5%였다. 통계청 조사에 의하면 한국 가계는 2013년 평균적으로 400만 원을 벌었다. 그 중 330만 원은 근로소득을 통해, 70만 원은 이자 및 배당 소득 등을 통해 벌었다. 이것에는 부동산 양도 차익, 주식 양도 차익은 계산되어 있지 않다. 한국 가계는 월 325만 원을 지출하여 근로소득 대부분을 소비했다. 이런 상황에서 자산가치의 증감은 소비에 큰 영향을 미친다. 자산 가격의 변화가 소득이 늘어났다는 착시 현상을 개인에게 주어 개인의 소비를 증가시킬 수 있기 때문이다. 그러나 기존 경제학에서는 이런 현상을 '부의 효과'라 할 뿐, 많은 연구 활동을 등한시했다. 최근에는 자본 소득의 증가율이 근로소득의 증가율보다 높았다는 피케티의 연구처럼, 자본 소득에 대해 비교적 많은 연구 활동이 진행되고 있다. 부동산 보유 시 임대소득 및 시세차익을, 주식보유 시에는 배당및 주식 양도차익을 거둘 수 있어 성장하는 경제에서는 자산소득이 경제성장율보다 높을 수 있다. 경제학자들의 연구 결과에 따르면, 자산소득

이 100만 원 증가할 때 소비는 6만 원가량 증가한다고 한다.[38)]

자산 가격의 상승이 경제에 미치는 영향을 간과하면 경제 현상을 잘못 보게 만든다. 특히 앞에서 보았듯이, 많은 경제학자들은 가계의 소득 중 일정 부분은 저축으로 흘러 소비가 생산보다 적어짐으로써 발생하는 불황을 해소하기 위해서는 정부 지출을 확대해야 한다고 생각했다. 그러나 이것은 개인 소득에서 저축으로 인해 생산보다 적어지는 개인 소비를 자산 가격의 상승이 해소할 수 있음을 고려하지 않고 있다. 자산소득이 증가하면 소비가 생산에 부족하지 않을 수 있고, 경제는 활력을 띠기도 한다. 수요가 부족하지 않은 상태에서의 정부 지출 증가는 오히려 수요 과잉에 따른 물가 폭등으로 이어졌다. 물가 폭등은 빈부격차를 심화시킨다. 물가 폭등은 수요가 과다하거나 공급이 과소할 때 발생하는 현상이다. 1970년대의 미국은 인플레이션에 시달렸다. 이때 미국은 해외수입 증가로 공급이 부족한 것은 아니었다. 따라서 1970년대 미국의 고물가는 수요 증가에 의한 물가 상승을 의미한다. 미국에 정부 지출 확대가 필요하지 않음에도 정부 지출 확대가 과다하게 나타났으며, 총수요가 과다하자 미국의 물가는 크게 상승했다. 미국은 1958년부터 1997년까지 정부 재정이 매년 적자를 기록했다.[39)] 물가가 폭등하자 미국은 물가를 잡기 위해 1970년대에 금리를 10~20% 수준으로 오랜 기간 유지했다.

이상에서 보았듯이 도시화로 부동산 소득이 증가하고 경기 호황으로 주식 시장도 상승해 개인의 소비 여력이 커져 유효 수요가 부족하지 않을 때, 적자 재정에 의한 정부 지출 증가는 바람직하지 않다. 1970년대, 1980년대의 미국처럼 수요 과다로 물가가 상승하는 부작용이 발생하자, 통화주의자

---

38) 조순, 정운찬 지음, 『경제원론』, p.411.

39) 진 스마일리 지음, 유왕진 옮김, 『세계대공황』, p.202.

나 합리적 기대론자들은 미국 정부에 시장 개입을 자제할 것을 주문했다. 시장에서 경제가 그냥 작동하게 놔두라고 이들은 주장했다. 인구와 생산과 자산소득이 증가하는 경제에서 이들의 주장은 합리적이었다. 그러나 이들은 그 당시 경제에 자유방임을 해야 하는 이유가 자산소득 증가 요인에 주로 기인하고 있음을 알지는 못했다. 이들의 주장은 신자유주의로 불리며, 성장하는 경제 상황에 적합해서 1980년부터 세계 각국의 주요 경제 정책으로 채택되었다.

그러나 2008년의 미국 금융위기로 신자유주의는 위기를 맞고 있다. 2008년의 미국 금융위기는 자산소득 붕괴로 발생한 위기이다. 다행히 미국은 성장 단계의 경제라서 단기간에 위기를 극복했다. 오늘날의 미국은 빈부격차 심화 및 공급 측면 내부사정으로 많은 근로자의 소득 감소 및 소득 양극화 현상이 발생하고 있다. 이것은 많은 사람들에게 수요가 부족한 상태를 유발할 수 있다. 미국의 자산소득 증가는 전체적으로 사회의 유효 수요 부족을 완화시킬 수 있다. 한편, 많은 미국 가계의 근로소득 상승률은 과거에 비해 낮아지고 있다(많은 미국 경제학자들은 지난 20년간 미국 근로자의 실질 임금은 하락했다고 한다). 이것은 앞에서 본 대로 인구 감소를 유발할 수 있다. 미국도 적정한 복지정책으로 인구 감소에 따른 수요 감소를 예방해야 한다.

1990년대 이후 20여 년간 진행된 일본의 경기침체는 자산소득 감소와 인구 감소가 동시에 진행되어 나타난 복합 불황이었다. 일본은 이 당시에 케인즈적 경제 정책을 실시했다. 금리는 0%가 되었고, 재정은 확대되었다. 2001년부터 2006년까지 일본 중앙은행은 민간은행들의 국채나 기업 어음을 매입하거나, 국채 등을 담보로 일본 은행들의 당좌예금 잔고를 늘려주는 양적 완화 정책을 시행했다. 이런 정책 시행으로 일본은 2%대의 경제 성장을 달성하기도 했으나, 일본 경제는 다시 0%대의 성장률로 회귀했다. 앞에서 보았듯이, 1992년부터 일본은 생산 가능 인구가 줄기 시작했고, 출산율도 1.2

명 수준으로 낮아졌다. 2005년, 2006년부터는 일본 인구의 감소가 시작되어, 일본의 생산과 소비는 축소 단계에 접어들었다. 일본 정부의 재정 정책은 도로, 체육관, 항만, 공항 건설 등의 시설에 중복적으로 지출되었고, 건설할 때만 경기부양 효과가 있었을 뿐 지속적으로 생산과 소비 증가를 가져오지 못했다. 1990년부터 부동산 가격이 하락하고 주가도 폭락하자, 일본의 가계 소비는 위축되었다. 그 결과 일본의 불황은 시작되었고, 일본 불황은 20여 년간 지속되었다. 자산시장의 위축으로 시작된 일본의 불황은 일본의 위와 같은 내부사정에 의해 20년간 계속되었다.

일본의 사례처럼 도시화가 거의 완료되고 출산율이 감소하는 국가들은 자산 효과를 시발점으로 경제가 장기 침체에 빠져들 수 있어서 적절한 정부 개입이 필요하다. 이때 정부는 출산율을 증가시키는 정책을 통해 시장에 개입해야 한다.

한국도 미국 발 금융위기 후 정부가 재정 지출을 확대했다. 그러나 한국도 4대강 사업에 22조 원을 쏟아 붓는 등 시대착오적인 정부 지출을 많이 했다. 출산율 감소 및 인구 감소의 위협에 대응하는 정부 지출이 필요한 시기에 토목공사를 확대한 것은 번지수를 잘못 짚은 경제 정책이었다. 이것은 성장률이 지속적으로 하락 중인 경제에는 케인즈적 경제 정책이 어떻게, 어떤 방향으로 추진되는 것이 중요함을 의미한다. 한국은 1990년대에는 상승세의 경기 흐름을 보였고, 총 저축률은 34%였다. 총 투자율은 37%여서 투자가 저축을 앞질렀다. 소비는 GDP 대비 63% 내외였다. 상승세의 경제 상황에서는 이처럼 소비와 투자가 활발하여 유효 수요가 부족하지 않다. 그래서 이런 때에 정부 지출이 확대되면 곧바로 물가 상승이 발생한다.

고도 성장기에 한국은 수요 과다로 무역수지에서 만성적으로 적자를 보였다. 2000년 이후부터 한국은 점차적으로 하강세의 경제로 진입하고 있다. GDP 대비 총 저축률이 34%이나, 총 투자율이 30%에 머물 정도로 투자가 부진하다. 하강세의 경제에서는 기업투자 부진으로 기업 저축이 증가하고, 민간 저축은 감소했다. 기업의 저축은 2012년에 GDP 대비 21.2%이고, 개인의 저축은 5.4%였다. 1990년대에는 기업 저축이 11%, 개인 저축이 11% 정도였다. 하강세의 경제 구조에서는 개인들의 소득 창출이 낮아, 소비도 적고 저축률도 낮았다. 기업은 돈 버는 환경의 악화로 투자를 줄였다. 반면 상승세의 경제에서는 개인의 자산소득 증가 효과와 근로소득의 증가로 개인 저축이 증가하고 개인 소비도 활발했다. 경제 상승기에는 기업의 투자도 증가해 기업의 저축률은 낮았다.

한국은 출산율 감소와 인구 감소가 2030년부터 동시에 진행되며, 현재는 부동산 가격 하락 위험이 증가하고 있다. 한국은행은 한국에서 집값이 5% 하락하면 GDP는 0.2% 감소한다고 발표했다. 그래서 한국은 높은 집값에도, 집값 하락을 방지하고자 노력했다. 그러나 이것은 주택 수요자의 부담으로 이어져 출산율 감소 등의 부작용을 가져온다. 그래서 집값은 적정 수준에서 상승해 나가는 것이 바람직하다.

다시 위의 사항을 정리해보자. 자산소득 증가가 활발한 단계의 경제에서는 자유방임적 경제 정책이 바람직하고, 자산소득이 정체되거나 침체될 때는 출산율을 회복시키는 케인즈적 경제 정책을 추진해야 한다. 성장기의 경제라도 출산율 하락으로 인해 미래에 경제의 저성장이 나타날 위험이 클 때는 사전에 이를 방지하는 경제 정책이 필요하다. 이런 때는 무상보육과 공공 임대주택 확대가 합리적인 경제 정책일 것이다. 자산 가격에 버블이 발생하고 버블이 붕괴해도 문제이므로, 자산 가격이 적정 수준에서 움직이도록 정부는 자산시장의 효율적 작동을 도모해야 한다.

자산소득의 긍정적 기능

미국의 금융위기를 극복하는 데는 가계의 자산소득 회복이 큰 역할을 했다. 자산소득의 증가 및 감소는 경기의 호황, 불황과 상관관계가 높았다. 자산소득 증가는 사회의 경제 발전에 활력을 줄 때가 많았다.

1974년 미국 다우 지수는 616.2였다. 1984년의 다우 지수는 1,211.6이었고, 1994년은 3834.4, 2004년은 10,783이었다. 2014년의 미국 다우 지수는 1만 6,000대이다. 지난 50여 년간 미국 다우 지수는 27배 상승했다. 특히 1970년대 이후 본격적으로 상승한 미국 다우 지수는 미국의 소비 확장에 크게 기여했다. 이처럼 경제가 성장할 때 주가는 상승했고, 주가의 상승은 소비를 증가시켜, 경제는 다시 확장되는 선순환의 구조가 발생한다. 이것이 경제에 주는 효과를 좀 더 자세히 추론해보자.

미국 주식 시장의 시가 총액을 25조 달러로 가정하고 1년간 주식 시장이 10% 상승한다고 하면, 2조 5,000억 달러의 부가 창출된다. 모든 투자자들이 1년에 1번만 매매한다고 가정하면, 미국은 주식 시장을 통해 자본 이득세를 2조 5,000억 달러의 15%인 3,750억 달러를 거둘 수 있다. 2조 5,000억 달러에서 3,750억 달러를 차감한 2조 1,250억 달러의 차익 중 개인이 6%만 소비한다면, 매년 1,275억 달러의 소비가 진작된다. 결국 주식 시장을 통해 1년간 5,000억 달러의 소비가 증가한다. 5,000억 달러의 소득은 소비함수의 합공식을 통해 2조 5,000억 달러로 소비가 확장될 수도 있다(9장의 '총수요 변화는 어떻게 발생하고 왜 가속화되는가?' 부분 참조). 대주주의 지분은 매매가 이루어지지 않아 실제 수치는 이와 다를 수 있다. 그러나 주식 시장의 상승이 소비 확대에 미치는 효과는 이런 식으로 추계 가능하다. 여기에 상품 시장, 외환 시장, 부동산 시장 등에서 발생하는 자본 이득을 고려하면 성장기의 경제에 있어 자산소득의 증가는 그 규모가 무척 클 것이다.

2007년에 미국 가계의 순자산은 67조 4,000억 달러였다.[40] 2008년 금융위기로 2009년 1사분기의 미국 가계 자산은 51조 4,000억 달러로 축소되었다. 이에 미국 경제 성장률도 2007년에는 1.9% 성장에서 2009년에는 -3.5% 성장으로 변화했다. 이후 FRB의 양적완화로 미국의 부동산 및 주식 시장이 살아나자, 2012년 미국 가계의 순자산은 67조 달러로 늘어났다. 2013년 2사분기에는 미국 가계의 순자산이 74조 8,000억 달러로 확대되었다. 근로소득 증가 외에 자산소득의 증가가 미국 가계 자산 확대에 크게 기여했다(2013년 미국 가계 자산의 증가분 중 부동산 및 주식 시장 상승에 따른 가계 자산 증가가 80.6%를 차지했다). 이런 요인이 작동하여 미국은 2012년에 2.2%의 경제 성장률을 기록하며 경기 침체에서 벗어났다.

자산소득 증가가 활발할 때 경제가 원활하게 작동하는 것은 한국에서도 나타났다. 노무현 정부 5년간 한국의 주식 시장은 127% 상승했고, 부동산 시장은 전국 평균으로 27% 상승했다.[41] 노무현 정부 때는 외환위기의 구조조정 여파와 대기업 근로자의 감소에도 불구하고, 자산 시장의 호조와 해외 경기 호황으로 연평균 4%대의 양호한 경제 성장을 기록할 수 있었다. 반면 이명박 정부 때는 주식 시장이 5년간 답보했다. 부동산 시장은 5년간 13% 상승했다. 이명박 정부 5년간 한국은 연평균 2~3% 정도 성장했다. 2013년에는 주가도 제자리, 부동산 가격도 제자리에 있자 한국의 GDP 대비 소비 비중은 53.7%로 급락했다. 노무현 정부 때 이 수치는 60%였고, 이명박 정부 때는 57~60%였다. 이런 수치가 하락하게 된 것은 자산소득의 정체가 적지 않은 역할을 한 것으로 추정된다(예를 들어 해마다 주식 시장이 연평균 7%씩 상승하면 어떻게 되는지 살펴보자. 현재 한국 주식 시장의 시가 총액인 1,300조 원에서 7%

40) 『매일경제』 2014년 3월 7일자.

41) 국민은행, 한국감정원 자료 참조.

는 91조 원이다. 외국인의 평균 주식 보유 비중 30%를 제외한 70%의 내국인 주식 보유로 인해, 국내에서는 91조 원 가운데 91조 원×0.7인 63.7조 원의 부가 증가한다. 이를 국내 가구 수 1,800만으로 나누면, 가구당 354만 원의 부가 1년간 늘어난다).

주가가 상승한다는 것은 기업이 현재 돈을 잘 벌고 있고 가까운 미래에도 기업이 돈을 잘 벌 수 있음을 의미한다. 돈을 잘 버는 기업은 투자 여력 및 소비 여력이 많다. 일례로 기업이 돈을 잘 벌 때 기업은 근로자에게 스톡옵션이나 보너스 등을 지급하기도 한다. 투자자들은 주가가 상승하면 자본 차액을 통해 소득이 증가한다. 주식 시장이 상승할 때는 GDP 대비 소비 비율이 상승하게 된다. 장기적으로 주식 시장의 안정적 상승을 위해서는 출산율의 적정 수준 유지와 기업의 혁신 등이 필요하다.

한국은 출산율 감소가 수년째 진행 중이며, 경제활동 인구는 거의 정점에 다다르고 있다. 주식 시장은 이런 요인으로 몇 년째 2000 선에서 맴돌고 있다. 『연합뉴스』에 의하면, 2010년 46만 개의 국내 기업들의 당기 순이익의 합은 111조 7,000억 원이었다. 2012년에는 순이익이 86조 6,000억 원으로 줄었다. 이처럼 한국은 부동산 시장, 주식 시장에서 자산소득의 증가가 쉽지 않다(한국 전체의 자산은 신규 건물 건설, 물가 상승 등으로 최근 5년간 3,000조 원가량 증가했어도, 현실의 자산 시장에서 개인 등의 자산은 인구요인에 의해 상승하기가 쉽지 않다). 인구가 감소할 때 자산소득의 증가가 쉽지 않다. 일본은 지난 20년간 인구정체기에 주식시장과 부동산시장의 성장이 정체되었다. 최근에 통화량 증가에 의해 일본의 자산시장은 활기를 띄고 있으나 이것은 인플레이션을 통한 자산소득 증가에 불과하다. 이런 자산소득은 인위적으로 사회 양극화를 강화시킬 수 있어 바람직하지 않다. 인구감소에 의한 디플레이션으로 고용은 불안정하나 통화량 증가로 부동산등이 적정수준 이상으로 상승하여 가난한 사람들의 삶이 더욱 힘들어진다. 세계화 시대에 해외 시장에서 투자를 통한 자본소득의 확대가 국내 자본소득의 정체를 극복할 수 있는 대안이 될 수 있다.

자산 시장에서 발생하는 문제점

미국의 금융위기와 유럽의 재정위기 초기 단계에 사람들은 시장 위험을 높이 평가했다. 사람들은 앞 다투어 주식 시장에서 빠져나오려고 주식을 팔기 바빴다. 주식 시장에서는 매도가 매도를 불렀고, 주가는 폭락했다. 주가 하락은 투자자들의 투자자금 손실로 이어졌다. 개인의 소비는 위축되었고, 경기침체는 가속화되었다. 기업도 기업 본연의 사업에서 손실을 보거나 이익이 정체되었다. 개인 투자자의 자본손실도 발생하자, 사회의 부는 이중으로 감소했다(기업 및 개인의 부가 동시적으로 감소했다). 금융위기와 같은 상황에서는 자산 감소 속도가 빠르게 진행되며, 감소폭도 무척 크다. 먼저 빨리 시장을 탈출해 손해를 적게 보려는 조바심과 폭락에 대한 두려움으로 매도가 증가해서 가격이 급락하기 때문이다.

1997년 12월 외환위기 시 한국에서는 기업 부도가 이어졌다. 기업 부도는 주식이 휴지가 됨을 의미한다. 시장이 불안해지자 주식 시장에서는 주식을 팔려는 사람들로 넘쳐났다. 1998년에 한국의 주가 지수는 280 선까지 하락했다. 하락기의 자본 시장은 이처럼 경기 불황을 심화시키는 도화선으로 작용하는 경향이 있다. 주가 하락 시에 공매도나 선물, 옵션 매도로 돈을 버는 투자자도 있으나, 사회의 전체적인 부는 감소한다.

주식 시장에서는 워렌 버핏처럼 크게 성공한 사람들도 있다. 그러나 한국과 같은 주식 시장에서는 90%의 개인 투자자들이 주식투자에서 실패했다. 개인들의 자산소득 증가가 경제에 이로운데, 주식 시장에서는 개인의 자산소득 증가가 어렵다는 문제점이 있다. 개인은 변동성이 심한 주식 시장에서 전문적으로 위험을 관리하기가 어려워 손실을 많이 본다.

파레토는 사회에서 20%의 사람들이 사회 전체의 부 중 80%를 차지하고, 80%의 사람들은 사회 전체의 부 중 20%만 가져간다고 했다. 이것을 20:80

의 법칙이라고 한다. 그러나 오늘날의 부의 분배는 10:90이거나 5:95 또는 1:99의 형태로 변하고 있다. 그만큼 부의 분배가 악화되고 있고, 자본 시장이 부의 분배 악화에 일정 역할을 하고 있다. 저소득자는 생활하기에 바빠 투자할 자본 마련이 쉽지 않다. 저소득자가 레버리지를 활용해 투자에 나섰다가 투자에 실패하면, 그는 모든 것을 잃을 수도 있다. 저소득자는 신용이 낮아 자금 차입도 어렵다. 이런 요인으로 저소득자는 자본 시장의 접근이 어려워 자본 시장 호황 시 돈을 벌기가 어렵다. 반면, 지식 근로자로 고소득을 획득한 사람들은 자본 시장에 많은 돈을 투자해서, 자본소득의 증가와 근로소득의 고소득을 동시에 누릴 수 있다. 그래서 고소득자의 부는 경제가 확장할 때 기하급수적으로 증가한다. 오늘날에는 은행, 증권회사에서 전문적으로 자산을 관리해주는 사람들도 있어, 부자들은 투자에 실패할 확률도 낮아지고 있다. 자산가들은 성장하는 경제기에 자산 규모를 크게 늘리곤 했다.

피게티의 주장처럼 자산소득 이익률이 성장률보다 높아 상속에 의한 계급사회도 미래에는 출현할 수 있다. 뒤에 나오는 세금 편에서 이에 대한 합리적인 방안도 생각해 보기로 하자.

한국의 자산(주택, 부동산) 지니계수는 2010년 기준으로 0.70이고, 소득 지니계수는 0.46 수준이다.[42] 지니계수는 0~1사이의 값을 가지며, 1에 가까울수록 부와 소득의 분포가 불평등함을 의미한다. 위의 수치에서 보듯이, 자산소득의 지니계수가 높아 많은 사람들은 자산소득에 있어 부익부 빈익빈 상태에 있다. 실제로 한국의 주식 보유자 중 상위 1%가 전체 내국인 보유 주식의 80%를 갖고 있다. 토지 소유 상위 1%가 전체 토지의 41%를, 상위 8.5%가 전체 토지의 76%를 보유하고 있다. 한국은 부동산 가격이 높은 편

---

42) 한국개발연구원 자료 참조, 『한국일보』 2013년 8월 21일자.

이라서 부동산 소유 여부가 자산소득의 불평등을 발생시키는 주요 요인으로 작용하고 있다.

한국 거래소에 따르면 2012년 말에 한국 주식 투자자는 502만 명이고, 이 중 개인 투자자가 496만 명이라고 한다. 경제활동 인구의 19.7% 수준에 해당하는 사람들이 주식투자를 하고 있다. 개인들의 1인당 평균 투자 자금은 2,000~3,000만 원 수준이다. 적은 돈에서 시작해 큰돈을 벌어보겠다는 개인들의 열망이 투자 규모와 투자자 수에서 나타나고 있다.

영화 '설국열차'가 묘사한, 부자들만의 세상인 열차 칸과 가난한 사람들로만 가득한 열차 칸 모습은 한국의 자산시장 분포와 비슷하다. '설국열차'에서는 가난한 열차 칸의 사람들이 부자들이 있는 열차 칸으로 이동하기가 쉽지 않았다. 가난한 사람들은 슬프게도 부자들이 먹다 남은 것을 먹으며 생명을 이어가기도 했다. 자본 시장의 팽창은 부의 격차를 심화시켰다. 일반인들이 지식 근로자가 되어 성공하지 않으면 일반인들은 부자들의 열차 칸으로 갈 수 없다. 고 성장기에 부의 불평등이 심화될 수 있으나, 오히려 저 성장기에도 경기침체로 부의 불평등은 심화된다. 부자들은 아무것도 안 하고 부만 유지해도 부자로서 지낼 수 있기 때문이다. 오히려 경기침체로 인해 가난한 사람들은 생활 자체에 더 많은 어려움을 겪는다. 부자들이 돈을 쓰지 않으면 경기침체가 해소되기 어려운 경제 상황은 저 성장기에 심화되기도 한다.

크리스티아 프릴랜드에 의하면, 전 세계 상위 0.1%의 부자들은 대부분 중산층에서 나왔다고 한다. 부의 상속보다는 부를 획득하는 방법을 알고 부를 만들어가는 것이 더 큰 부자에 이르는 길이다. 오늘날에는 자산 시장에서도 풍부한 유동성으로 부의 획득이 지식과 사람에 의해 많이 좌지우지되고 있는 것 같다.

08
현대 경제에서 총공급의 증감

총공급의 의의

거시경제에 있어서 총공급은 1년간 시장에 공급되는 재화와 용역의 총합이다. 시장에 공급되는 재화와 용역은 국내에서 생산되거나 해외에서 수입된 생산물 등으로 이루어진다. 따라서 총공급은 국내총생산(GDP)과 수입액의 합이다. 재화와 용역을 시장에 판 것은 결국 생산자의 소득으로 귀결되며, 생산자 소득은 소비, 저축, 조세, 수입 등으로 처분된다. 결국 총공급은 소비, 저축, 조세, 수입의 합으로 귀결된다. 국가의 총공급이 늘고 국민의 소득도 증가하면 국민의 소비 여력도 확대되어 국민의 후생은 증가한다. 반면, 국가의 총공급이 줄어들면 국민의 소비 여력도 줄어들어 경기는 침체한다.

1970년대와 1980년대 초 미국은 제조업 경쟁력 약화와 달러 강세로 국내 산업 생산이 취약해졌다. 산업 생산력 저하로 미국에서는 실업자가 늘어났고, 미국 국내 경기는 침체되었다. 1970년대와 1980년대에 미국 실업률은 7~9% 대였다. 국내총생산 감소에 따른 경기침체를 미국은 어떻게 극복해 나갔을까? 1980년대부터 미국은 기축 통화인 달러를 활용하여 수입 확대를 통해 미국 내 총공급의 위축을 해소해 나갔다. 국내 산업 생산 위축에 따른 높은 실업률은 정보통신, 생명공학, 각종 서비스 등의 새로운 산업들을 부흥시켜 해소했다. 그리하여 1990년대 미국의 실업률은 4~6% 수준으로 하락했다. 2000년대 들어서 미국은 IT 버블 붕괴에 따른 경기 악화가 발생하자, 부동산 경기의 호황으로 경기 악화를 극복하기도 했다. 그러나 주택 공급이 과잉으로 치닫고 부동산 버블이 발생하고 붕괴되자, 미국의 실업률은 다시 8~9% 대로 상승했다. 최근에는 7% 이하로 미국 실업률이 하락했다. 이처럼 총공급 활동이 활발할 때 실업률은 감소하고 경제 상황도 좋았다. 총공급을 국내생산으로 증가시킬지, 아니면 수입을 통해 증가시킬지는 국내 고용과 산업구조 형성에 큰 영향을 미친다. 미국은 기축 통화의 힘을 바탕으로 수입과 수입 관련 산업을 발전시킴으로써 국내 고용도 적정하게 유지하고 총공급도 증가시키고 있다.

미국은 매년 5,000억 달러에서 1조 달러 가량의 무역적자를 보고 있다. 무역적자 금액은 미국 GDP 대비 3~7% 수준이며, 해마다 미국은 무역적자로 이 정도의 자금이 미국에서 해외로 빠져나가게 된다. 국내 자금의 누출은 누출 액만큼 국내에 돈이 부족하게 만든다. 이것은 미국 국내 경기를 위축시킬 수 있다. 그러나 해외 투자자들이 미국의 채권을 사거나 미국의 부동산, 주식 등에 투자를 확대함에 따라 미국은 돈이 부족해서 경기가 위축되는 현상은 발생하지 않고 있다. 2012년에 외국인들이 미국에 투자한 금액은 3조 700억 달러에 이르렀다.[43)]

기축 통화국과 달리 비 기축 통화국들은 경상수지 적자 누적 시 외환위기 및 국가 부도를 겪을 수 있다. 비 기축 통화국들은 안타까우나 기축 통화국처럼 수입 증가가 아닌, 국내총생산 증가를 통해 총공급을 증가시킬 수 밖에 없다. 이를 위해 비기축 통화국은 국내 시장을 확대하거나 총수요를

43) 미국 상무부, FRB 자료 참조.

증가시켜야 한다. 비 기축 통화국들은 시장 확대 및 국내 총생산을 증가시키기 위해서 기술혁신과 산업혁신을 이루어야 한다.

IMF는 1971년에서 2000년까지 세계의 총 생산은 연평균 3.6%씩 증가했다고 발표했다. 세계 경제는 인구 증가와 더불어 총공급이 이처럼 꾸준하게 증가했다. 그러나 생산 가능 인구가 줄어든 일본의 총공급은 1992년 이후 정체되었다. 한국도 2018년부터 생산 가능 인구가 감소한다. 생산 가능 인구 감소에 따른 국내 총공급 감소 위험을 해소하고자 여성의 경제활동 참가율을 높이거나 고령의 근로자 채용을 늘리자는 논의가 한국에서는 진행되고 있다.

생산의 부가가치와 국가 경제 변화

세계의 총공급에 있어서 생산 품목의 부가가치는 시대에 따라 변화한다. 세계 시장에 고부가가치의 제품을 공급하는 국가들의 경제는 항상 번영했다. 고부가가치의 생산은 소득 증가 및 총공급의 증가로 이어진다. 생산성 향상을 통해 기존 산업 생산의 부가가치를 향상시킨 국가들도 총공급 증가로 경제의 호황을 누렸다. 18세기 영국의 면·방직 공업이 대표적인 예이다. 가내수공업 형태의 면·방직 공업을 대량생산 체제로 전환한 영국은 공업 생산성의 비약적인 도약으로 세계 최강대국으로 발돋움할 수 있었다.

1900년 초에서 1940년대까지 아르헨티나는 세계 5대 부국이었다. 이 기간에 식량은 매우 귀중했고, 1차와 2차 세계 대전으로 세계 각국이 농사를 짓는 것이 힘들게 되었다. 이 시절에 국제 농산물 가격은 매우 높게 형성되었다. 농·축산물을 주된 산업으로 했던 아르헨티나는 이 기간의 높은 국제 농산물 가격으로 풍요를 누렸다. 그러나 종전 후 유럽 등에서 농사가 재개되고 농·축산물 가격이 하락하자, 아르헨티나 경제는 침체에 빠져들었다. 이런 상황에서 아르헨티나의 국내 정치가 쿠데타 등으로 불안해졌다. 결국 위의 요인이 복합적으로 작용하여 아르헨티나 경제는 급격히 하강했다. 세계 시장에 공급하는 품목에 있어서 부가가치의 변화는 한 나라의 경제에 이처럼 큰 영향을 미친다. 한국도 1996년 디램 반도체 가격이 90% 가까이 폭락하자, 수출 금액이 감소하여 무역수지 적자 폭이 확대되었다. 그리고 1997년 12월 한국은 외환위기를 맞았다. 국내총생산은 수출과 내수로 이루어진다. 이 중 내수를 위한 국내총생산이 총공급에 해당하나, 수출이 활발하면 사회의 소득 증가로 국내 시장이 커져 국내 총공급도 증가한다.

1940~1970년까지는 공업국가가 농업국가보다 적었던 관계로 1차 산업 생산 품목보다는 공업 제품의 부가가치가 높은 편이었다. 그러나 동아시아 등 세계 여러 나라가 공업국가로 탈바꿈하자, 1970년대부터는 제조업의 부가가치가 전반적으로 낮아졌다. 반면에 공업생산 등의 원료로 사용되는 원유나 국제 원자재 등의 부가가치는 높아졌다. 2000년 초에 비해 국제 유가는 현재 5배 이상 상승한 상태이다. 국제 유가의 고공행진으로 중동의 산유국들은 플랜트 등과 같은 여러 고정 자산에 활발히 투자를 했다. 이들 나라는 이처럼 국내 시장 확대를 통해 총공급을 증가시켰다. 반면, 1970년대, 1990년대에 한국은 고유가에 따라 산업 생산이 위축되어 국내의 총공급이 일시적으로 감소하기도 했다.

10년 전인 2004년에 몽골은 1인당 국민소득이 400달러에 불과했다. 그러나 2005년 이후 몽골에서는 구리, 석탄, 철광석 등의 광산이 대량으로 발견되고 개발되었다. 2008년 미국 발 금융위기로 국제 원자재 가격은 한때 하락했으나 다시 상승하여, 현재는 2000년 초에 비해 높은 가격에 거래되고 있다. 국제 원자재의 개발과 수출로 2012년에 몽골의 1인당 국민소득은

4,000 달러가 되었다.

1차 상품, 2차 상품, 3차 상품의 부가가치는 시대에 따라 달라진다. 국가는 시대 상황의 변화에 발맞추어 총공급을 증가시킬 수 있다. 예를 들어, 에너지 가격이 비싸면 대체 에너지 개발을 통해, 농산물 가격이 비싸면 종자산업을 발전시켜 국가는 총공급을 증가시킬 수 있다. 대부분의 선진국들은 노동 집약적 산업에서 자본 집약적 산업으로 이동한 후, 다시 기술 집약적, 지식 집약적, 자본 집약적 산업을 융합해 총공급을 확장시켜왔다. 이런 과정을 잘 이행하지 못한 국가들은 경기침체를 겪기도 했다.

특히 오늘날에는 지식이 총공급 증가에 중요한 역할을 담당하고 있다. 지식을 증가시키지 못하는 국가들은 경기침체에 빠질 수도 있다. 한국도 2000년 초 15만 명 수준이었던 연구개발 인력이 2012년 말에는 30만 명으로 늘어났다.[44] 한국 정부의 R&D 예산도 2002년 6조 1,000억 원에서 2012년에는 16조 원으로 증가했다. 특허를 통한 독점적 생산과 특허료 수입 증가는 국내 총생산을 확대시키므로, 세계 각국은 연구개발에 매진하고 있다. 그 결과 해마다 세계에는 수많은 특허가 개발, 발명되고 있다. 국제 특허 시장 규모도 2001년 837억 달러에서 2011년에는 2,339억 달러로 확대되었다.[45] 이 중 미국이 1,206억 달러를 차지했다. 특허를 출원하거나 외부 발명가들에게서 특허를 매입해 기업에 대여하는 활동도 늘어났다. 특허에 관해 전문적으로 소송을 하거나 관리를 대행해주는 회사들도 생겨났다. 이런 여러 가지 이유로 세계 특허 시장은 나날이 확대되고 있다.

국가의 총공급은 노동 인력의 증가, 자본과 노동의 효율적 결합을 통한 생산 활동의 증가, 활발한 지식산업 활동에 의한 노동 생산성의 증가, 지하

---

44) 『매일경제신문』 2013년 보도자료 참조.

45) 『매일경제신문』 2013년 보도자료 참조.

자원. 천연자원 생산물 등의 증가로 확대된다. 총공급을 증가시켜 국가가 경기 호황을 맞으려면 위와 같은 활동을 국가 및 기업은 잘 수행해야 한다.

1ha에 있는 나무들의 부피 양을 '임목 축적량'이라고 한다. 1952년에 한국의 임목 축적량은 6㎥였다.[46] 한국전쟁 후 한국의 국토는 거의 민둥산이었다. 그러던 것이 산림녹화 사업을 통해 국토가 푸르러졌다. 임목 축적량도 증가하여, 2008년에는 한국의 임목 축적량이 104㎥로 변했다. 2020년에는 한국 전체 산림의 임목 축적량이 11억㎥가 될 것으로 예상되고 있다. 이에 따라 한국은 매년 2,000~3,000만㎥의 목재를 생산할 수 있을 것으로 전망되고 있다. 이렇게 목재를 생산하기까지에는 나무를 심고 가꾸고 산불을 예방하는 수많은 활동이 있었다. 산불이 나서 아름드리나무가 불에 타버리는 사고도 발생했다. 산에 있는 나무를 키우듯이, 국가 구성원 모두가 노력해야만 국가의 총공급도 확장된다. 산에 있는 나무가 화재로 전소되듯이, 산업 생산에 있어서도 어느 날 갑자기 공장들이 멈추기도 한다. 1970년대 한국의 합판 사업이 대표적으로 그러했다. 인도네시아가 원목 수출을 금지하자, 한국의 합판 생산은 1970년대부터 추락했다. 1980년대와 1990년대에는 중국 등 새로운 국가들의 생산 증가로 한국의 신발 산업도 점차적으로 축소되었다. 산에 있는 많은 나무들이 시간이 지남에 따라 침엽수에서 활엽수로 변하듯이, 산업의 구조조정도 국가의 대내외적 상황에 발맞추어 효과적으로 진행되어야 한다. 많은 국가들은 총공급 활동을 제조업 중심에서 서비스산업으로 이동시키기도 하였다. 한국은 수출 확대를 위해 국내총생산을 증가시켰고 이를 통해 국내총공급을 증가시키는 활동을 활발히 하였다.

경기가 호황일 때는 다양한 산업이 발생하고 발전한다. 그러나 오늘날의 많은 선진 국가들은 인구 감소로 경기가 침체에 빠져들었다. 앞에서 보았

---

46) 국립산림과학원 자료 참조.

듯이 부동산, 주식 시장의 침체가 경기를 직간접적으로 위축시키기도 한다. 그래서 이들 나라의 총공급 활동도 과거에 비해 많이 축소되고 있다.

국가는 총공급이 위축될 때 이자율을 인하하고 통화량을 확대하거나, 정부 지출을 늘리거나 세금을 인하하는 등의 여러 활동을 통해 총공급 감소를 방지하고자 노력한다. 그러나 이런 것보다 우선하여 국가는 총공급의 감소가 어디에서 무슨 요인으로 왔는지를 정확하게 진단해서 적절한 해결책을 강구해야 한다. 오늘날 많은 선진 국가들은 인구 감소로 총수요가 감소함에 따라 총공급이 감소할 위험이 높아진 상황에 놓여 있다.

09
총수요 변화는 어떻게 발생하고, 왜 가속화되는가?

총수요의 의의 및 시대에 따른 총수요 구성의 변화

총수요는 시장에서 경제 전체의 생산물에 대한 수요의 총합을 뜻한다. 국내에서 생산된 것들은 국내에서 소비되거나 외국에 수출되어 소비된다. 따라서 총수요는 국내에서 소비되는 것들의 합인 소비, 투자, 정부 지출과 해외에서 소비되는 수출의 합이다. 총수요가 증가하기 위해서는 소비와 투자, 정부 지출, 수출 등이 늘어나야 한다. 총수요가 침체되면 생산한 것이 다 소비되지 못하여 생산도 위축되고, 고용도 위축된다.

앞에서 보았듯이, 케인즈는 개인의 저축이 투자로 연결되지 못하고 개인의 소비가 소득보다 적어 경제가 불황인 상황이 일반적이라고 했다. 그러나 케인즈의 생각과 달리 경제는 경제가 놓인 상황에 따라 총수요가 부족하거나 과다했다. 1990년대 버블 붕괴로 극심한 불황을 겪은 일본은 케인즈가 말한 대로 유효수요 부족과 공급 과잉이 복합적으로 작용해 경제 불황이 발생했다. 일본의 유효수요가 왜 부족했고, 정부 지출 확대에도 일본의 경제가 왜 살아나지 못했는지, 그 이유를 좀 더 자세히 살펴보자.

먼저 일본은 1990년대 불황 시 케인즈가 말한 대로 재정 지출을 확대했다. 그 결과 1990년대 GDP 대비 80%였던 일본 정부의 채무는 2013년에는 240%에 이르렀다. 일본 정부의 국가 부채도 2013년에는 997조 엔으로 늘어났다(원화로 1경 1,760조 원이다). 그러나 이와 같은 정부 지출 증가에도 불구하고 일본 경제는 1992년에서 2010년까지 연평균 0.6~0.84%씩 성장했다.[47] 재정 지출 확대에도 불구하고 일본 경제는 살아나지 못했다. 사람들은 이런 일본의 경제 상황을 잃어버린 10년이라고 부른다.

나라마다 다르나 일반적으로 국가의 총수요 구성은 소비 60%, 투자 20%, 정부 지출 20%로 구성되어 있다. 경제가 인구 증가, 도시화, 산업 생산 증가 등으로 성장기에 있을 때 발생하는 경기침체를 극복하기 위해 정부가 정부 지출을 증가하면 소비와 투자가 살아날 수 있다. 정부 지출이 마중물 역할을 하기 때문이다. 일시적인 수요 위축 상황에서 정부 지출이 증가하면, 소비와 투자가 활성화되어 경기침체는 해소될 수 있다. 유효수요가 자산 효과에 의해 일시적으로 부족한 것은 재정·금융 정책을 통해 쉽게 극복되기 때문이다. 그러나 1992년부터 시작된 생산 가능 인구의 감소 및 국내 투자 부진으로 일본의 경제는 정부 지출 증가에도 불구하고 소비와 투자가 살아나지 않았다. 총수요에서 소비와 투자가 차지하는 비중이 크고 소비와 투자가 정체되어 일본의 총수요는 정부 지출 증가에도 불구하고 제자리 걸음을 하였다. 1992년부터 일본은 총수요가 살아나지 않은 상태에서 정부 지출 확대로 정부 빚만 늘어났다. 반면 일본은 이 기간에 높은 기술력과 국내 투자 부진으로 막대한 규모의 경상수지 흑자를 기록했다. 국내 수요 부진과 엔고로 일본 기업들이 해외로 투자를 확대한 것도 일본의 국내 투자가 부진한 이유였다. 이렇듯이 일본과 같은 경제 불황이 오면 불황 극복이 쉽지 않다.

최근의 한국 경제도 1992년부터 시작된 일본 불황을 닮아가고 있다. 생산

---

47) 기획재정부 자료 참조.

가능 인구 축소, 투자보다 높은 저축률에서 보듯이, 총 투자율의 축소, 높은 경상수지 흑자 등이 1990년대와 2000년대 초반의 일본과 흡사하다. 그리고 최근에는 4대강 사업처럼 무리한 토목공사의 강행도 일본의 무분별한 재정 지출 증가와 똑같이 닮았다.

총수요 구성 요소들의 가중치는 경제 상황에 따라 변화한다. 일반적으로 성장기의 경제에는 총수요 중 소비와 투자 비율이 높고, 하강기의 경제에서는 총수요 중 정부 지출 비중이 확대되는 모습을 보이고 있다. 다음의 표를 통해 이러한 총수요 변화를 좀 더 살펴보자.

GDP 대비 비중 / 연도	소비	투자	투자 제외 정부 지출	수출-수입 (순 수출)
1997년	59%	35.6%	8.1%	-2.7%
2012년	53.6%	27.5%	17.1%	3%

(한국은행 기획재정부 자료 참조)

위의 표에서 보듯이, 현재의 한국은 과거에 비해 투자, 소비 비중이 감소한 반면, 정부 지출과 순 수출의 비중이 커졌다. 그 결과 1997년 60조 원으로 GDP 대비 11.9%였던 정부 부채가 2012년에는 445조 원, GDP 대비 34%로 증가했다. 시대가 변해 복지 지출이 늘어날 수밖에 없는 불가피성이 있으나, 한국은 GDP에서 소비와 투자 비중이 크게 줄고 있다는 점에서 경제 흐름이 좋지 못하다. 구체적으로 1997년에 GDP 대비 설비투자 비중이 11.9%였던 것이 2012년에는 9.5%로 하락했다. 최근 5년간 기업의 해외 투자액은 1,138억 달러인 반면, 외국인들의 국내 투자는 194억 달러에 불과했다. 기업들은 국내 내수시장이 포화 상태에 가까운 데다 인건비 부담이 커져, 국내 투자보다는 해외 투자를 확대하는 모습을 보였다. 이 기간 건설 투자도 23%에서 13%로 크게 하락했다. 반면 기업 및 정부 등의 연구개발 투자는 이 기간에 3.3% 증가했다. 산업 시설과 부동산 시설이 구축되면, 투자에 있어 고정자산에 대한 투자는 정체되거나 줄고 연구개발 투자가 확대되는 모습이 나타났다. 그러나 전반적으로 투자 규모는 축소되었다. 소비 비중은 환율, 부동산, 미래 불안요인, 소득분포 구조변화 등의 요인에 의해 감소된 것으로 추정된다. 부동산 가격 상승은 소비를 증가시킬 수 있으나, 현재 한국의 부동산 가격은 하락 내지 정체할 가능성이 더 많다. 한국 가계는 자산소득 증가 요인은 없고, 미래 불확실성과 경제 수축에 따라 소비가 감소할 위험이 커지고 있다. 총수요의 이런 감소 위험을 한국은 정부 지출 증가와 수출 증가로 완화시키고 있다. 소비와 투자가 활성화되는 방향으로 정부 지출이 사용되어야 한다는 것을 위의 수치 자료를 통해서 확인할 수 있다.

총수요 감소가 경기침체와 인구요인에 의해 가속화되는 이유

한국의 GDP 갭율은 2012년 -0.5~-1.0%, 2013년에는 -1.0～-1.5%였다.[48] 실질 GDP와 잠재 GDP의 차이인 GDP 갭율이 마이너스라는 것은 한국에 디플레이션 압력이 존재함을 의미한다. 이처럼 수요가 부진해 물건 값이 하락하고, 그에 따라 생산이 위축되어 경제 전반이 침체에 빠지는 위험이 한국에서는 점증하고 있다. 생산 가능 인구의 감소는 소득 창출자를 감소시켜 총수요 부진을 심화시킨다. 이에 따라 소비와 투자는 역승수효과로 극심하게 감소한다.

이제 생산 가능 인구 감소와 인구 감소가 소비와 투자를 왜 그렇게 많이

48) 『중소기업신문』 2013년 10월 16일자.

축소시키는지 알아보자. 만약 최초의 어떤 사람이 A원을 소비한다고 하자. 최초의 사람의 소비로부터 A원의 소득을 얻은 사람은 발생한 소득 중 rA원만 소비한다(r은 한계소비성향으로 발생한 소득 중 소비하는 비율을 의미한다. 통상적으로 r은 0.5~1.0 사이의 값을 갖는다). rA원의 소비로 또 다른 사람이 rA원의 소득을 얻고, 이 사람이 rA원×r원인 r^2A원을 소비한다. 이런 식의 소득·소비 활동이 계속되면 A원 소비에 의한 사회 전체의 소비의 합 $S=A+rA+r^2A+r^3A\cdots\cdots$가 된다. 이것을 수열의 합의 공식을 통해 S를 구해보자. 사회 전체의 소비의 합에 r을 곱한 값 $rS=rA+r^2A+r^3A\cdots\cdots$이고, $S-rS=(A+rA+r^2A+r^3A\cdots\cdots)-(rA+r^2A+r^3A\cdots\cdots)=A$가 된다. $S-rS=(1-r)S=A$이고, $S=A/(1-r)$가 된다. 최초 소비인 A 값이 100원이고 한계소비성향인 r이 0.8이면, 사회 전체의 소비의 합은 100/(1-0.8)=100/0.2인 500원이 된다. 이와 같은 현상을 승수효과라고 한다.

그러면 이때 부동산 가격 하락, 자본 시장에서 투자 실패에 따른 손실로 최초의 소비인 A가 100원이 아닌 50원으로 줄면, 사회 전체의 소비의 합은 50/0.2인 250원이 된다. 한편 생산 가능 인구가 줄어 사회 전체의 소비자가 100명에서 90명으로 줄면, 사회 전체의 소비의 합은 $A+rA+r^2A+\cdots\cdots+r^{99}A+r^{100}A$에서 $A+rA+r^2A\cdots\cdots+r^{89}A+r^{90}A$가 된다. $r^{91}A+r^{92}A\cdots\cdots+r^{100}A$만큼의 소비가 사라진다. 그리고 최초의 소비인 A를 일으키는 사람도 10명가량 줄어든다. 생산 가능 인구 감소와 인구 감소는 이처럼 사회 전체의 소비 감소를 가속화시킨다. 소비 감소에 따라 기업들의 투자도 위축되어, 사회 전체의 총수요는 매우 크게 감소하게 된다. 이런 상황에서의 정부 지출 증가는 일본 경제로부터 알 수 있듯이 총수요를 살리지 못했다. 그래도 정부 지출을 하는 것이 극심한 경기침체를 약화시켰을 것이다. 한계소비성향도 경기가 불안하면 하락할 수 있다. r 값의 하락은 전체 소비 값 S를 위축시킨다. 예를 들어 A=100이고 r이 0.8이었는데 r이 0.75로 하락하면, S 값은 100/1-0.8인 500에서 100/1-0.75인 400으로 낮아진다.

1997년 외환위기 시 한국에서는 30대 재벌 중 16개 재벌이 도산했다. 130만 명이상의 실업자가 발생했고, 많은 주식과 채권 등이 휴지 조각이 되었다. 그러자 소비 감소가 실제로 위의 현상처럼 발생했다. 1997년의 한국 소매판매 지수는 62.8이었는데, 1998년에는 52.6으로 하락했다.[49] 설비투자 지수도 2005년을 100으로 보면 1997년은 60.6, 1998년은 37.9, 1999년은 53.8로 하락했다. 한국의 가계지출/가계소득 비율은 2003년에서 2007년 사이에 0.83 내외였다. 이것이 2013년 4사분기에는 0.78로 하락했다. 이것은 한계소비성향과 비슷한 값으로서, 이것을 위의 r로 간주하면 성장률이 낮고 경기가 침체할 때 한계소비성향의 값은 하락했다. 이처럼 어떤 한 곳에서 발생한 문제가 연쇄적으로 소비와 투자 등에 가속적인 변화를 일으키는 현상이 나타났다.

인구가 감소하면 생산도 감소하게 된다. 기존 생산 시설은 과잉이 되고, 투자도 전반적으로 위축된다. 에볼라 바이러스 백신도 경제성이 없어 지난 40년간 개발이 원활하게 이루어지지 못했다. 인구 감소에 따른 총수요 감소의 가속화는 인간의 경제 활동 동기를 위축시켜 생산 활동을 침체시킬 수 있다. 그리고 위의 여러 요인에 의해 경제는 침체 속으로 빠져든다.

1990년대 후반부터 인구증가율이 정체된 일본은 연평균 0.6~0.8%씩 성장했다. 반면 인구증가율이 0.7~1%인 미국은 연평균 2.5-3.5%씩 성장하였다. 인구증가율을 차감하면 미국은 연평균 1.5~2.8%씩 성장했다. 이는 일본보다 연평균 0.7~2.2% 높은 성장률이다. 미국은 총수요가 승수효과에 의해 가속화되어 경제성장이 일본보다 활발했던 것으로 추정된다.

발달된 시장자본주의 경제에서는 이와 같은 요인으로 총수요 관리 정책도 변화해야 한다. 장기적으로 총수요 관리 정책은 출산율 제고 정책일 수

49) 통계청 자료 참조.

밖에 없고, 단기적으로는 버블이 없는 상태에서의 자산소득 증가와 양질의 일자리를 유지, 확대하는 정책이 되어야 한다. 인구가 감소하더라도 여성 인력, 고령 인력 등을 활용한 경제 활동 인구의 지속적인 확대, 유지도 총공급 활동처럼 총수요 활동에서도 필요하다.

10
현대 정치는 경제에 왜 해로운 역할을 많이 하는가?

공공선택 이론가들은 정치가 경제에 많은 영향을 미친다고 주장한다. 국회에서 제정하는 법률이 이익집단에 의해 좌우되고, 이런 법률은 국민 생활에 큰 영향을 끼친다. 공공선택 이론가들은 한 걸음 더 나아가, 정치적 영향을 많이 받는 정책 결정으로 인해 선진국들의 경제는 개발도상국들에 비해 저성장에 머문다고 생각했다. 선진국들이 경제적인 정책 결정과 집행을 못해서 장기적으로 경제가 침체될 수밖에 없었다고 공공선택 이론가들은 판단했다. 물론 이런 견해는 100% 오류다. 많은 개발도상국은 산업화 이전에는 농업 국가였다. 반면에 선진국들은 이미 19세기 초부터 농업 비중이 낮았고, 산업화와 도시화가 진행되었다(선진국들의 도시화도 20세기에 활발히 진행되었다). 개발도상국들은 비교적 최근에 산업화와 도시화가 동시에 진행되어, 활발한 투자와 부동산 가격의 상승 등의 요인에 의해 단기간에 높은 경제 성장을 했을 뿐이다. 그러나 공공선택 이론가들이 주장하듯이, 정치적 요인이 사회의 자원 배분을 왜곡하고 경제에 악영향을 끼칠 수도 있다.

한국에서 발생하고 있는 공기업 문제도 그런 예이다. 독점기업의 이윤은 안정적이고 높다. 시장에서 활동하고 있는 많은 기업들은 이런 이유로 독점기업이 되고자 노력한다. 1997년 외환위기 후 한국에서는 많은 기업들에 대해 구조조정이 진행되었다. 구조조정 후 전기전자, 자동차 등의 많은 산업들에서 독과점 기업이 출현했다. 독과점화 된 기업들은 2008년 금융위기에 따른 세계적인 경기침체에도 불구하고 높은 이익률을 기록했다. 기업들은 정부 규제나 정책, 기술, 고객 등을 통해 독점기업이 되거나 독점을 유지한다.[50)]

경쟁 시장에서 위의 요인으로 독과점 기업이 된 기업과는 달리, 처음부터 독점기업으로 출현한 기업들도 있다. 많은 공기업들이 그렇다. 한국은 산업화 이전에 민간 자본의 자본력이 소규모여서, 자본이 많이 소요되는 사업을 민간 기업이 담당하기 힘들었다. 전기, 철도, 도로, 수도, 통신 등의 산업이 그랬다. 국가 발전에 필요한 이들 산업에 국가가 자본을 투자하여 이들 산업의 발전을 이루었다. 국가는 이들 산업을 담당하는 기업인 공기업을 설립해서 국가 기간시설들을 구축했다. 국가 기간시설 산업에는 자본이 많이 필요했다. 국가에 의해 추진된 이들 사업에 국가는 중복 투자할 자금 여력이 없어서 공기업은 독점기업으로 성장했다. 국가 기간시설이 구축된 후 추가적인 투자가 그리 많이 필요하지 않아 공기업의 평균비용은 지속적으로 하락했다. 반면 매출은 일정하게 성장해 독점기업인 공기업의 이윤은 확대되기 쉬운 환경에 놓여 있다.

그러나 오늘날 많은 공기업들은 적자에 허덕이고 있다. 2012년 기준으로 한국의 295개 공기업의 당기순이익의 합은 -1조 8,000억 원이었다.[51)] 독점기업은 많은 이윤을 낼 수 있는데, 독점기업에 가까운 공기업은 왜 그러지 못하는 것일까? 공기업 경영에 여러 정치적 요소가 개입되고, 공공복리를 증진하는 공기업 본래의 취지가 공기업 경영에 작용하기 때문이다. 정부는 물

50) 밀렌로 M. 레래 지음, 권성희 옮김, 『독점의 기술』, p.110.

51) 파이낸셜 뉴스 보도자료 참조(2013년).

가 상승을 억제하고 국민 후생을 증진시키기 위해 전력요금, 철도요금, 수도요금 등의 공공요금 상승을 최대한 억제한다. 4대강 사업처럼 경제성을 검토하지 않고 정치적 결정에 의해 추진된 사업을 공기업이 떠안기도 했다. 이런 요인으로 한국전력 등 많은 공기업들은 적자를 띠었다.

공기업 자체의 방만 경영도 공기업 적자를 확대시켰다. 2012년 기준 공기업 직원의 평균 연봉은 7,200만 원이었다.[52] 반면 한국의 30대 기업 직원의 평균 연봉은 6,090만 원이었다. 국민소득 대비 공기업 직원의 평균 연봉은 한국이 세계 최고 수준이다. 공기업이 높은 부채를 갖고 있으면서 이런 방만 사업, 방만 경영을 한 것은 문제이다. 공기업의 부채는 2008년 290조 원에서 2013년에는 520조 3,000억 원에 이른다. 공기업의 부채 비율은 2013년에 237%였다. 24조 원의 부채를 안고 있는 도로공사는 5년간 직원 성과급으로 3,000억 원을 지출했다. 공기업 직원은 높은 연봉에 평균 근속 연수는 15년이었다. 공기업 근속 연수는 사기업 근속 연수의 2배에 이른다. 공기업에 다니면 신의 직장에 다닌다는 말이 빈말이 아니었음을 이런 요인을 통해 알 수 있다. 공기업 경영에 있어서 한국전력처럼 정치적 요인에 의해 요금 인상을 마음대로 할 수 없어도 문제이다. 반면 도로공사처럼 공공복리는 무시하고 고속도로 통행료를 연평균 10%씩 인상해도 문제이다.

한국의 공무원 임금은 2010년에는 동결, 2011년에는 5.1% 상승, 2012년에는 3.5% 상승, 2013년에는 2.8% 상승했다.[53] 2011년 4월에는 국회의원 선거가, 2012년 12월에는 대통령 선거가 실시되었다. 선거를 전후해 공무원 임금이 크게 상승했다. 정권을 잡은 사람들은 집권 초기에는 공무원 사회를 개혁하자고 외치다가, 막상 선거가 가까워오면 공무원 사회에 대한 개혁을 흐

52) 『조선비즈니스』 2013년, 『한겨레신문』 2013년, 뉴스 토마토 2013년 보도자료 참조.

53) 『연합뉴스』 2013년 보도자료 참조.

지부지했다. 공기업 개혁도 마찬가지였다. 100만 명의 공무원 표, 26만 명의 공기업 직원의 표를 정치가 의식했기 때문이다. 공기업 노조, 공무원 노조는 이를 활용하여 자신들의 처우를 잘 개선해왔다. 사실 1980년대 및 그 이전까지는 한국에서 공무원과 공기업 직원에 대한 처우가 높지 않았다. 그러나 그 이후 민주화와 더불어 공무원 등의 처우가 점차적으로 개선되었다.

그러나 가끔씩 나는 공무원과 공기업 직원들이 너무 많은 것을 요구하고 있다는 생각을 한 적이 많았다. 공기업, 공무원의 처우 개선으로 많은 한국의 젊은이들은 공무원 시험 및 공기업 취업에 매달리고 있다. 사회의 인적 자원 배분이 공기업 및 공무원 쪽으로 많이 쏠리고 있다. 이것은 제조업 및 수출을 중시할 수밖에 없는 한국의 경제 상황에 바람직하지 않은 면도 있다. 따라서 공기업 직원에 대한 과도한 처우는 한국의 현실에 적합하지 않다. 개인적으론 공기업 직원의 평균 연봉을 30대 기업 직원의 평균 연봉 수준으로 조정하는 것이 바람직하다고 생각한다. 그러나 정치적 역학 관계를 고려할 때 이것 역시 쉽지는 않을 것이다. 그래도 5년, 7년, 10년 등의 장기 플랜을 갖고 정치가 중심이 되어 공기업에 대한 개혁을 진행해야 한다.

공기업의 경영 합리화는 이처럼 쉽지 않다. 그래서 그 대안으로 논의되는 것이 공기업 민영화이다. 그러나 공기업 민영화는 공기업 노조 및 일반 시민들로부터 거센 저항에 직면하고 있다. 영국의 철도 민영화 사례에서 보듯이, 민영화 이후 높은 철도 요금의 폐해를 예로 들면서, 공기업 민영화에 대해 반대하는 목소리가 한국에서는 매우 크다. 공기업 직원들도 민영화 이후 근속 연수가 불안해질 수 있어 공기업 민영화에 반대한다.

공기업의 경영 합리화도, 민영화도 모두 어렵고 공기업 빚은 쌓여만 가고 있어서, 공기업의 지속적인 성장, 발전이 우려되고 있다. 이런 현실에서 우리는 무엇을 해야 할까? 현실적으로 공기업의 경영 합리화와 효율화를 추구할 수밖에 없다. 공기업 본연의 공공 기능과 독점의 효과를 조화시켜 경영 안정성을 추구해야 한다. 공기업의 요금 체계도 이런 철학적 토대 위에서 합리적으로 운영되어야 한다. 공기업의 방만 경영도 자제되어야 한다. 감사원 및 국회 등은 공기업에 대한 사후 감사 활동을 철저히 해야 한다. 이를 바탕으로 공기업 개혁 방안을 국회는 정부 등과 협의하면서 마련하고, 정부와 같이 공기업 개혁을 추진해야 한다. 모든 독점은 궁극적으로 붕괴된다. 유선전화에서 독과점을 유지하던 한국통신도 이동통신의 출현으로 전화 사업에서 독과점이 무너졌다. 정부가 예산 부족으로 도로 건설을 민간 자본에 허용하자, 도로공사가 가졌던 통행 사업 독점도 무너졌다.

반면, 정치의 경제 활동에 대한 관여가 긍정적일 때도 있다. 물가 관리의 측면에서 그렇다. 2013년 봄에 이집트에서는 식량 가격 폭등으로 시민들의 불만이 고조되었다. 그러자 독재 정권에 대한 그동안의 불만이 한꺼번에 분출되었다. 시민들의 대규모 봉기가 발생하자, 무라바크 대통령은 대통령직에서 물러났다. 이와 같이 초 인플레이션이나 고물가 시 정권의 안위가 위협받는다. 그래서 선거를 통해 정권이 결정되는 국가들에서는 수권 세력들이 물가 관리에 많은 노력을 기울인다. 그렇지 않으면 정권이 교체될 확률이 높아지기 때문이다. 물가만 관리하다 경기가 죽어도 안 되기에, 경기와 물가 관리에 정치권은 만전의 노력을 기울인다. 반면, 이런 활동에 많은 돈이 필요해져 정부 부채가 늘어만 가는 현상도 발생한다. 정부 재정은 정치적 요인으로 경기 호황에도 흑자를 띠기 어려워, 많은 국가들의 정부 부채는 기하급수적으로 증가하고 있다. 경기를 살리고자 부동산 버블을 정부가 묵인하거나 조장하면, 버블 및 버블 붕괴로 국민들은 고생하기도 한다. 오늘날에는 정치가 경제 체질을 강화시키기보다는, 장기적으로 약화시키기가 더 쉽다. 그래서 국민은 장기적으로 경제가 약화되면, 이것이 어떻게, 누구에 의해 발생했는지를 판단해서 선거에 임해야 한다. 그래야만 정치가 경제를 잘못된 방향으로 이끌지 못할 것이다.

1960년대 초까지 필리핀은 아시아에서 부국이었다. 그러나 1965년 마르코스 집권 이후 필리핀 경제는 침몰했다. 정치권의 부정부패 만연, 무능 등으로 필리핀의 국가 발전은 이루어지지 못했다. 마르코스의 부인인 이멜다 여사의 사치 생활은 한국 언론에서도 가끔씩 대서특필되었다. 1960년대에 한국보다 더 잘살았던 필리핀은 2012년에 1인당 GDP가 한국의 1/5~1/6 수준에 불과할 정도로 뒤처졌다. 최근에 필리핀은 부정부패 해소와 정치의 안정화 속에서 개혁을 추진하여 고성장을 하고 있다. 현대 경제에서 정치가 경제를 발전시키기는 무척 어렵다. 경제 성장의 주된 동력이 정부가 아니라, 민간과 기업에 있기 때문이다. 정치가 경제에 개입해도, 민간과 기업의 성과가 나타나지 않으면 경제 발전은 이루어지지 않는다. 정치는 균등한 기회 속에서 민간이 자유롭게 경제 활동을 할 수 있게 하고, 공동체의 발전을 도모하는 방향으로 경제 활동을 이끌어야 한다.

정치가 경제 발전을 이끌기는 힘들어도, 필리핀의 1960년대와 현대 정치처럼 정치가 경제 후퇴를 가져오기는 쉬운 것 같다. 그래서 정치의 안정화와 합리적 국정 운영은 현대 경제에 있어 중요하다.

11
경제 불황으로 가는 현대 경제

욕망을 통한 경제 발전

이제 이상에서 말한 것들을 간략하게 정리해보자. 어떻게 인류가 경제를 발전시킬 수 있었는지에 대해도 다시 생각해보자. 경제의 탄생과 성장이 어떻게 시작되었는지에 대해서도 다시 정리해보자.

인류 경제 발전의 토대는 시장자본주의와 민주주의의 확립에 있었다. 상공업자들이 봉건지주와의 경제적 패권 다툼에서 승리할 수 있었던 것은 생산력의 비약적 발전 때문이었다. 생산력이 비약적으로 발전하게 된 동력은 인류가 현재 상황을 타파하고 좀 더 나은 삶을 살아가려는 욕망에 있었다. 그리고 그 욕망을 제대로 발현시켜줄 수 있는 제도가 출현하자, 인류의 물질적 번영은 시작되었다. 달리 생각하면, 인간의 욕망 구현에 가장 적합한 제도로서 인류는 시장자본주의와 민주주의를 선택했다고도 볼 수 있다.

시장자본주의의 확립 이후 인류의 생산력은 확장되었다. 생산이 확대됨에 따라 더 많은 원료가 인류에게 필요해졌다. 생산에 필요한 원료를 확보하거나 귀금속 등을 차지하기 위해 서구 사회는 지구촌 곳곳에 식민지를 건설했다. 그러다 아예 모든 것을 혼자 독차지하고 싶은 욕망의 발현으로 서구 열강들은 세계대전을 일으켰다. 1차, 2차 세계대전 후 인류는 전쟁이 승자와 패자 모두에게 참혹하다는 것을 깨달았다. 그리고 자유로운 국제간의 교류를 통해 모두가 함께 번영과 발전을 누릴 수 있음을 새삼스럽게 알게 되었다. 그리하여 오늘날의 인류는 자유교역 속에서 경제적 번영과 발전을 이루면서 살아가고 있다.

인류의 물질적 삶에 대한 전진은 놀라움 그 자체이다. 에너지 분야만 보더라도 인류의 전진 과정을 잘 알 수 있다. 인류는 석탄 에너지에서 사용하기 편리하고 화력이 좋은 석유 에너지로 주요 에너지원을 변경했다. 그 이후 석유 에너지의 고갈 우려와 높은 비용 때문에 인류는 원자력, 천연가스, 셰일가스 등을 발명, 개발하여 인류의 에너지 부족 문제도 해소했다. 낮은 농업 생산성도 인류는 질소 비료의 발명으로 극복했다.

시장자본주의는 사실 인류의 욕망을 채워주는 자들에 대한 보상 체계라고 말할 수 있다. 그래서 더 많은 욕망이 출현하고 더 많은 것들이 시장에 나오는 현상이 발생한다. 이로 인해 경제는 발전했다.

욕망을 통한 경기침체

오늘날 많은 시장자본주의 국가들은 성장의 한계상황에 봉착해 있다. 경기가 어려운 나라들에서는 옛날의 호경기 시절이 그리운지, 극우적 성향의 목소리도 높아지고 있다. 끝없이 발전해온 인류의 경제가 어떤 이유로 이렇게 변화하게 된 걸까? 앞에서 그 이유를 하나 둘씩 살펴보았다. 그러나 이것을 다시 정리하면, 욕망의 과잉으로 인류는 경기침체에 빠져들고 있다고 말할 수 있다.

마르크스는 일찍이 자본가들의 자본 축적 과잉과 노동자들에 대한 착취로 자본주의가 몰락할 것이라고 예언했다. 궁핍해진 노동자들과 부유한 자본가들의 대립에서 다수를 차지하고 있는 노동자들이 혁명을 일으켜 승리하게 되고, 자본주의는 붕괴된다고 그는 내다봤다. 마르크스의 생각은 현대 경제에 있어 일정 부분 맞는 것도 있고 틀린 것도 있다. 자본가들이 자본을 축적해 나간다는 그의 견해는 맞다. 그러나 자본가들의 자본 축적이 누적될수록 자본의 경쟁은 치열해진다. 그리하여 자본가들의 자본 축적이 시간이 지남에 따라 낮아지는 현상도 발생할 수 있다.

한편 자본가들은 자본 축적을 위해 지식 근로자들의 도움을 많이 필요로 한다. 따라서 자본가들의 자본 축적에 있어서 자본가들의 일방적인 자본 축적은 현대 사회에서는 불가능하다. 지식 근로자들에 대한 적절한 대우가 있어야 자본가들의 자본 축적도 가능하다. 주식회사가 발전하면 그 수익을 자본가들이 독점하기도 어렵다. 수익에 대해 근로자들과 합당하게 공유하는 형태가 오늘날에는 일반적인 모습이다. 반면 독과점 기업이 출현하고 다수의 많은 기업들이 생존에 어려움을 겪어 사회의 빈부격차가 커지는 현상도 나타나고 있다. 대기업, 중소기업 등의 수익 차이도 해마다 커지고 있다. 이런 것들로 사회가 계급화될 정도로 사람들 간에 경제적 빈부격차는 확대되고 있다. 이 모든 것은 시장에서 돈을 더 많이 벌려는 욕망과 생존 번영에 대한 인류의 투철한 의지의 결과이기도 하다.

인간의 욕망은 소비에서도 발견된다. 다른 사람이 소비한 만큼 소비하고 싶은 인간의 욕망은 출산율 감소를 불러오고 있다. 한국에서는 1960년대 가난한 시절에도 자식을 많이 낳았다. 그러나 물질문명이 발달하여 자식을 대학 졸업까지 양육하는 데 드는 비용이 오늘날에는 한 자녀 당 3억 원 가량이 든다고 한다. 그러자 출산을 기피하는 사람들이 늘어나고 있다. 다른 사람과 비교해 반듯하게 자식을 키우지 못할 바에는 아예 출산을 하지 않겠다고 많은 사람들이 생각하기도 한다. 도시로 몰려든 인간의 삶도 여러 가지 경제적 문제점을 발생시켰다. 삶의 터전인 도시에 인간이 몰려들고, 도시에서 살아가는 것이 인간에게 여러 가지 경제적 혜택을 가져다주었다. 그리하여 도시가 확장되고 집중화됨에 따라 부동산 가격이 상승해서, 도시에서 생활하는 사람들의 주거비 부담이 늘어났다. 이것은 출산율 하락으로 이어졌다.

위의 진행 사항은 우리가 잘 알지 못하는 가운데 은밀하고 지속적으로 진행되었다. 그리하여 오늘날의 많은 선진 자본주의 국가들과 발전 단계에 있는 국가들은 인구 감소와 시장 축소의 위험에 직면하게 되었다. 이런 상황에서 인류의 그 어떤 정책도 경제의 침체를 해소하기 어렵다는 것이 인류가 직면한 진짜 경제 문제이다. 유일한 돌파구는 정부 지출 확대였다. 그로 인해 많은 국가들은 미래에 부도의 위험에 직면할 것이다. 왜냐하면 하강하는 경제에서 빚의 증가는 부채 상환 능력을 감소시키기 때문이다.

인류의 욕망은 시장에서의 버블 발생을 통해서도 자주 표출되었다. 그리고 버블에서 먼저 이익을 챙기려는 인간의 욕망은 결국 버블을 붕괴시키면서 경제 불황을 발생시켰다. 이에 경기는 침체되고, 경제는 혼란에 빠지기도 했다.

고대 인류는 하늘 끝에 가고자 하는 욕망으로 바벨탑을 쌓았다. 인간 스스로가 하나님이 되고자 할 정도로 인간의 욕망은 그처럼 무모하고 끝이 없다. 고대 인류는 바벨탑을 통해 하늘 끝까지 가지 못했다. 현대의 인류도 욕망을 통해 끝없이 물질문명을 발달시킬 수 있었다. 자원의 유한성과 환경오염 등의 문제점도 인류는 기술로써 일부 극복해 나갔다. 그러나 인류는 인류가 내재적으로 갖고 있는 욕망이라는 전차의 이동은 스스로 제어하지 못했다. 그리고 그로 인해 인류는 경제적으로 어려움에 봉착하고 있다. 현재 인구 수준을 유지할 수 있는 2명 정도의 출산율 달성이 많은 시장자본주의 국가에서는 이루어지지 못하고 있다. 우리는 무엇을 어떻게 해야 이런 것을 극복해 나갈 수 있을까?

Ⅱ

늙고 병든 경제로 가는 현대 경제에 대한 대책

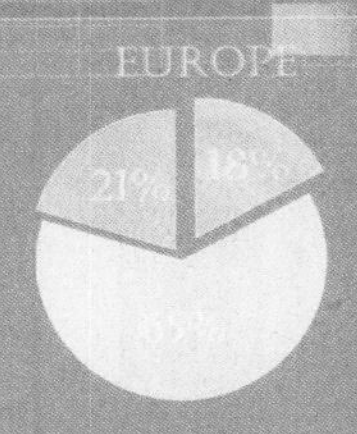

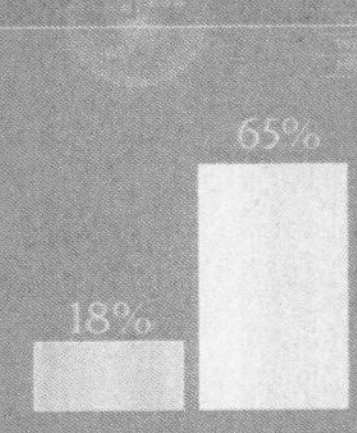

01
정치·경제 사상의 흐름

국가와 정치·경제

장기 침체나 불황을 향해 가는 현대 경제를 구하기 위해 우리는 인류가 어떻게 정치·경제 사상들을 시대에 따라 형성해왔는지를 탐구할 필요가 있다. 그 속에서 현대 경제의 문제점을 해결할 단서를 찾을 수 있기 때문이다. 유럽에서 시작된 시장자본주의 하에서 인류는 국가와 개인, 시장의 역할이 무엇이며 시장을 어떻게 작동할지를 놓고 부단히 고민했다. 개인의 자유를 어디까지 허용하고, 국가가 개인의 행동에 어떻게 간섭할 수 있고, 시장에 대한 자유와 국가의 간섭은 어떠해야 하는지를 놓고 개인과 국가는 끊임없이 대립하고 갈등했다. 자원에 대한 분배를 놓고도 지주와 자본가, 노동자의 갈등과 대립이 있었다.

국가란 영토와 국민, 주권으로 이루어진 그 어떤 존재로 정의된다. 인류 역사에서 전쟁이 활발했던 시대에는 국가 구성요소 중 영토와 주권이 국민보다 중요시되었다. 전쟁에서 패배한 국가들은 멸망하고 패전국 국민들은 승전국의 노예가 되었기 때문에, 전쟁 시에는 국가 자체와 국가의 주권이 국민보다 우선시되었다. 이에 따라 국가의 안위가 위협받을 때에는 국민의 자유가 많이 제약되었다. 2차 세계대전 때 미국에서는 개인의 소득세율이 94%에 이르기도 했다. 반면, 평화의 시대에는 국민이 영토, 주권보다 더 중요시되었다. 이런 이유로 국민이 분열되어 있을 때 통치자들은 전쟁을 통해 국민을 결집하면서 국가 정체성을 확립하기도 했다. 현대에는 국가가 국민을 중시하여, 인명 피해가 적은 무인 전투기 등이 전쟁에 활용되기도 한다.

로마가 붕괴된 후 유럽은 여러 왕국으로 나뉘었다. 그러나 여전히 왕의 통치권은 확립되지 못했고, 교황과 봉건 영주의 권위가 왕의 권위보다 강했다. 국왕은 봉건영주 중 우두머리에 불과하다고 많은 사람들이 생각했다. 사람들이 직접적인 생존을 봉건영주와 기사에게 의존했기 때문이다. 그러던 중 11세기 말에서 13세기 말까지 200년 동안 8차에 걸쳐 진행된 십자군 전쟁이 이런 구도를 결정적으로 변화시켰다. 십자군 전쟁 수행에 적극적이었던 교황, 봉건영주, 기사 들은 전쟁 실패로 몰락했다. 앞에서 보았듯이, 화포를 가진 몽골의 침입으로 말미암아 성을 통한 방어 전략이 무용지물이 된 것도 봉건영주와 기사의 몰락에 큰 영향을 미쳤다. 이런 틈을 타서 십자군 전쟁에 필요한 자금을 세금으로 마련한 국왕은 힘을 강화했다. 국민들도 봉건영주가 관할하는 성보다 더 강력한 보호막이 필요했다. 그리하여 근대 민족국가가 수립되었다. 국왕은 국가의 유지, 운영에 돈이 필요했다. 특히 이웃국가와 전쟁을 할 때나 전쟁을 대비하기 위해서 국가는 막대한 자금이 필요했다. 국왕은 필요한 돈을 마련하기 위해 일부 상인들에게 상업 독점권과 보조금을 주었다. 그리고 국왕은 이들의 상업 활동을 장려하면서 그 대가로 막대한 이익을 취했다. 심지어 국왕은 특허권 등의 특혜를 상인들에게 주기도 했다. 국내 독점권을 지니면서 이익을 증대시킨 상인들은 해외무역에도 눈을 돌렸다. 상인들은 식민지에서 귀금속 등을 착취하여 자신의 부와 국가의 부를 증대시키기도 했다. 이런 일련의 경제 활동을 중상주의라고 한다. 중상주의는 국왕의 권력을 강화시켜 유럽에 절대왕정 시대가 열리게 했다.

근대 유럽의 왕들은 확대된 힘을 더욱 확대하고 영토를 확실히 하고자 이웃 국가들과 잦은 전쟁을 벌였다. 중세 말엽부터 잦아진 전쟁으로 홉스는 무질서와 범죄, 외부 침략의 위협에서 인민의 생명과 재산을 보호하는 국가가 모든 것에서 제일 우선시되며 중요하다고 주장했다. 홉스는 국가의 목적 실현에 국민이 충실히 따라야 한다는 국가주의 국가관을 제시했다. 그러나 홉스는 유럽인들을 잘 몰랐다. 유럽인들이 어떤 사람들인가? 고대 그리스 때 민주주의를 확립했고 르네상스 등 인간 중심의 세계를 강조했던 사람들이 유럽인들이었다. 결국 국왕의 폭정에 숨죽이던 유럽인들은 저항했다. 17세기 영국에서는 국왕이 전쟁을 자주 벌이자 국고가 탕진되었다. 이런 상황에서 국왕이 상인 등의 신흥 세력을 무시하자, 의회를 장악하고 있던 상인들은 예산권 등에 있어 국왕의 권력을 제한하는 명예혁명을 일으켰다. 프랑스에서도 절대왕정이 재정 파탄을 몰고 왔다. 프랑스는 귀족에게 면세 혜택 및 각종 특권을 주었다. 자연스럽게 부가 귀족에게 집중되었다. 반면, 평민은 무거운 세금 부담으로 경제적 고통이 가중되었다. 18세기 말에 프랑스에서는 시민들이 결국 프랑스혁명을 일으켜 왕을 몰아냈다. 이와 같이 영토, 주권보다 국민이 중요시되는 시대가 도래했다.

로크, 루소 등은 국가는 악을 저지르지 말아야 하며, 국민의 기본권이 영토, 주권 등 그 어떤 것보다 소중하고 우선시되며 보호받아야 한다고 주장했다. 이런 국가관을 자유주의 국가관이라고 한다. 새로운 정치 체제가 유럽에 확립되어갈 때, 유럽에는 경제적인 면에서도 새로운 사상이 발생했다. 아담 스미스는 중상주의를 배격하고, 시장에서 개인의 자유로운 경제 활동을 보장하고 국가의 시장 간섭을 최소화해야 한다고 주장했다. 독점 경제의 폐해를 주장하면서 아담 스미스는 개인 간 시장거래가 자유롭고 활발하면 개인과 국가의 부 모두 증가한다고 주장했다. 시장경제라고 불리는 그의 철학은 이후 유럽 전역에 퍼졌다.

자유 시장경제 체제가 유럽의 주된 경제 체제로 정립된 후, 1823년 0.4였던 영국의 지니계수는 1871년에 0.627로 변화했다.[1] 시장자본주의가 심화되자 영국 사회의 빈부격차는 이처럼 확대되었다. 이 기간은 산업혁명 이후 대량생산 체제가 본격적으로 진행된 시기였다. 자본가는 기계에 대한 투자를 확대했고, 이를 위해 자본 축적이 필요했다. 반면 인구 증가에 따라 노동력은 풍부해져서, 노동자들의 임금은 자본가들의 이윤과 대비할 때 낮아져 영국의 지니계수가 악화되었다. 노동자의 생활은 어려워졌으나, 자본가의 풍요는 극에 달했다. 그러자 마르크스는 노동자의 이익 옹호를 힘차게 주장했다. 그는 국가란 자본가 및 지배 계급이 노동자 계층을 억압하고 착취하기 위해 조직된 것에 불과하다고 생각했다. 그래서 마르크스는 기존의 국가 체제를 프롤레타리아의 혁명을 통해 해체할 것을 주장했다. 국가가 해체된 후 프롤레타리아가 지배 계급이 되면, 계급 그 자체도 폐지해 새로운 연합체가 국가를 대신할 것으로 마르크스는 전망했다. 마르크스와 같은 사상이 나올 정도로 19세기의 유럽은 노동자와 자본가의 대립으로 어수선했다. 앞에서 보았듯이, 유럽의 국가들은 이런 상황에서 노동자의 권익을 보호하는 복지국가 개념을 국가 정책에 도입했다. 자유 시장경제에서도 국가가 경제 활동에 개입하는 모습이 나타났다. 케인즈는 이것을 체계화하면서 발전시켰다.

케인즈는 경제가 불황에 빠졌을 때 국가가 경제에 적극 개입하여 경제 문제를 해소해야 한다고 주장했다. 반면, 마르크스는 국가의 불필요성을 주장했다. 케인즈는 불황 시 국가가 경제 문제 해결의 유일한 구원 투수임을 강조한 점에서, 국가의 해악을 주장한 마르크스와 큰 차이점을 보이고 있다. 케인즈의 사상은 1970년대까지 세계 각국의 주요 경제 정책에 활용되었다. 그러나 1980년대부터는 케인즈 사상을 부정한 신자유주의가 득세했다. 국

---

1) 론도 캐머런, 래리닐 지음, 이헌태 옮김, 『간결한 세계사』 통계자료 참조

가의 중요성보다 다시 시장과 개인을 중시하는 사조가 한동안 세계를 휩쓸었다. 세계가 단일 시장으로 변화된 오늘날에는 국가보다 많은 부를 소유한 기업 및 개인들도 출현하여 영향력을 확대하고 있다.

한편, 신자유주의의 득세 후 빈부격차와 구조적인 경기침체로 오늘날에는 국가의 역할이 다시 강조되고 있다. 그러나 현대의 세계는 역시 평화의 시대이다. 평화의 시대에는 국가보다 개인이 중요시된다. 따라서 현대 경제는 시장의 경쟁과 국가의 복지를 조화시켜 발전하는 모습으로 진화할 것이다. 세계 각국에서는 경제가 침체되자, 각종 세율 체계를 어떻게 할 것이냐를 놓고 논쟁이 활발하게 벌어지고 있다.

이처럼 경제에 있어서 개인의 권리가 강조될 때도 있었고, 국가의 역할이 강조될 때도 있었다. 정치와 경제는 시대 상황에 발맞추어 발전했다. 개인의 사유재산권은 인정되나, 이에 대한 침해를 어디까지 허용할 수 있는지는 시대 상황에 따라 다양한 모습으로 변화했다. 소득세율의 변화는 그런 것들을 잘 나타낸다. 역사를 통해 보더라도 시대는 어떤 사상을 맹목화하지 않고, 시대 상황에 따라 국민의 삶과 훌륭한 국가를 건설하는 방향으로 진화했음을 알 수 있다.

오늘날에는 고대 플라톤, 아리스토텔레스가 말한 목적론적 국가관이 오늘의 현실에 맞게 재구성되어 여러 국가의 정치·경제 철학으로 주목받고 있다. 현실에 놓여 있는 정치·경제의 문제점을 해결하기 위해 많은 사람들이 토론과 공론을 하면서, 참여와 열정을 통해 좀 더 나은 세계로 나아가려는 노력이 많은 국가에서 지속적으로 활발하게 일어나고 있다. 이런 과정에 의해 앞에서 본 경제 체질의 약화 문제도 인류는 극복해갈 것이다.

현대 국가 경제의 모습

1900년 초에는 전시가 아니면 국가의 정부 지출은 GDP 대비 2~3%에 불과했다. 전시에는 정부 지출이 늘어났으나, 1900년대 초반까지 정부의 역할은 최소한에 그쳤다. 그러나 오늘날 대부분의 국가에서 정부 지출은 GDP 대비 20~50% 수준에 이를 정도로 활발하다.

복지가 지나치면 국민이 나태해져 국가의 경쟁력이 약화되고 국부 창출이 어려울 수도 있다. 반면 복지 확대는 출산율 저하 등의 문제를 극복하는 데 도움을 줄 수 있다. 프랑스를 보면 이런 상황이 잘 나타난다. 프랑스는 정부 지출이 GDP 대비 52%에 이른다. 그 중 복지 지출은 GDP 대비 32.4%이다(2013년 기준). 그로 인해 프랑스의 출산율은 과거 1.3명 수준에서 최근에는 1.9명 수준으로 높아졌다. 반면 프랑스의 국가 경쟁력은 해마다 약화되고 있다. 프랑스는 2013년에 경제 성장률이 0.3%였다. 프랑스는 낮은 기업 수익률, 순 국제투자 감소, 노동 시장의 경직성, 높은 해고 비용 등으로 경제가 활발하게 작동하고 있지 않다.[2] 연금 혜택처럼 일부 계층에 복지를 지나치게 확대했던 남유럽 국가들은 재정 위기를 겪기도 했다.

반면 복지 지출도 확대하면서 시장경쟁 제도도 채택해가고 있는 북유럽 국가들은 높은 출산율과 양호한 경제 성장을 기록하고 있다. 스웨덴이 그 대표적인 예이다. 유럽 위기로 스웨덴의 최근 성장률은 1%대로 낮아졌으나, 평균적으로 스웨덴은 다른 유럽 국가와는 다르게 2~3%의 경제 성장세를 이어왔다. 이 나라의 GDP 대비 복지 지출 비중은 2012년에는 30.2%였고, 출산율은 1.92명이었다.

한국의 GDP 대비 복지 지출 비중은 2012년에 10.2%였다. 일본은 이 비

2) 대외경제 정책연구원 2014년 5월 14일자 발표자료 참조.

중이 23.1%였다. 한국도 미래의 경제 체질 약화를 방지하는 복지정책은 시급하게 실행되어야 한다. 그러나 문제는 이것을 시행할 때 필요한 돈이다. 2013년에 소득세율을 조금 인상한다고 정부가 발표하자 반대의 목소리가 커서 정부는 세율 인상을 포기했다. 그러면서 국민들은 복지 확대를 요구하고 있다. 토론과 합의와 공론을 통해 한국도 재정 지출과 세금 문제에 대해 해결점을 찾아가야 한다. 시장자본주의가 복지주의와 결부되어 운영된다는 것은 경제적 자유를 강조하면서도 경제 상황에 따라 개인에 대한 사회와 국가의 원조가 필요함을 의미한다.

시장자본주의와 복지주의를 조화시켜 국민들이 더 나은 물질적 삶을 누리도록 각국 정부와 국민은 노력하고 있다. 한국도 그런 방향으로 국가를 점진적으로 이동시켜야 한다. 그러나 한국 및 많은 국가들은 복지국가를 실행함에 있어서 오늘날 여러 어려움을 겪고 있다. 경제개발과 민주화가 옳고 좋다는 국민의 강력한 공감대가 있었기에 한국은 단기간에 경제개발과 민주화를 달성했다. 복지국가의 실현에 있어 국민들은 복지국가가 좋다고는 생각하나, 복지국가가 옳다는 것에 대해서는 국민 개개인간의 견해가 다 다르다. 부자들은 복지를 위해 세금을 더 많이 내는 것을 싫어하고, 반면에 일반 국민들은 자신은 증세 없이 부자들이 세금을 더 내는 것을 통해 복지혜택을 누리고 싶어 한다. 자원 배분과 관련되어 옳다는 견해가 이처럼 다양하다 보니, 국가별로 복지 수준도 천차만별이다. 국민들은 토론과 합의를 통해 복지국가를 이루기 위해 복지에 대한 올바른 수준을 마련하고 시행해야 한다.

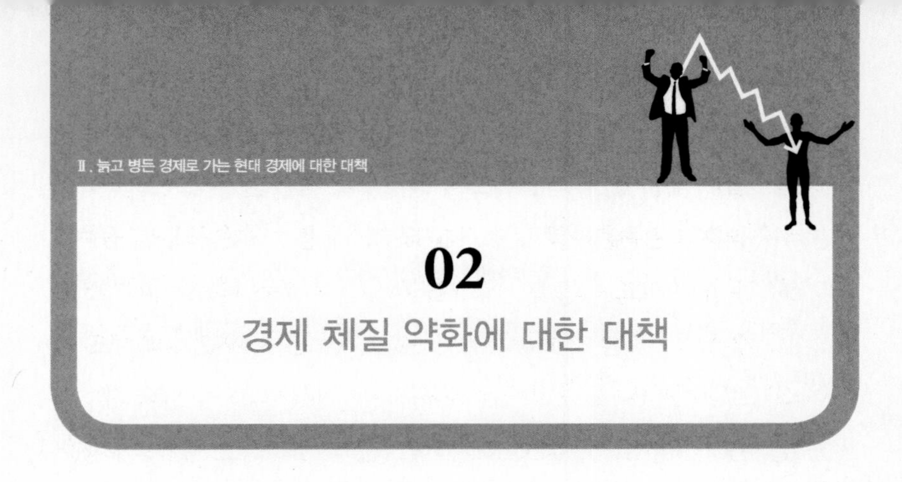

02 경제 체질 약화에 대한 대책

복지와 완전 시장경쟁을 통한 경제 체질 강화

현대 경제가 경기침체를 향해 가는 것을 멈추는 데에는 효율적인 복지정책이 필요하다. 한국에서는 복지정책이 경제 발전에 무익하다면서 복지 축소를 주장하는 사람들도 있다. 그리스나 남유럽 재정 위기를 반면교사 삼아 이들은 복지정책의 폐해를 거론하며 성장이 만능이라고 주장한다. 그러나 해마다 경제 체질이 약해져가는 한국에서는 합리적인 복지정책이 경제 체질 강화에 이로울 수 있다.

그리스는 공무원 은퇴자에 대해 과도하게 퇴직 급여를 지급하는 복지정책을 사용하다가 재정이 악화되었다. 이런 복지정책은 자제되어야 한다. GDP 대비 52%의 정부 지출을 하면서 세금으로는 GDP 대비 45%를 거두는 프랑스의 복지정책은 특히 많은 것을 생각하게 한다.[3] 최근 연도의 프랑스 재정 적자는 GDP 대비 4% 전후로 비교적 높게 나타났다. 프랑스의 복지정책 확대는 프랑스의 저 출산을 해소하는 데에는 긍정적인 면이 있는 반

3) 조지프 E. 스티글리츠 외 엮음, 김홍식 옮김, 『경제학자들의 목소리』, p.310.

면, 세금 과다로 근로 의욕과 사업 의욕을 약화시켰다는 문제점이 있다. 프랑스는 최근 고소득자에 대해 최고 70%의 소득세율을 적용하는 조세정책을 실시했다. 프랑스는 공공을 위해 개인의 이익을 많이 제약하는 정책을 실시 중이다. 이런 정책을 1970년대의 미국도 사용했었다. 그때 미국은 국가 경쟁력 약화로 몸살을 앓기도 했다.

그러면 우리는 어떤 복지정책을 실시해야 할까? 경제가 성장하는 데 도움이 되고 가계의 예산 부담을 덜어주는 복지정책이 경제 성장률이 하락하는 경제에는 필요한 것 같다. 잠시 스웨덴의 복지정책을 살펴보자. 스웨덴은 고소득자에 대해 50% 내외의 소득세율을 적용하고 있다. 반면에 스웨덴은 부가가치 세율을 25%로 하여 세금을 거두고 있다. 고용주는 근로자의 임금에 대해 32%를 세금으로 낸다. 이런 것 외에는 다른 세금이 스웨덴에는 없다. 그러면서도 스웨덴의 조세 부담률은 60%로 매우 높다(한국의 조세 부담률은 20%이다. 조세 부담률은 세금을 GDP로 나눈 값이다). 세금을 통해 스웨덴은 여러 복지정책을 추진한다. 스웨덴은 개인의 이익을 합리적으로 허용하면서 공공의 이익도 조화시키는 조세정책을 추진하고 있다. 복지정책이 활발한 이들 나라의 출산율은 1.9~2.0명 수준이 되었고, 장기적으로 경제가 안정적으로 성장할 수 있는 여건이 마련되고 있다.

특히 스웨덴의 복지정책 중 공공 임대주택 활성화 정책은 주목할 만하다. 스웨덴은 임대주택이 전체 주택에서 40%가량을 차지한다.[4] 스웨덴에서는 전체 주택 중 공공 임대주택이 22%이고, 민영 임대주택이 17%이다. 임대료도 세입자 단체와 집 소유주 단체가 협상하여 결정하므로 임대료 인상률이 낮다. 공공 임대주택이 활성화되어 있는 반면, 스웨덴의 주택 보급률은 98%로 낮다. 주택 부족 및 저렴한 임대료로 많은 사람들이 공공 임대주택 입주

---

4) 『아시아경제』 2014년 4월 23일자, 『한겨레신문』 2010년 10월 28일자

를 선호한다. 최근의 스웨덴에서는 공공 임대주택에 입주하려는 사람들은 2년 6개월 정도 대기해야 한다. 주택 공급의 확대는 스웨덴이 풀어야 할 문제이나, 저소득자라도 주택 걱정이 없는 스웨덴의 주택 정책은 훌륭한 복지정책인 것 같다. 스웨덴은 출산 시 육아 휴직을 할 수 있고, 육아 휴직으로 인한 소득도 국가가 보장하고 있다. 스웨덴에서는 아동 수당도 지급되며, 아동의 의료비도 국가가 지원한다. 스웨덴은 취약 계층만 선별해서 국가가 지원하는 것보다는 전 국민에게 모두 적용되는 보편적 복지정책을 주로 실시하고 있다. 국민도 세금을 공평하게 내며 낸 만큼 돌려받는다는 생각으로 국가의 복지정책을 지지하고 있다. 이처럼 많은 나라들에서의 복지정책은 열심히 일을 하지만 높은 비용으로 인해 자신의 기본적 욕망을 실현하기 어려운 사람들을 돕는 방향으로 진화하고 있다.

오늘날 많은 시장자본주의 국가에서는 국민들의 조세 저항이 높아 조세부담률이 높지 않다. 따라서 많은 국가들은 재정 여건상 능력이 있는 사람들을 복지 대상에서 제외하고, 사회적 약자 등에만 복지 혜택을 주는 선별적 복지정책을 실시하기도 한다. 미국이 선별적 복지를 실시하는 대표적인 나라이다. 미국은 실업급여 외에는 주로 현금 지급이 아닌 현물 지원(의료 보조, 식품 배급권 지급 등)을 많이 한다. 복지로 근로 의욕이 약화되지 않도록, 미국은 소득이 있을 때만 저소득 상태인 사람들에게 의료 보호 적용을 확대하거나 세제 지원 혜택을 준다. 최저 임금을 인상하는 복지정책도 미국은 실시하고 있다. 이런 선별적 복지정책으로 미국의 복지에 대한 정부 지출은 GDP 대비 16% 내외로, 선진국 중 낮은 편이다. 그럼에도 불구하고 미국의 출산율은 2.1명으로, 선진국 중 최고 수준이다.

복지 체제가 유럽보다도 낮은 미국이 높은 출산율을 보이는 이유는 무엇일까? 미국 시장은 완전경쟁 시장이다. 미국 업체가 일부 산업에서는 독과점이어도, 이들 산업의 재화가 외국에서 수입되므로 미국 시장은 항상 경쟁이 치열한 상태에 놓여 있다. 한국 내에서 판매되는 200~300만 원대의 대형 TV를 블랙 프라이데이 때 미국에서 사면 70만 원에 구입할 수 있다. 미국 시장에 세계 제품이 쏟아져서 미국 소비자들의 후생이 다른 나라 소비자보다 크고, 이것이 미국 출산율을 다른 나라보다 높게 하는 것 같다. 미국 경제는 지속적으로 성장하는 경제이고, 개인의 소득 창출 활동도 활발한 편이다. 그래서 미국은 소비자 물가가 하락하면 실질 소득과 자산 가치가 올라 소비와 경기가 좋아지는 피구 효과가 발생한다. 미국도 최근에는 백인들의 출산율은 1.6~1.7명 수준으로 낮아졌으나, 히스패닉 계가 높은 출산율을 기록함에 따라 합계 출산율이 높다고 한다. 그러나 미국이 갖고 있는 완전경쟁 시장 구조가 미국 출산율을 높이는 주된 요인인 것 같다. 저물가로 사람의 욕망을 채우기 쉽고, 이것이 또 다른 욕망인 종족 유지 및 보존 등을 충족시키는 데 도움이 되기 때문이다(미국에서는 저물가로 사람들의 후생 수준이 증가해, 자녀 출산에 따른 부담이 다른 나라보다 낮아진다).

미국은 의료보험이 전 국민에게 적용되지 않아 의료 사각지대에 있는 국민들이 많다. 이런 이유 등으로 미국에서는 출산 시 의료비용 부담이 높은 편이다. 미국에서는 자녀 1명 출산 시 4,000만 원 정도의 비용이 든다고 한다. 높은 출산 비용은 미국의 출산율을 낮출 수 있다. 미국은 최근에 전 국민에게 의료보험이 적용되는 사회보장 체계를 마련하여 시범 실시 중이다. 한국도 1990년대 외환위기 전까지 자동차, 전기전자 등에서 여러 회사들이 경쟁할 때는 출산율이 1.6명대였다. 전기전자. 자동차 등의 시장이 독과점 시장이 된 지금 한국의 출산율은 1.2명 수준으로 낮아졌다.

이상에서 보았듯이, 하락세의 경제를 상승세의 경제로 전환하기 위해서는 완전경쟁 시장 구조와 합리적인 복지정책이 조화될 필요가 있다. 미국의 복지 지출 중 연금보험금이 복지 지출액의 50%를 차지하고 있다. 다른 많은 나라에서도 복지 지출 중 연금보험금 지출이 높은 비중을 차지하고 있다.

노인 인구가 늘고 있어 이 비중이 앞으로는 더 높아질 가능성이 많다. 장기적으로 경제의 소비와 투자를 원활히 하고 경제 성장을 촉진시키기 위해서는 복지 지출 중 저 출산 대책 비용을 늘려야 한다.

한국의 경제 체질 강화 방안

이제 한국의 상황으로 눈을 돌려보자. 한국에서는 공공 임대주택이라고 하면 저소득층이 거주하는 집으로 여겨져, 공공 임대주택 입주를 사람들은 좋아하지 않았다. 최근에는 일반 주택 가격이 높고 공공 임대주택은 저렴하면서도 품질이 좋아, 공공 임대주택 입주를 사람들이 과거와 다르게 선호하기도 한다. 아파트 대단지가 건설될 때 입주자들은 같은 단지에 공공 임대주택이 들어서는 것을 반대하기도 했다. 공공 임대주택이 들어서면 주변의 집값이 약세를 띠기 때문이었다. 과거에는 집을 짓기만 하면 집값이 올라, 국민들도 주택 임대보다는 주택 보유를 선호했다. 정부도 국민의 이런 요구에 부응하여, 사회적 약자를 위해서만 공공 임대주택을 짓고 일반인들을 위한 공공 임대주택 건설은 등한시했다.

이런 풍토로 한국에서는 주택 중 공공 임대주택이 차지하는 비율이 낮다. 2012년에 한국의 공공 임대주택은 103만 8,135호로, 전체 주택 1,853만 8,000호에서 5.6%의 비중을 차지했다.[5] 반면 OECD의 공공 임대주택 비중은 12%였다. 한국의 주택 자가 보유율은 58.8%였고, 41.2%의 한국인들이 타인의 주택에 거주하고 있다. 임대주택 중 공공 임대가 차지하는 비율은

5) 『연합뉴스』 2013년 10월 6일자.

13.6%였다. 만약 이 비율이 40%였으면 오늘날과 같은 전세 파동과 국민의 주택 거주비용 부담의 증가는 완화되었을 것이다. 한국의 고질병인 저 출산 문제도 그렇게 심각한 수준이 되지는 않았을 것이다. 미래를 내다보는 경제 정책이 필요하다는 것은 이런 점에서 다시 확인된다. 늦은 감이 있으나 한국은 지금부터라도 해마다 공공 임대주택 건설을 늘려, 전체 주택 중 20% 안팎까지 공공 임대주택을 확대해야 한다.

문제는 건설할 때 소요되는 돈을 어떻게 마련하느냐 하는 것이다. 2013년에 정부가 국민 임대주택 17.8평을 건설할 때 소요되는 비용은 정부 계산에 의하면 1억 1,400만 원이었다. 공공 임대주택을 매년 10만 호씩 건설한다면, 2013년의 화폐가치로 해마다 11.4조 원의 자금이 필요하다. 한국의 전체 주택 1,853만 호의 20%는 370만 호이고, 현재 공공 임대주택이 103만 호 가량 있으므로, 해마다 10만 호의 공공 임대주택이 건설되어도 공공 임대주택 비중을 20%까지 확대하는 데는 27년이 소요된다. 그래도 그렇게 꾸준하게 진행하는 것이 한국 경제에 유익하다. 인구 감소로 주택 수요가 낮아져도, 공공 임대주택을 늘려 저 출산을 해소하도록 정부는 노력해야 한다.

정부의 임대주택 건설 목표는 현재 연 11만 호 건설이다. 연 12조 원의 공공 임대주택 건설 재원은 국민주택 기금을 활용하거나 한국은행으로부터 저금리의 자금 차입을 통해 마련될 수 있다. 국민주택 기금은 국민주택 채권, 청약저축, 일반회계 차입금, 복권 기금 전입 등을 통해 마련되고 운영된다. 2014년 현재 국민주택 기금은 100조 원을 돌파했다. 이 돈에서 가용할 수 있는 자금은 공공 임대주택 건설 지원에 활용되어야 한다. 한국은행이 정부나 토지주택공사에 0% 자금을 대여해 공공 임대주택 건설을 지원하는 방안도 생각해보아야 한다. 그리고 정부 지출에서 이루어지는 공공 임대주택 건설 지원도 계속 진행되어야 한다.

1998년에 한국의 보건·복지 지출은 정부 지출 중 9.27%였다. 2013년에는 이 비율이 28.5%로 확대되었다. 경제가 발전함에 따라서 사람들의 요구 수준과 기대 수준이 높아졌고, 복지 지출 비중은 이에 발맞추어 확대되어왔다. 앞으로도 복지에 대한 정부 지출은 증가할 것으로 예상된다. 한국의 복지정책 역사를 간략히 살펴보면, 1960년에 한국은 생활보호 제도라 하여 근로 능력이 없는 사람들에게만 국가가 현금을 지원했다. 1966년에 산재보험이 생겨 산업재해에 대한 보장 체계가 마련되었으나, 한국은 분배보다는 성장을 중시해서 1980년까지 한국의 복지 체계는 잘 마련되지 않았다. 그러다 경제가 어느 정도 성장하고 민주화와 노동자의 목소리가 커짐에 따라 1988년부터 한국에서는 국민연금과 건강보험이 전 국민을 대상으로 하여 실시되었다. 1995년에는 고용보험이 도입되어 갑작스런 실업과 같은 사태에 대비하는 사회 안전망이 마련되었다. 2000년에는 최저 생활을 보장하는 국민 기초생활 제도가 만들어졌다. 이처럼 한국의 복지정책은 지속적으로 강화되었다.

그럼에도 불구하고 한국의 복지 예산은 GDP 대비 10% 내외로 낮은 편이다. 앞으로 한국의 복지는 사회 취약계층을 보호하고 출산율을 제고하는 방향으로 많은 자원이 투입될 것이라고 판단된다. 이런 정책 중 하나인 한국의 무상보육 정책을 살펴보자. 한국에서는 2013년부터 만 0~5세의 아동들이 어린이집 등을 통해 보육되면, 보육료로 월 22만 원에서 39만 원을 연령대별로 차등 지급받는다. 가정에서 양육되면 아동에게 연령대별로 월 10만 원에서 20만 원이 지급된다. 아동 당 월평균 25만 원이 지급되면, 국가가 부담하는 비용은 연 8조 원 정도이다. 이런 무상보육 정책은 장려할 만하다. 문제는 이런 정책이 충분한 무상보육 시설이 설립되지 않은 상태에서 추진된 점에 있다. 그 결과 갑작스럽게 어린이집 취학 수요가 늘어났고, 그러자 어린이집에 가기 위해 대기 중인 아동들이 어린이집 당 100~200명이나 되는 현상도 최근에 발생했다. 그래도 그렇게라도 무상보육 정책을 추진하는 것이 국가 발전에 이롭다.

앞에서 보았듯이, 생산 가능 인구가 감소하는 단계에서의 버블 붕괴는 경제에 치명적이다. 시장에서 버블이 발생하지 않도록 시장 참여자 모두가 노력해야 한다. 2006년을 전후하여 발생했던 한국의 부동산 버블과 2008년의 미국 금융위기는 적응적 기대가 버블 발생에 큰 역할을 했다. 과거의 흐름을 추적하여 앞으로의 흐름을 예견해서 행동한다는 적응적 기대 이론처럼, 과거의 높은 부동산 수익률에 현혹되어 부동산 수요가 늘어났고, 그에 따라 부동산 버블이 발생했다. 그리고 최근에는 사람들이 합리적 기대로 행동하자, 전세대란 현상이 발생했다. 사람들이 미래 가격 흐름을 미리 예상해서 행동한다는 합리적 기대 이론처럼, 부동산 보유자들은 미래에는 부동산 가격 상승이 어렵다고 예견했다. 부동산 보유자들은 전세금을 상승시키거나 전세를 월세로 전환하는 것을 통해 부동산 보유 비용을 세입자에게 전달했고, 세입자들은 전세를 구하기가 어려운 상태에 놓이기도 했다.

자원이 한 쪽에 쏠리는 현상은 경제에 여러 부작용을 발생시킨다. 이런 때는 정부가 적절하게 시장에 개입해야 한다. 한국 정부는 전세 대란을 해소하고자 2014년 초 준 공공 임대주택 제도를 도입했다. 임대 사업자들이 10년간 임대 사업을 진행하면 양도 소득세를 면제받고 재산세도 면제나 감면받을 수 있는 것이 준 공공 임대주택 제도이다. 그 대신 임대 사업자들이 임대료 상승을 연 5% 이상 하지 못하게 하여 저가의 임대주택 공급이 확대되도록 하는 것이 준 공공 임대주택 제도의 정책 목표이다. 이것은 주택 공급도 확대하면서 임대주택도 증가시킬 수 있는 정책일 수 있다.

소득 분포의 악화를 완화시키는 정책도 필요하다. 앞에서 보았듯이, 한국의 대기업 고용률은 임금 근로자 대비 1990년대에는 23% 내외였다. 이것이 2013년에는 13.6%로 하락했다. 공무원, 공기업 등의 고용 비중은 이 기간에 크게 변화하지 않았다. 취업인구 중 7~9%에 이르는 사람들에게서 비교적 안정적이고 고소득인 일자리가 사라지자, 한국에서는 내수침체 현상이 발생했다. 이것의 해소를 위해서는 국제 추세에 발맞추어 법인세율을 유지, 운영하고, 외국 기업의 국내 투자를 유치해야 한다. 중소기업들이 대기업으로 성장하는 것도 필요하다. 중소기업이 대기업으로 육성되기 위해서는 정부 연구소와 중소기업, 대학이 공동으로 연구하는 연구 클러스터 등도 필요할 것이다. 국가의 실력과 앞으로의 한국 산업 흐름을 살펴, FTA 추진이 유리하면 FTA를 적극적으로 추진해야 한다. 이를 통해 시장이 확대되면 한국에 필요한 안정적인 일자리도 증가할 수 있다. 단 취약 산업이자 필수 산업인 농업에 대한 적절한 지원도 FTA 추진과 병행해서 이루어져야 한다(쌀 관세 철폐 움직임을 보이고 있는 최근의 정부 정책은 우려스러운 점도 있다). 과잉·중복 투자는 방지하지만 동일 업종 내에서 대기업 간 경쟁도 강화해서 국가 전체의 산업 경쟁력을 한 단계 높여야 한다. 대기업, 중소기업 등이 새로운 산업에 합리적으로 투자하는 것도 필요하다. 또 국가의 주요 경제 정책은 선거 결과에 관계없이 지속적으로 추진되어야 한다.

대략 이런 것들이 한국의 경제 체질을 좀 더 강화시키는 대책이다. 물론 이것 외에 더 많은 것이 있을 것이다. 정부, 개인, 기업, 정치인 등이 지나치게 자신들만의 이익만 생각해서, 국가와 공동체에 대한 희생과 봉사의 풍토가 사라져 전반적으로 살기가 어렵게 된 것도 한국이 당면한 문제이다. 토론과 공론, 그리고 대립보다는 경쟁과 양보 등을 통해 한국은 좀 더 나은 세상을 만들어가야 한다.

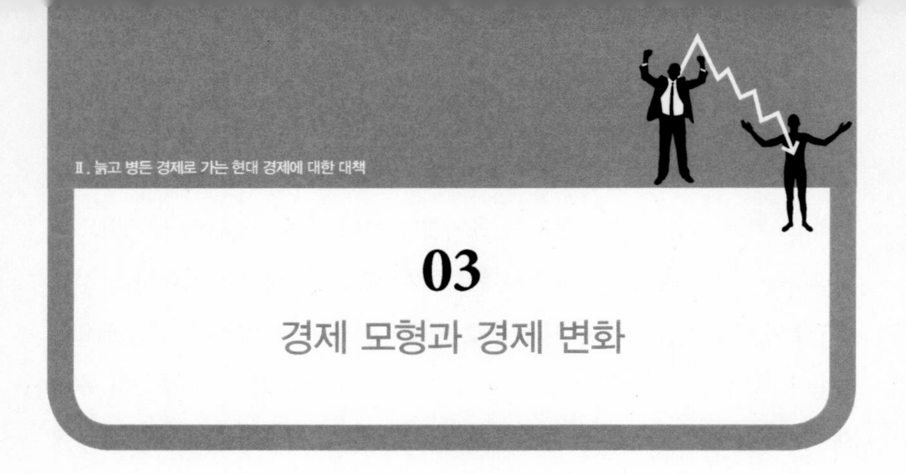

03
경제 모형과 경제 변화

총공급-총수요의 균형

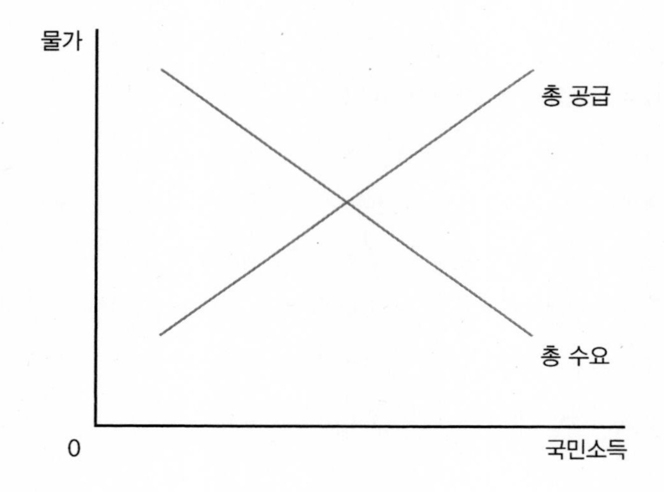

글로써 설명하기 힘든 것을 수식이나 그래프를 사용하여 설명하면 설명이 쉬울 때가 있다. 복잡한 수식은 간혹 머리를 아프게 할 때도 있다. 그러나 수학이나 경제학에서 사용하는 그림이라는 그래프는 어떤 사실을 간결하게 설명해주곤 한다. 특히 경제학에서는 사회 현상을 단순화시켜 그래프로 만들기도 한다. 위의 그림처럼 가로축은 국민소득이고 세로축은 물가를 의미할 때, 위의 그림이 의미하는 바를 생각해보자.

물건의 가격인 물가가 높을수록 시장에 쏟아지는 공급량은 많으므로 공급량의 총합인 총공급은 물가에 비례하여 증가한다. 총공급 곡선은 이에 따라 우 상향 곡선이 된다. 반면, 물건의 가격인 물가가 높으면 물건에 대한 수요의 합인 총수요는 하락하므로, 총수요 곡선은 우 하향한다. 총공급과 총수요가 만나는 점은 균형점으로서 국민소득과 물가를 의미한다. 총공급은 GDP와 수입액의 합이므로, 균형점은 한국이 1년 동안 구매 가능한 소득 수준을 의미한다. IMF는 2012년 기준으로 한국의 구매 가능 소득을 1조 6,100억 달러라고 발표했다. 1조 6,100억 달러를 인구 5,000만 명으로 나눈 1인당 구매 가능 소득은 3만 2,200달러이다. 한국에서는 산술적으로 1년간 1인당 3만 2,200달러의 소득이 발생한다.

한국의 구매 가능 소득이 아닌 국민 총생산인 GDP는 2012년에 1,378조 원이었다(2013년에는 1,428조 원이었다). 그러나 위의 구매 가능 소득을 한국의 전체 인구로 나누는 것과는 달리 1인당 개인의 실질 GDP 계산은 아래와 같다. 한국의 GDP 총액에서 가계는 62%를 가져가고 외국인, 기업, 정부가 38%를 가져간다고 한다.[6] 가계가 가져가는 소득은 1,378조×0.62=854조 3,600억 원이고, 이를 한국 인구 5,000만 명으로 나누면 1인당 한국의 명목 임금은 1,700만 원이다. 2010년의 한국의 가구 수는 1,733만 가구였다. 한국의 인구가 5,000만 명 정도이고 가구의 평균 인원이 3명 정도라고 간주하면, 가구당 평균 소득은 5,000만 원 정도가 된다. 한국에서는 GDP에서 가계가 가져가는 몫이 2000년에는 69% 수준이었는데, 이것이 최근에는 62%로 많이 하락했다. 반면, 기업이 GDP에서 가져가는 몫은 2000년 17%에서 2012

6) 한국개발연구원 자료 참조.

년에는 23%로 증가했다. 분배 구조의 악화와 기업의 저축 증가로 GDP 대비 소비가 차지하는 비중이 이 기간에 60%에서 54%로 급락했다.

총공급-총수요 곡선에는 그 나라의 생산 수준, 기술력, 국부의 활용 능력 등이 종합적으로 나타난다. 정부는 이 곡선을 참조하여 국가 경제의 현재와 과거, 미래의 모습을 진단하고 예측하기도 한다.

성장 경제 하에서의 균형

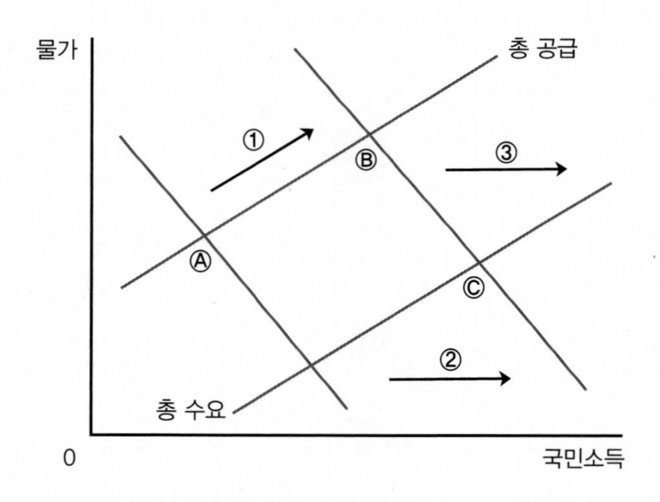

경제가 매년 연평균 3%씩 성장하고 인구도 감소하지 않는 국가가 있다고 하자. 이런 국가 경제에서는 부동산과 주가도 안정적으로 상승할 것이다. 이와 같은 상황 하에서 경제가 어떻게 작동하는지 좀 더 생각해보자.

위의 그림에서 처음의 국민소득과 물가는 총수요와 총공급이 만나는 Ⓐ 점에 있다. 경제가 성장하고 부동산과 주가도 상승하면, 국민소득이 증가하는 효과가 발생한다. 그러면 총공급은 총공급 곡선 상에서 ①처럼 움직인다. 한국은 2012년에는 2011년보다 자산 가치가 464조 6,000억 원이 증가했고, 이것이 총공급을 이동시키는 동력으로 작용했다.[7] 총공급이 많아졌고 개인의 부도 커져, 이에 발맞춰 총수요 곡선이 ②처럼 이동한다. 그러면 새로운 균형 국민소득과 물가는 Ⓑ가 된다. 총수요가 증가하면 총공급도 증가하므로 총공급 곡선은 ③처럼 움직인다. 최종 균형점은 Ⓒ가 되며, 이점이 균형 국민소득, 물가가 된다. 국민소득이 처음보다 많이 증가했음을 알 수 있다. 이때 총공급 곡선, 총수요 곡선의 기울기와 이동 폭에 따라 물가 수준과 국민소득의 변화폭이 달라진다. 반면, 총공급 곡선 자체가 우측으로 먼저 이동하고, 그에 따라서 총수요 곡선이 이동하기도 한다. 정보혁명, 전기혁명 등이 발생할 때가 그렇다. 그러나 큰 기술혁신이 아닐 때는 총공급 곡선 위에서 변화가 먼저 일어난 뒤, 위와 같은 경제 변화가 발생한다.

미국의 경제 모습은 위와 같은 모형과 매우 흡사하다. 미국은 안정적인 인구 증가, 주식 시장, 부동산 시장의 상승, 경제 성장률의 안정적인 모습 등으로 국민소득과 물가가 위의 모습과 같이 증가했다. 1990년대에 정보혁명 등이 발생했을 때는 총공급 곡선 자체가 먼저 우측으로 이동하기도 했다. 이런 이상적인 경제구조를 골디락스라고 부르기도 한다. 너무 차갑지도, 너무 뜨겁지도 않게 적당하다는 말처럼, 미국 경제는 적당하게 안정적으로 성장했다.

시장자본주의가 성숙한 많은 국가에서는 총공급이 위의 그림의 ③처럼 많이 이동하기가 쉽지 않다. 총공급의 증가가 무역수지 적자를 발생시킬 수 있기 때문이다. 반면, 미국은 달러가 기축 통화여서 무역 적자가 매년 5,000억~1조 달러가 발생해도 총공급을 증가시킬 수 있었다. 총공급 증가는 미국

---

7) 『경향신문』 2014년 5월 14일자.

의 고물가 해소에 기여했다. 이것이 미국의 골디락스 경제를 만든 주요 요인이기도 했다. 반면, 수입 증가가 많으면 미국 제조업 일자리가 위협받아 미국 실업률이 상승하게 된다. 이런 상황 하에서 미국은 앞에서 보았듯이, 정보통신이나 서비스 산업 등을 육성해 고용 하락을 방지했다. 제조업 고용률은 하락했으나 미국의 서비스업 고용률은 1980년대부터 상승해 전체 고용에서 70% 이상을 차지했다.(미국의 서비스업 고용비중은 1950년 50%, 제조업은 34%에서 2010년에 서비스업은 80%, 제조업은 18%로 변하였다) 한국도 서비스업 고용률이 2011년 기준으로 69.2%이다.[8] 해마다 미국은 상품 수지에서는 5,000억 달러 이상의 무역 적자를 기록하나, 서비스 수지에서는 1,200억 달러 이상의 흑자를 기록하고 있다. 1980년 이후 금융·의료·법률 등의 서비스 산업이 미국에서는 크게 성장했다.

1980년대 미국과 영국은 똑같이 공급을 중시하는 공급주의 경제 정책을 채택했다. 그러나 1983년에서 1988년간 미국은 연평균 4.4%씩 성장했지만, 영국은 2~3%씩 성장했다.[9] 실업률도 미국은 연평균 7.2%였으나, 영국은 10% 이상이었다. 왜 이런 차이가 발생한 걸까? 기축 통화국인 미국은 무역수지 적자에도 불구하고 총공급을 활발히 증가시킬 수 있었다. 미국은 이민에 따른 인구 증가, 출산율이 영국보다 높아 인구 증가가 안정적이어서 부동산, 주식 시장이 활발하게 상승했다. 위의 요인이 양국 간 경제 성장률과 실업률 차이의 주요 원인이 되었다. 현재 미국은 가계 소비가 미국 GDP의 70%를 차지한다고 한다.[10] 미국은 소비 관련 산업이 활발하며, 이를 통해 미국의 실업률도 낮출 수 있다. 금융위기로 미국의 가계 소비가 부진할 때 미국의 실업률은 10%였으나, 가계 소비가 활발해지자 미국의 실업률은 다

---

8) 『헤럴드 경제』 2012년 11월 6일자.

9) 기획재정부, 영란은행 자료 참조.

10) 『매일경제』 2014년 6월 17일자.

시 7% 수준으로 하락했다. 미국의 실업율은 2014년 9월 6.1%로 하락했다.

1990년대의 일본과 2010년 이후의 한국은 인구요인에 의해 부동산 가격이 정체 중이거나 하락했다. 그것은 이들 나라의 성장률을 침해했다. 위 그래프를 보면서 이것이 어떤 식으로 경제에 작동하는지를 살펴보자.

일본은 1990년대에 자국의 경기침체를 극복하고자 정부 지출을 증가시켰다. 앞에서 보았듯이, 정부 지출 증가에도 불구하고 버블 붕괴에 따른 자산 손실과 경제활동 인구 감소로 일본은 국민 총 소득이 정체 또는 감소했다. 그러자 국내 투자와 국내 소비가 살아나지 않아 총수요 곡선은 이동하지 않았다. 그 결과 일본의 국민소득과 물가의 균형 수준은 위의 그래프에서 유추하면 처음의 균형 수준인 Ⓐ점에서만 맴돌았다.

2010년 이후 한국의 부동산 가격, 주식 시장도 정체 중이다. 이 기간 한국은 고환율 정책으로 수출을 증가시키거나 정부 지출을 확대해 총수요를 우측으로 증가시켰다. 환율 상승으로 국내 수입이 줄어들어 총공급이 위축되었고, 대기업들이 공장 자동화 등으로 국내 고용률을 낮추자 많은 사람들의 소득 활동도 위축되었다. 이것은 내수경기의 침체로 이어졌다. 그리하여 국민소득은 늘어났으나 물가가 상승해서 실질적으로 한국의 경제 성장은 정체되었다. 이 기간의 정부 지출도 무모했다. 앞에서 보았듯이, 한국은 이 기간에 22조 원을 단기간에 4대강 사업에 사용했다. 4대강 사업은 건설 중일 때만 경제에 활력을 불어넣었을 뿐, 건설 이후 한국 경제에 아무런 활력을 불어넣지 못하고 있다. 만약 그 돈을 공공 임대주택 건설 및 육아 지원 사업 등에 사용했더라면, 장기적으로 한국의 출산율은 증가하고 경기도 좋아졌을 것이다. 정부 재정 정책의 집행이 시대 상황에 맞게 효율적으로 추진되어야 함은 위의 그래프를 통해서도 알 수 있다.

자산 효과에 따른 소득 변화는 경제에 이처럼 큰 영향을 미친다. 자산 분포가 앞에서 본 대로 빈부격차가 심한 모습으로 나타나는 점은 문제이다.

그러나 자산소득과 자산가격의 변화는 경제에 불황을 발생시키거나 불황을 해소시킬 수도 있다. 자산가격이 안정적으로 상승할 수 있는 경제 구조의 확립이 필요하다.

스태그플레이션과 경제의 균형

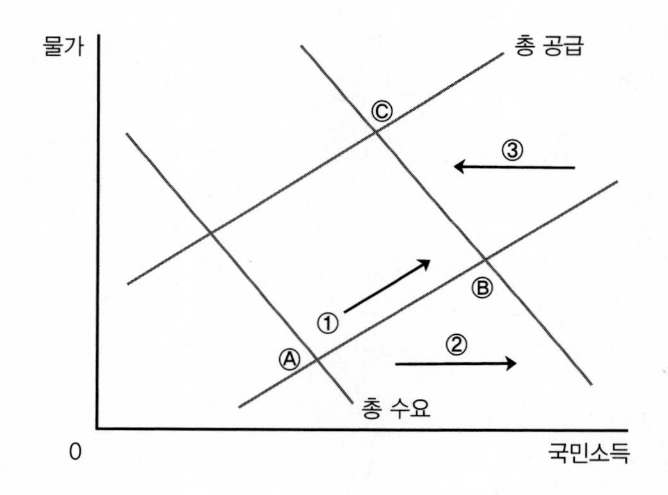

스태그플레이션은 물가는 상승하고 실업률은 증가하는 현상이다. 1970년대 초 미국, 유럽 등에서 이런 경제 현상이 발생했다. 이제 이것이 왜, 어떻게 발생했는지 위의 그래프를 통해 살펴보자.

1970년대에 미국은 변동환율제 시행으로 달러 유동성을 시장에 많이 공급할 수 있었다. 돈이 넘치고 인구도 증가하던 시기여서 미국의 부동산 값은 상승했다. 이에 총공급이 ①처럼 움직였다. 총공급의 변화로 총수요도 ②처럼 이동해, 새로운 균형점은 Ⓑ가 되었다. 한편, 달러 유동성이 풍부해지자 국제 자금은 원유 투자 등에 쏠렸고, 국제 원자재 가격은 상승했다. 반면, 이 기간에 선진국들은 화학, 철강, 자동차 산업에서 경쟁이 치열했다. 미국은 자동차와 철강의 경쟁력이 1970년대부터 서서히 약화되고 있었다. 일본 차가 미국 내에서 자리를 잡아감에 따라 미국 국내 제조사들의 자동차 생산이 감소하거나 정체되었다. 한편, 높은 세율로 근로자와 사업가들의 사업 의욕 등이 미국에서는 저하되었다. 이런 것이 복합적으로 작용하여 미국, 영국의 산업생산이 감소해서 총공급이 ③처럼 이동했다. 물가는 높고 인구는 증가하나, 생산 수준과 고용이 제자리에 머물거나 줄어들어 실업률은 높아졌다. 물가가 상승하면 공급자들의 판매 동기가 확대되므로 생산은 증가한다. 그러나 이것이 경쟁력 저하와 유가 상승 같은 공급 내부의 여러 요인으로 인해, 물가 상승에도 불구하고 미국의 산업 생산은 축소 내지 정체되었다. 합리적 기대론자들은 스태그플레이션이 노동자들이 물가 상승률을 예견하고 임금 인상을 요구한 결과, 기업이 물가 상승 시에도 높은 생산비 부담 때문에 생산을 축소하거나 정체했기 때문에 발생한다고 주장했다. 그러나 레이건 시절에 물가는 상승했으나 실업률은 하락했던 점을 보면, 합리적 기대론자들의 스태그플레이션에 대한 주장은 설득력이 떨어진다.

스태그플레이션은 어떻게 해소되고 방지될 수 있을까? 성장하는 경제에서는 부동산 시장, 주식 시장 상승으로 정부 지출을 무리하게 확대시키지 않아야 한다. 그러면서 총공급을 증가시키기 위한 투자가 활발하게 행해져야 한다. 필요하면 수입 증가도 적극 고려해야 한다. 1980년대의 공급주의 경제학자들은 세율 인하, 규제 완화, 달러의 평가절하, 수입 증가 등을 통해 미국의 스태그플레이션을 극복했다.

버블 붕괴와 경기침체 시의 경제 모형

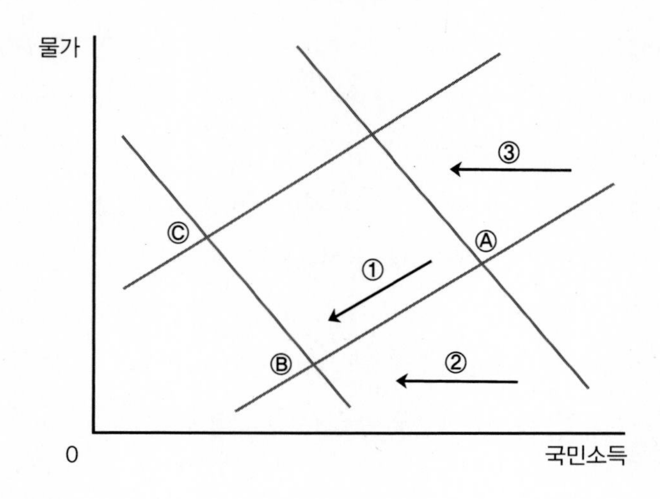

버블이 붕괴하면 부동산, 주식 등의 자산가격이 하락한다. 자산가격의 하락은 국민소득을 감소시키는 효과를 유발하여, 총공급이 총공급 곡선 상에서 ①처럼 이동한다. 자산소득의 감소는 소비와 투자를 위축시켜 총수요도 ②처럼 움직인다. 국가 경제의 새로운 균형점은 Ⓑ가 된다. 총수요가 감소하면 총공급도 위축되어 총공급은 ③처럼 이동하며 경제의 균형점은 Ⓒ가 된다. Ⓒ는 Ⓐ와 비교하면 국민소득이 크게 하락한 점이기도 하다.

2008년 미국 금융위기 시 부동산값 폭락, 주가 폭락, 자산담보부증권의 휴지화, 개인 및 기업의 파산 증가로 소비와 투자가 감소하고 경기는 침체되었다. 이것의 원인은 비이성적인 과열에 따른 버블에 있었다. 버블은 붕괴되었고, 위의 그래프와 같이 경제가 작동했다. 버블이 붕괴되지 않으면 어떤 현상이 발생할까? 앞에서 본 대로, 주택 시장에 버블이 그대로 존속하여 부동산 가격이 고공인 상태가 유지되면, 젊은 층 인구의 부동산 구입 부담 증가에 따라 출산율이 지속적으로 하락한다. 그리고 이것은 인구 감소를 가져올 수 있고, 장기적으로 경제는 침체에 빠진다. 따라서 버블은 발생하지 않는 것이 최선이고, 버블이 발생했으면 붕괴되는 것이 경제에 이로울 수 있다.

버블 붕괴 시 FRB는 신속하게 0% 수준까지 금리를 낮추었고, 은행권 등에 자금을 제공했다. 시장에 돈이 흘러들었고, 돈이 돌자 은행은 돈을 벌 수 있었다. 이때 FRB로부터 0%로 대출을 받은 은행들은 대출을 하거나 국채를 구입해 원금 대비 2~3%의 차익을 거두었다. 금융위기 시 주택 융자금을 상환할 수 없는 개인들에 대해서는 대출금 상환이 유예되거나 연기되었고 이자율도 낮게 조정되었다. 그러자 자산가격은 서서히 회복되고, 미국 경기는 살아났다.

한국은 버블 붕괴까지는 아니더라도 자산가격이 정체되거나 소폭 하락하고 있다. 자산가격이 활발하게 상승하지 않는 것도 소비와 투자를 위축시킨다. 이것은 앞에서 본 한국의 경제 상황 변화를 보더라도 잘 알 수 있다.

한국에서 소비와 투자가 1997년 이후 급격히 축소된 것에는 외환위기가 큰 작용을 했다. 외환위기로 투자에 있어 기업의 조심성이 증가하고, 소득활동의 위축으로 개인의 소비가 감소했으나, 정부 지출과 수출의 증가로 총수요가 늘어나 한국의 소득은 증가할 수 있었다. 그러나 정부 부채가 지속적으로 증가하는 문제점이 발생했다. 따라서 이런 때에는 앞에서 보았듯이, 정부 지출은 출산율을 증가시키는 데 도움이 되도록 사용되어야 한다. 그래야만 미래 경제가 다시 성장할 수 있다. 그리고 정부 부채를 경제가 감내할 수 있는 수준으로 관리해야 한다. 장기적으로 개인, 기업 등의 투자와 소비 체력을 강화시켜야 한다.

저개발 국가의 발전과 균형

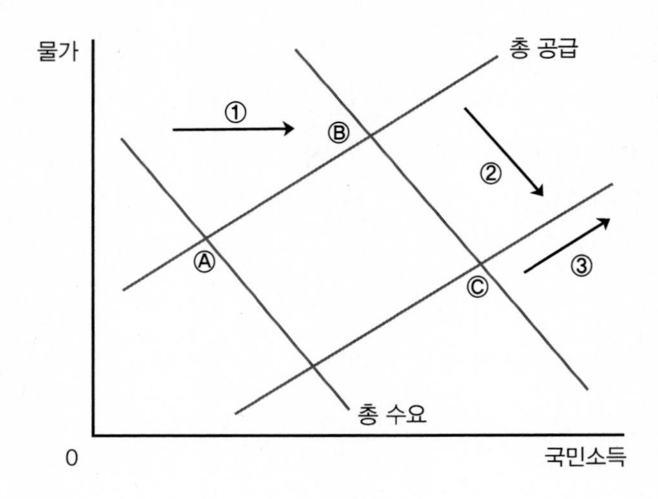

경제가 저개발 상태에 있는 국가들은 자산가격 상승이 쉽지 않다. 따라서 이런 상태에서는 총공급 곡선이나 총수요 곡선을 이동시켜 경제 발전을 추진해야 한다. 저개발 국가들은 정부 주도 하에 사회 간접시설을 건설해서 국가의 산업 생산력을 증가시키는 기반도 마련해야 한다. 국가가 경제개발을 주도하면 자원이 필요한 곳에 자원을 집중시킬 수 있는 장점이 있다. 선진국들이나 일본, 한국, 중국 등의 많은 나라들이 개발 초기에 이런 개발 전략을 선택해 국가 발전을 이루었다. 구소련이나 사회주의 국가도 개발 초기에는 국가가 주도하여 국가 발전을 추진했다. 그러나 사회주의 국가들은 개발 초기에 높은 경제 성장을 보인 후 국가 발전이 정체되거나 추락했다. 총공급 곡선이 우측으로 이동하는 작용이 약하거나 미흡했기 때문이다. 따라서 국가 발전 초기에도 산업 생산을 담당하는 곳은 민간이 주도해야 국가 발전이 지속적이고 효과적이다. 이 과정에서 부패와 정권의 무능력이 있으면 경제 발전은 좌초되기 쉽다. 오늘날은 세계화 시대로서 외국인 투자자들도 저개발 국가가 발전 가능성이 있으면 이들 나라에 활발하게 투자를 한다. 그래서 저개발 국가는 정치적 안정과 외국인 투자자에게 신뢰를 줄 수 있는 경제 여건을 마련해야 한다. 중국은 1980년대에 이런 것을 잘해 국가 경제가 비약적으로 성장했다.

그래프를 통해 위의 과정을 생각해보자. 정부가 국가 기간시설에 대해 투자 지출을 늘리면 총수요는 ①처럼 움직인다. 총수요의 증가는 생산 증가를 가져와 총공급이 ②처럼 이동하여 경제의 균형점은 ©가 된다. 이제 도시가 건설되고 사회 간접자본 시설이 마련되고 민간의 생산이 활발하면, 부동산 및 주식 시장도 상승해 총공급이 ③처럼 이동하여 경제는 확장된다. 정부 지출을 확장시키는 데 필요한 돈을 저개발 국가는 해외에서 빌려 조달하기도 한다. 반면 지하자원 등이 풍부한 나라들은 자원 수출을 통해 벌어들인 돈으로 정부 지출을 확대할 수 있다. 많은 중동의 산유국들은 국가 발전을 이런 식으로 진행했다. 총수요, 총공급 곡선을 먼저 우측으로 이동시킬지, 아니면 총공급 곡선 위에서 균형점을 이동시킨 후 총공급, 총수요 곡선을 이동시킬지는 경제 상황에 따라 다르다. 총공급 곡선이 우측으로 이동하고, 총공급 곡선 위에서 균형점이 이동하는 현상이 동시에 발생할 수도 있다. 그 어떤 변화에도 경제의 기본 움직임은 위에서 본 모형과 비슷할 것이므로, 국가는 국가가 처한 상황을 잘 파악해 경제 정책을 수립하고 운영해야 한다.

04
경제에 있어서 세계화의 장단점과 바람직한 세계화

세계화의 의의 및 역사

세계화란 국가 단위의 경제 활동이 약해지고 경제가 세계 단위로 작동하면서, 경제를 중심으로 세계가 통합되는 현상이다. 세계 경제의 통합은 자유로운 교역을 통해 이루어지므로, 세계화는 교역 활동을 활발히 하기 위해 필요한 민영화와 규제 완화를 중시한다.

세계화로 경제 활동이 세계적으로 이루어짐에 따라, 경제 활동에 적용되는 규칙 등이 기존의 국민 국가가 가지고 있던 가치와 충돌하기도 한다. 그러나 많은 국가들은 세계화가 주는 편익이 매우 커서 세계화의 흐름에 동참하고 있다. 인류 역사적으로 보더라도, 세계화를 이루지 못한 국가와 민족은 경제 발전에서 낙오되었다. 세계화 속에서도 국제적으로 허용되는 범위 내에서 여러 국가들은 자국의 상황에 맞는 조세·금융·법률 체계를 유지해 국가 정체성을 유지하고 있다. 시장자본주의 하에서 진행되는 세계화로 많은 국가는 경제 발전을 이룩했다. 많은 세계 각국 사람들의 경제적 생활도 세계화로 풍족해졌다. 시장의 확대로 시장을 석권한 기업과 국가, 그렇지 못한 국가와 기업 간의 빈부격차도 발생했으나, 세계화는 생산과 소비 활동을 활발하게 만들었다. 현대 경제에서는 전 세계가 단일 시장화 되어감에 따라, 세계 곳곳에서 발생하는 것들이 여러 나라의 국민과 국가의 생활에 영향을 준다. 국가의 경제 발전도 세계 각국의 경제 상황에 따라 결정되기도 한다.

그러면 세계화는 언제, 어떻게 시작되었을까? 재레드 다이아몬드에 의하면, 세계화는 인류가 농경 생활을 시작한 때부터 시작되었다고 한다. 그는 기원전에 중동에서 시작된 밀 등의 농작물 경작과 가축 사육이 같은 위도에 있는 유라시아 전역에 퍼졌다고 주장한다. 사람들이 같은 위도로 이주하고 이동하는 바람에 밀농사와 가축 사육은 전 세계에 퍼지게 되었다. 세계화는 이처럼 고대부터 시작되었다.

전쟁과 무역을 통해서도 세계화는 진행되었다. 칭기즈칸의 정복전쟁으로 유럽에 전해진 나침반은 유럽의 대항해 시대를 열었다. 대항해 시대에 스페인, 포르투갈 등의 유럽 국가는 아메리카와 아프리카 대륙에 식민지를 건설했다. 유럽은 18세기, 19세기가 되자 경제적, 군사적으로 세계의 많은 나라들을 압도했고, 더 많은 약소국들을 식민지화하는 제국주의로 치달았다. 유럽의 식민지 국가들은 유럽의 산업 생산에 필요한 원료 공급지 기능을 담당하기도 했다. 어쨌든 그로 인해 유럽의 산업 생산물들이 세계 곳곳으로 팔려 나갔다.

제국주의 하에서 세계는 열강들의 식민지 블록으로 분할되었다. 열강들은 이제 다른 열강만 제압하면 완전한 세계화, 즉 세계 단일 정부를 수립할 수 있었다. 그 결과 유럽 각국들은 2차에 걸쳐 세계대전을 했다. 2차 세계대전 종전 후 유럽은 몰락했고, 세계는 새로운 국제 질서를 모색했다. 유럽은 전후 복구에 매달려야 했고, 식민지 유지에 필요한 막대한 자금 부담 등으로 식민지를 포기했다. 열강들의 식민지 상태에 있던 각국은 독립했다. 2차 대전 후 세계 각국은 시장과 자유를 중시하는 자유주의 진영인 미국 블록과 공산주의로 대변되는 소련 블록으로 나누어졌다. 이들 블록에 속하지 않은 제3세계 블록도 있었다. 그러나 블록별로 세계가 분할됨에 따라 자유주의는 자유주의끼리, 공산주의는 공산주의끼리 활발하게 교역을 하는 경제 구조가 한동안 정착되었다.

자유시장주의 내에서 특히 활발했던 세계 교역은 달러가 기축 통화로 자리매김 되자 더욱 활발해졌다. 자유시장주의 내의 세계화는 1947년 GATT 체제의 출범으로 시작되었다. 사실 1900년 전까지 세계는 여권도 없이 다른 나라로 이동하거나 금을 매개로 해서 상업 활동을 활발히 했다. 그러나 1930년대에 세계 각국은 무역에 40%의 관세율을 부과하는 등 자국 발전을 우선시하는 국가 이기주의에 집착했다. 세계 무역은 위축되었고, 이것이 직간접적으로 2차 세계대전을 발생시켰다. 자유주의 진영은 종전 후 보호무역주의의 해악을 깨달아 관세를 대폭 인하하면서 세계 무역을 활성화시켰다. 2차 대전 후 진행된 세계화로, 세계는 큰 전쟁 없이 오늘날까지 평화와 번영을 구가하게 되었다.

세계화로 인해 선진국의 자본과 기술은 후진국에 유입되었다. 그 결과 많은 후진국들은 경제 발전을 했고, 현재에도 많은 후진국들이 경제 발전을 하고 있다. 세계화를 빠르게 받아들인 국가는 그렇지 않은 국가들보다 경제 발전을 먼저 이루었고 앞서서 발전하고 있다. 반면, 부정부패와 정치권이 무능한 국가들은 세계화 흐름에서도 발전을 이루지 못하고 있다. 개발도상국들 지도층의 불법 자금이 미국 등의 선진국에 이동하는 현상도 발생하고 있다. 선진국은 안정적이기 때문에 세계 각국의 자금이 선진국으로 몰려들고 있다.[11)]

세계화로 재화, 자본 등은 국경을 넘어 이동한다. 자본 이동의 세계화는

11) 기획재정부 자료 참조.

1970년 이후에 본격화되었다. 오늘날에는 자본, 기술 외에 노동 인력도 자유롭게 이동하고 있다. 필리핀은 900~1,000만 명의 자국민이 해외에서 노동자로 일하고 있다. 한국의 IT 인력들도 기존 연봉보다 1.5~2배를 주는 중국 업체에 취업하기도 한다. 한국에는 현재 156만 명의 외국인이 거주하고 있다. 공부하기 위해, 돈을 벌기 위해 많은 외국인들이 한국에 거주 중이다.[12)]

이동이 자유롭고 통신·교통 수단의 발달로 세계가 빠른 속도로 변화하고 있어서, 국가가 발전하기 위해서는 민첩성과 장기적인 노력이 국가나 기업 등에 필요하다. 왜냐하면 국가나 기업이 빠르게 진행되는 세계의 변화에 적응하고 대응하지 못하면 순식간에 도태되기 때문이다. 한편, 세계 시장의 단일화로 세계를 휩쓰는 재화 및 서비스의 생산은 기업 수익성을 크게 향상시킨다. 그런데 이런 것들을 생산하기 위해서는 지식이 절대적으로 필요하다. 그리고 이런 지식을 생산하자면 기업, 국가 등은 장기적으로 투자하고 노력해야만 한다. 그래서 세계화는 민첩함과 끈질김을 국가와 개인, 기업이 갖출 것을 주문한다.

세계화의 특징과 경기침체

산업혁명 이후 유럽 주도로 진행된 세계화는 유럽인들을 부강하게 만들었다. 유럽인들은 발달된 제조업은 국내에 유지하면서, 생산된 제품들을 세계 시장에 팔아 돈을 벌었다. 즉 그 당시의 세계화는 유럽 제품의 판로 확대와 황금, 은 등의 착취였다고 볼 수 있다. 그러나 오늘날의 세계화에서는 산

12) 법무부 자료 참조.

업 자본이 타국에 직접 투자하여 타국에서 돈을 벌기도 한다. 이와 같은 세계화로 오늘날에는 과거 유럽처럼 투자국 국민의 부가 반드시 많이 증가하지는 않는다. 오히려 자본만 돈을 많이 벌고, 국가와 국민의 부와 후생이 크게 증가하지 않는 사례도 많이 나타나고 있다. 금융이 발달하지 않은 상태에 있는 나라에서 선진 금융 자본은 선물, 옵션 등의 파생상품을 통해 투자 유치국의 부를 침해하기도 한다.

자본은 과거에 갑작스러운 정정 변화 등으로 투자 유치국에서 투자금을 몰수당하기도 했다. 그래서 자본의 투자 위험을 감안하고 이중과세도 고려하여, 국내에서는 해외에 투자한 자본에 대해 세금이 낮게 정해진다. 이처럼 오늘날의 세계화는 자본 중심적이다. 세계화와 세계 평화로 자본이 돈을 벌기 쉬운 환경이 발생하고 있다. 자본 중심적인 세계화가 피 투자국 외에 투자국의 국민 후생도 향상시키는 방향으로 발전할 수는 없을까?

국가도 경제 발전에 필요한 자금을 외국 자본으로 해결하면 여러 모로 유리해서, 많은 국가들이 해외 자본 유치에 노력하고 있다. 많은 국가가 세제 혜택을 내세워 해외 자본을 유혹하고 있다. 자본도 세금이 높은 국가를 회피하여 세금이 면제되거나 낮은 국가로 이동하기도 한다. 2013년 기준으로 전 세계에는 12~21조 달러의 돈이 조세 피난처 국가에 몰려 있다.

오늘날의 이와 같은 세계화 현상으로 국민 국가들이 세금을 많이 거두기가 어렵다. 한국 정부도 자국 기업의 국내 유지 및 외국 기업의 투자 유치를 위해 25%의 법인세율을 22%로 인하했다. 세금 감면, 이중과세 방지 등에 따라 한국의 실효법인세율은 16.8% 수준이라고 한다. 그럼에도 불구하고 2013년에 한국은 해외 직접 투자로 300억 달러가 유출된 반면, 해외 자본 유입은 122억 달러에 불과했다.[13] OECD 국가의 법인세율도 1980년에는

13) 기획재정부 자료 참조.

47.5%였으나, 2010년에는 25.91%로 낮아졌다.

미국에서는 기업들이 외국에서 번 돈을 미국 국내로 들여오지 않으면 세금을 내지 않아도 된다. 미국 대기업들은 2013년에 1조 9,000억 달러의 돈을 해외에 쌓아두었다. 미국 대기업들은 세법을 활용해 재무 구조를 튼튼히 하거나, 연구 개발을 확대하거나, 인수·합병을 위해 해외 자금을 적절하게 활용하고 있다. 그러나 이런 제도 등으로 35%라는 높은 법인세율에도 불구하고, 미국 정부의 법인세 수입은 전체 세입 중에서 10% 미만인 상태에 놓여 있다(한국은 법인세율이 22%이나 전체 세입 중 법인세 비중은 20~30% 수준이다). 법인세, 소득세, 상속세 등에서는 세율이 낮을수록 국가의 세수가 확대되는 현상이 발생하고 있다. 1960년대에는 글로벌 20대 기업 중 17개 기업이 미국에 본사를 두었었다.[14] 2013년에는 글로벌 20대 기업 중 6개만이 미국에 본사를 두고 있다. 세금 문제로 많은 기업들이 미국 내에 본사를 두는 것을 꺼리기 때문이다. 미국 기업이 아일랜드로 본사를 옮기면 30%의 실효세율이 17%로 낮아지므로, 미국 기업들은 해외로 본사를 옮기려는 강한 유혹에 빠진다. 다국적 기업들은 특허나 프로그램 등의 무형 자산을 헐값에 세금이 적거나 없는 국가에 설립한 자회사에 양도하는 꼼수로 세금을 줄일 수 있다. 오바마 대통령은 2013년 연말에 35%인 미국 법인세율을 제조업은 25%, 비제조업은 28%로 낮추는 방안을 내놓았다. 아울러 최근에 미국은 법인 주소지를 해외로 이전하거나 M&A를 통해 세금을 회피하는 법인 활동을 규제하는 조치를 취했다.

세계화에 따른 자본의 급격한 유출은 환율변동을 확대한다. 환율변동의 확대로 기업들은 사업에 있어서 여러 가지 불확실한 상태에 빠질 때도 많다.

세계화로 국가의 소득세, 상속세 등의 세율도 법인세율과 같은 흐름을 보

---

14) 『매일경제신문』 보도자료 참조(2013년).

이고 있다. 소득세율 등이 낮은 국가로 부자들이 자금을 이동할 수도 있어서, 이를 방지하고자 많은 국가들은 소득세, 상속세를 적정 수준에서 운영할 수밖에 없다. 현재 세계 140개 국가 중 70여 개 국가에서는 상속세가 없다. 오늘날에는 상속세가 없는 국가가 늘어나고 있다. 미국은 15%의 자본이득세와 40%의 상속세율과 2012년 기준 최고 35%인 소득세율로 세금 체제를 운영하고 있다. 상속세와 소득세 등을 합산해서 미국에서는 대체로 개인이 거둔 소득에 대해 50% 정도가 세금으로 납부된다. 복지국가 스웨덴은 30~50% 정도의 소득세만 있고, 상속세는 없다. 스웨덴의 최고 소득세율은 56.5%이다. 독일은 45%의 소득세율에 기업 상속자가 기업을 계속 운영할 때 상속세를 면제받는 세율 체계를 갖고 있다. 미국처럼 다른 많은 국가에서도 소득세와 상속세를 합산해 개인이 번 돈의 50% 정도가 세금으로 납부되고 있다. 이 정도의 세율이 비교적 과세 저항이 없고, 개인의 이윤 동기도 저해하지 않으며, 사회 전체에도 이로운 세율이라고 나는 생각한다.

그러나 소득세율과 상속세율 중 어느 곳을 더 많이 하느냐에 따라 개인이 느끼는 세금 부담은 달라진다. 예를 들어 독일, 스웨덴처럼 소득세만 50%이고 상속세가 없으면, 세금 납부를 적게 하기 위해서는 기업을 계속적으로 운영해야 한다. 기업의 영속성으로 인해 제조업 등에서 기술이 축적된 기업들이 많아질 수 있다. 반면, 기업을 상속받은 부자는 기업이 부도만 나지 않으면 계속적으로 부자가 될 수 있어서 사회가 신분사회가 될 확률이 높다. 높은 상속세율이 적용되면 상속자들은 세금을 회피하기 위해 여러 꼼수를 두기도 한다. 뒤에서 보게 될 한국의 세금 구조와 재벌의 행태가 그랬다. 따라서 기업 등을 상속받을 때의 세금은 그동안 소득세를 납부한 실적에 따라 10~20%로 하고 소득세율은 40%로 하는 것이 합리적이다. 기업 소유주는 기업에서 높은 배당 성향을 통해 배당금을 받고 소득세도 많이 납부하면, 기업의 계속성과 사회 발전도 병행해서 이루어질 것이다(배당 성향은 경제 상황에 따라 다르나 20~40%가 합리적이다). 개인적으로 법인세율은 기업의 안정성과 이윤 동기를 고려해 22~25% 수준이 적당하다고 생각한다.

한국은 최고 소득세율 38%(지방세 포함 시 41.8%), 상속세율 50%로, 부자들은 번 돈의 70%를 세금으로 내게 된다. 그러나 한국에서 거두어지는 상속세는 2013년에 4조 3,000억 원에 불과할 정도로 낮았다. 높은 소득세율에도 불구하고 2013년에 한국의 1인당 평균 조세 부담률은 21.4%로, OECD 평균인 35.9%에 비해서 매우 낮았다.[15] 한국에서는 근로자 중 50%가 저소득자여서 실질적으로 근로소득세를 납부하지 않아 이런 현상이 발생했을 것으로 추정될 수 있다. 그러나 높은 상속세율 및 증여세율로 세금이 잘 걷히지 않는 것도 한국의 조세 부담률이 OECD 평균보다 낮은 이유이기도 하다.

2006년 이후 지금까지 60억 달러의 돈이 한국에서 빠져나와 조세 피난처로 도피했다. 홍콩 등을 포함하면 도피 금액은 더 많을 것이다. 자본의 자유로운 이동은 세금 문제에서 많은 논란거리를 만들고 있다. 이를 방지하고자 G20은 최근 조세 피난처 등에 계좌를 만들어 조세 회피를 해온 자산가들의 정보가 각국 국세청에 통보되는 제도를 시행하고 있다. 조세 피난처 국가와 정부는 이중과세 방지 협약을 체결하여, 해외 투자를 통해 세금을 내지 않은 사람들이 국내에 세금을 납부하게 만들었다. 그러나 돈에 대한 욕망 때문에 이런 제도가 효과를 제대로 발휘할지는 여전히 미지수이다. 따라서 합리적인 세율 하에서 많은 국민들이 즐거운 마음으로 세금을 납부하는 조세 체계가 오늘날의 여러 국민 국가에 필요하다. 세계화 시대에는 특히 이런 것들이 필요하다.

세계화는 국가, 기업에게 큰 성공의 기회도 제공한다. 1차 세계대전으로 유럽 국가들의 산업 생산이 한때 일시적으로 마비되었었다. 이 틈을 잘 활

---

15) 『문화일보』 2014년 4월 13일자.

용해서 일본은 세계적인 산업국가로 발돋움했다(일본은 이 기간에 세계 면직물 수출에서 25%를 차지했다). 2000년대 국제 유가의 고공행진으로 세계 건설 회사들은 중동에서 특수를 맞기도 했다. 경제 활동이 세계적 규모로 펼쳐지다 보니 사람들이 큰돈을 벌수 있는 기회도 많아졌다. 예컨대 한국, 중국에서 귀한 산삼이 미국에서는 흔한 야생식물로 간주된 적이 있었다. 이때 미국의 산삼을 아시아 등의 국가에 수출한 사람들은 큰돈을 벌었다. 세계화는 경제에 이처럼 다양한 현상을 발생시킨다. 경제가 건강한 상태로 유지되기 위해서 국가는 세계화의 흐름을 잘 알고, 세계화를 능동적으로 활용해야만 한다. 그리고 그에 적당한 제도를 합리적으로 운영해야 한다.

05
시장자본주의 하에서 세금 및 정부 규제는 어떠해야 할까?

세금

국가가 개인 등으로부터 돈을 거두는 활동인 세금은 고대부터 존재했었다. 고대, 중세의 세금은 주로 재산에 부과되었다. 고대, 중세는 농업 사회이고 농업 생산물이 토지에서 발생하므로 국가와 영주 등은 농지에 대해 세금을 부과했다. 그러다 시장자본주의가 확립된 후 산업 생산이 활발해지자, 발생한 소득에 대해 세금이 본격적으로 부과되었다.

소득세 등의 세금은 개인의 경제 활동 동기와 산업 생산에 큰 영향을 미치므로, 소득세율을 어떻게 할 것인지는 국가와 개인 모두에게 중요하다. 1970년대의 미국을 보더라도 높은 세율은 장기적으로 경제 활동을 침체시켰다. 반면, 소득세율이 낮아진 현재 미국처럼 부익부 빈익빈이 심화되고 있고, 부자들이 돈을 다 사용하지도 못하므로 부자들에 대한 세금을 좀 더 거두어 복지 재원 등에 활용하자는 목소리도 커지고 있다. 경제 불황기에는 세금을 가진 자에게서 좀 더 거두어 정부 지출을 늘리자는 국민 요구도 많다.

2013년 봄에 프랑스 국민배우 파르디외는 75%인 프랑스 최고 소득세율을 회피하여 벨기에로 이주했다. 그는 국적은 러시아로 하고, 거주지는 벨기에로 했다. 명품 브랜드로 유명한 루이비통의 대주주인 아르노 씨도 프랑스의 높은 세율을 회피하고자 벨기에로 이민했다. 벨기에는 소득세 30%만 납부하면 상속세, 증여세가 없는 세금 체계를 갖고 있다.

시장은 부의 창출과 자원 배분의 기능을 담당한다. 그러나 시장을 통한 자원 배분이 빈부격차를 확대하고 공동체의 건강한 유지를 위협할 수도 있다. 이때 국가는 고소득자 등으로부터 세금을 거두어 복지 재원에 사용해서 사회의 안전을 도모한다. 그렇다고 고소득자들로부터 과다하게 세금을 거두면, 이윤 동기의 약화로 시장에서의 소득 창출 활동이 위축될 수 있다. 그래서 합리적인 세율 체계 및 운영이 국민 국가 등에 중요하다. 원칙적으로 개인이 번 돈에 대한 처분은 개인의 의지와 결정에 따라 행해진다. 그러나 개인이 모여 살아가고 있는 공동체의 삶도 중요하다. 공동체가 잘되면 개인도 편안하게 살 수 있다. 이것이 부자들이 솔선수범해서 세금을 내야 할 이유이다. 그리고 앞에서 보았듯이, 세율은 궁극적으로 소득에 대해 50% 정도가 합리적이라고 나는 생각한다.

피게티에 의하면 서구사회는 자본수익률이 4~5%이고 경제성장율은 1~1.5%가 일반적인 모습이었다고 한다. 이때, 세금 50%를 부과하면 2~2.5%가 상속되며 상속재산은 경제성장율보다 높아 기존의 부의 체계는 고착화될 수 있다고 한다. 과연 그럴까? 물론 그럴 수도 있다. 그러나 그렇게 평생 일정한 자본수익률을 거두어 위와 같은 상속이 발생한 것은 잘난 자본 운용력에 대한 대가로 간주되어야 한다. 실제 투자의 세계에서는 투자실패도 발생하며 국가에 의한 세금 과다 징수는 민간의 투자를 위축시킬 수도 있다. 대체로 성장하는 경제에서 50% 세금은 자본수익율을 성장율보다 낮게 만들었다. 하락하는 경제에서도 통화남발만 아니면 부동산 및 주식등의 자산가치가 하락할 확율이 높아 50%세금을 통해 자본수익율이 성장율보다 낮아지기 쉽다.

17세기 영국에서 국왕인 윌리엄 2세는 세금을 더 많이 거두기 위해 주택 창문 수에 따라 세금을 부과했다. 창문이 7~9개 달린 집은 2실링, 10~19개 달린 집은 4실링의 세금이 부과되었다. 그러자 각 가정은 창문세를 피하기 위해 창문을 벽돌로 막았다. 현재에도 영국에는 17세기에 지어진 창문이 없는 집들이 간혹 있다고 한다. 세금과 세율은 개인의 삶과 행태에 이처럼 큰 영향을 미친다.

한국의 세금 문제

앞에서 보았듯이 개인소득세, 증여세, 상속세를 모두 합해 한국에서 개인은 번 돈의 70%를 국가에 세금으로 납부한다. 이 정도의 세율은 거의 세계 최고 수준이다. 그럼에도 불구하고 한국의 소득세와 상속, 증여세 세입은 세계 하위권이다. 한국에서는 시장을 통한 부의 분배의 문제점을 세금이 완화시키지 못하고 있다. 왜 이런 현상이 발생하는 것일까?

한국의 재벌들은 높은 세율을 피하고자 순환출자를 했다. 순환출자는 계열사가 서로 지분을 출자하는 것으로, 재벌들은 이를 통해 적은 지분으로도 전체 재벌 계열사의 경영권을 유지할 수 있다. 한국의 10대 그룹 총수들의 재벌 계열사에 대한 지분율은 1% 미만이다(1990년대 재벌 총수의 계열사 지분율은 3.5% 내외였으나 현재는 1% 미만으로 낮아졌다).[16] 반면, 10대 그룹 계열사들이 갖고 있는 계열사 지분율은 모두 합해 52.7%에 이른다. 재벌의 이런 지배구조가 어떤 점에서 큰 문제인지 알아보자.

---

16) 뉴스토마토 2013년 5월 30일자, 재벌닷컴 자료 참조.

일반적으로 주식회사에서 기업의 대주주는 기업에 대한 지분을 전체 지분 중 30~70% 범위 내에서 갖고 있다. 시장자본주의 하에서는 기업이 이익금에서 일부는 배당을 하고 일부는 사내 유보를 한다. 참고로 미국 기업들의 배당 성향은 33%이다. 반면, 한국 기업들의 배당 성향은 10% 미만이다.[17) 그런데 순환출자 구조 하에서는 기업들의 배당금이 출자 기업에 귀속되므로, 재벌 총수에게 돌아오는 배당금은 적어진다. 배당금이 적어 재벌 총수들은 소득세도 적게 낸다. 법인들의 실효세율은 16.8%이고 개인 최고 소득세율이 41.8%이므로 25%의 세율이 차이가 나고, 이만큼의 세금이 적게 거두어진다. 예컨대, 재벌 어느 계열사가 재벌에게 100원을 배당하면 42원이 세금으로 거두어져야 하나, 실제로는 16원 이하가 세금으로 거두어져 25원만큼의 국가 세금이 사라진다. 이것을 좀 더 실제 자료를 통해 살펴보자.

재벌닷컴에 의하면 2012년 10대 그룹 총수가 받은 배당금은 2,598억 원이라고 한다. 이것에 0.418을 곱하면 재벌 총수들이 낸 배당금 관련 종합소득세는 1,000억 원이 된다. 2012년 상장사 순이익 65조 789억 원 중 10대 재벌의 순이익은 47조 8,330억 원이었다.[18)] 배당 성향을 10%가 아닌 30%로 계산하면, 10대 재벌의 배당금은 14조 3,499억 원이 된다. 이것에 평균적인 대주주의 지분율 30%를 적용하면, 대주주 배당금은 4조 3,050억 원이 된다. 배당금 총액에 종합소득세율 41.8%를 적용하면, 재벌 총수가 내게 되는 세금은 1조 8,000억 원으로 계산된다. 이 금액은 낮은 배당 성향과 지분율, 순환출자로 재벌들이 실제로 내는 세금 1,000억 원과 1조 7,000억 원이나 차이가 난다. 다른 50대 이내의 재벌에도 이를 적용하면 국가의 세금 결손은 매우 커질 것이다.

---

17) 뉴스1 2014년 6월 17일자.

18) 재벌닷컴 자료 참조.

과거의 불합리한 세율과 기업 경영 관행이 이렇게 큰 세금 감소를 발생시키고 있다. 이런 이유로 한국의 소득세가 매우 적게 거두어지고 있는 것이다. 세금을 통해서 시장의 자원 배분 구조의 악화를 방지하는 것이 한국에서는 이루어지지 못하고 있다. 실제로 2010년 한국의 GDP 대비 소득세 비중은 3.6%인 반면, OECD 평균은 8.7%였다.[19] 한국에 자영업자 비중이 OECD보다 높은 점도 한국의 소득세 비중이 낮은 원인이다. 그러나 이에 못지않게 재벌의 지배구조 모순도 한국의 소득세 비중이 OECD 평균보다 낮아진 원인임에 틀림없다. 따라서 재벌의 순환출자를 현실에 맞게 점진적으로 해소하는 것이 한국에 필요하다. 1% 총수 지분에는 현행 50%의 상속, 증여 세율 부과가 합리적이다. 재벌이 평소에 순환출자로 세금을 적게 내기 때문이다. 그러나 합리적인 지배구조 하에서 재벌들이 적당한 배당과 소득세를 성실히 납부할 때는 소득세, 상속세, 증여세 등을 합산해서, 소득에서 50% 정도만 세금을 내게 하는 것이 바람직하다. 국가는 22%의 법인세도 거두고 41.8%인 소득세도 거두므로 현행 한국의 세율 체계 하에서 거두어들이는 세금은 결코 적은 세금이 아니다(법인세율의 실효세율은 상승시킬 필요가 있다). 그럼에도 불구하고 한국에서 세금 징수가 낮은 것은 개인들의 세금 회피 욕망이 세금 징수에 악영향을 미치기 때문이다. 이런 이유로 앞에서 본 대로 소득세 40%, 상속세 10~20%가 합리적인 세율 수준이라고 판단된다.

앞에서 본 GDP 분배에서 기업은 국민총생산의 23%를 가져가고 있었다. 기업의 주주들은 주식 소유를 통해 1년에 280조 원의 부를 얻어갔다(2012년 기준). 그래서 국가 경제적으로 볼 때 기업의 소유 구조 파악은 부의 분배 구조 파악으로 귀결된다. 기업의 소유 구조에서 상속세와 직접 시장을 통한 자금조달 등의 영향으로 대주주 지분율이 지속적으로 하락하는 모습을

19) 『연합뉴스』 2014년 3월 30일자.

보이기도 한다. 경쟁이 치열하고 자본 시장이 발달한 미국에서도 대주주의 지분율이 낮아지는 형태가 일반적인 모습이다. 이것은 기업의 계속성에 따른 이점과 세수 확보에 불리할 수 있다. 미국은 모든 사람들에 대한 주식 양도 차액을 통해 세금을 확보하고 있다. 미국의 세율 체계는 자본 시장의 국제 경쟁에서 불리할 수 있다. 그러나 미국은 기축 통화국이고 경제가 양호한 상태여서 자본 이득세에도 불구하고 국제 자금이 미국에 몰려들고 있다. 15%의 자본 이득세와 40%의 상속세와 같은 세율 구조보다는, 40%의 소득세와 10~20%의 상속세 구조가 합리적이다.

한국에서는 자본이득에 대한 세금부과도 잘 이루어지지 않고 있다. 한국에는 주식양도차익에 대한 세금이 없다. 주식투자에서 투자자들은 실패도 하고 성공도 할 수 있어 주식양도차액에 대한 세금부과는 현실적으로 어렵다. 그러나 주택임대소득에 대한 세금부과는 이루어져야 한다. 주택은 주택 본래의 가치외에 임대소득도 발생하므로 임대소득에 대한 합리적인 과세는 필요하다. 그러나 한국에서는 2주택자의 전세임대소득에 대하여 과세를 하지 않고 있다. 한국의 임대소득 규모와 이에 따른 세금 결손 규모를 추정해보자. 근로자 월평균 임금이 2014년 기준으로 277만원이고 주택값은 근로자 연봉의 7.7배였으므로 한국의 주택 평균 값은 2억 5,594만 원으로 계산된다. 임대주택이 770만 가구이고, 공공임대주택 100만 호를 제외하면 임대주택은 670만 호로 계산된다. 670만×2억 5,594만 원은 1,715조 원이다. 주택값 1,715조 원에서 전세자금을 주택값의 70%로 계산하면 주택 전세금은 1,200조 원이 된다. 1,200조 원의 연 수익률을 4%로 계산하면 주택임대인은 연간 48조 원의 소득을 얻게 된다. 이것에서 연평균 20%의 세금을 거두어도 1년 세수는 9~10조 원에 이른다. 종합소득세에서 주택임대소득이 얼마로 계산되고 있는지는 알 수 없으나 주택임대소득에서 연 5조 원 가량의 세금 누수는 발생하고 있는 것으로 추정된다.

세계화 시대에 정부는 세금을 무조건 많이 거두려 하기보다는, 합리적인 세율을 마련하여 세금을 거두어야 한다. 한국에서는 유류세가 소비자 석유 가격의 40~50% 정도를 차지하고 있다. 한국 정부는 석유 소비가 적으면 세수가 적을 것이 우려되어 전기자동차 보급에 소극적이다. 그리하여 전기자동차 충전소 설치에 한국 정부는 미온적이다. 이처럼 정부는 세수 확대에 엄청난 노력을 기울이고 있다. 임대소득세 등과 같은 세원 발굴은 바람직하나, 유류세를 위한 정부의 위와 같은 행태는 바람직하지 않다.

오늘날은 국민이 국가도 선택할 수 있는 시대이다. 합리적인 세율 하에서 납세자도 보람을 느끼고 국가도 세금이 해마다 증대되는 세금 구조의 확립이 필요하다. 이를 통해 국가와 국민 모두가 발전하면, 한국이라는 공동체의 삶도 나아질 것이다.

정부 규제

정부 규제는 국민의 생명과 안전을 지키고 공공복리를 증진시키기 위해 정부가 일정한 경제 활동이나 사회 활동에 제약을 가하는 것이다. 정부 규제는 개인의 욕망을 제약한다. 개인의 욕망이 자연스럽게 표출될 때 경제는 활발하게 성장할 수 있어, 각국 정부는 규제 완화에 힘쓰기도 한다. 그러나 산업혁명 기에 영국 요크셔 지방의 흰 나방이 공장 매연으로 검은 나방이 되었듯이, 개인의 욕망 실현에 아무런 제약을 가하지 않으면 사회적으로 여러 문제점들이 발생한다. 그래서 정부 규제를 어디까지, 어떤 수준으로, 어떤 방법으로 할지는 경제에 있어 큰 고민거리이기도 하다. 앞에서 보았듯이, 2000년 초 정부가 부동산에 대한 규제를 풀어 부동산 버블 발생을 야기한 것을 상기하더라도, 정부 규제가 경제에 미치는 힘이 어떠하다는 것을 알 수 있다. 정부 규제를 통해 경제가 어떤 영향을 받는지를 살펴보고, 정부 규제와 경기의 상관관계를 좀 더 생각해보자.

2014년 4월 한국에서는 세월호가 침몰해 304명이 실종되거나 사망했다. 세월호 침몰 원인을 놓고 한국 사회에서는 운행이 20년을 넘은 선박도 자유롭게 운행하게 해준 규제 완화가 사고를 일으켰다는 주장이 제기되기도 했다. 세월호 침몰 원인은 아직 정확하게 밝혀지지 않았으나, 무리한 과적과 선박 평형수를 기준대로 채우지 않고 운행한 것이 참사의 원인으로 간주되고 있다. 돈을 좀 더 벌기 위해 안전을 등한시한 것이 세월호 사고의 유력한 원인인 것은 분명하다. 이처럼 개인의 욕망으로 인해 정부 규제가 있어도 잘 준수되지 않기도 한다. 그리고 이것은 큰 사고를 일으키기도 한다. 그래서 정부 규제를 어떻게 할 것인지에 대한 기준, 그리고 규제 준수에 대한 사전 및 사후 관리 감독이 필요하다.

2013년에는 20대의 젊은 아빠가 일주일간 게임에 몰두하다가, 갓난아기를 돌보지 않아 아기가 죽는 사고가 발생했다. 아기의 엄마는 아기 아빠에게 아기를 맡긴 후 출타 중이었다. 2014년 5월에 헌법재판소는 밤 12시에서 오전 6시까지 청소년들의 게임을 금지하는 셧다운 제도에 대해 합헌 결정을 내리기도 했다. 청소년들이 게임에 미쳐 낮과 밤을 가리지 않고 게임하는 것을 방지하자는 취지에서 도입된 셧다운 제도는 많은 학부모들에게 환영받기도 했다. 2012년 한국의 게임 수출은 26억 3,900만 달러였다.[20] 전 세계 게임 매출액은 1,117억 5,000만 달러였다. 2014년에 한국의 게임 수출 예상액은 34억 4,289만 달러이다.[21] 고용 창출과 수출 확대 등의 이점 때문에

20) 한국문화콘텐츠진흥원 자료 참조.

21) 『전자신문』 2014년 2월 5일자.

정부는 게임 산업을 장려하면서도, 게임의 폐해를 우려해 게임 산업에 규제를 하고 있다. 이처럼 정부가 규제에 대해 이중적인 태도를 취하기도 한다.

한국에서 내국인은 카지노를 강원랜드에서만 할 수 있다. 강원랜드에서는 많은 도박 중독자들이 가산을 탕진하기도 한다. 정부는 이런 도박의 폐해를 완화시키고자 강원랜드 테이블에서 개인이 베팅할 수 있는 금액을 5만, 10만, 20만, 30만으로 제한하고 있다. 2014년 3월 정부는 영종도에 외국인 전용 카지노를 설치하도록 중국, 미국계 합작사인 리포&시저스 컨소시엄에 허가했다. 국내 고용 창출과 내수 산업 활성화를 위해서였다. 이 역시 정부가 규제에 대해 한편으론 강화하고 한편으론 완화하는 모습의 하나이다. 한국은 과거 군사정권 시절 문화 산업에 많은 검열과 규제를 단행했다. 그 결과 한국인들은 외국 영화와 드라마 등을 한국 영화보다 선호했다. 한국 영화와 드라마가 형편없었기 때문이다. 그러나 정부 규제가 풀리고 문화 산업에 자유가 허용되자, 한국 영화와 드라마는 한국은 물론 해외에서도 인기가 높을 정도로 발전했다.

많은 경제 활동에 있어 정부는 규제를 강화하기도 하고 완화하기도 한다. 정부 규제는 경제 성장에 해를 끼칠 때도 있고 성장을 촉진시킬 때도 있다. 2015년부터 시행될 예정인 국제 선박 평형수 관리 강화 방침은 선박 평형수 시장을 확대해 관련 분야 산업을 진흥시킨다. 이처럼 규제 강화가 경제 성장으로 이어질 수도 있다(해운사들의 선박 구입 비용 증가가 경제 성장을 상쇄할 수도 있다. 그러나 규제에 의해 일자리가 감소하는 것과는 다르게 선박평형수 규제에서는 새로운 일자리가 늘어 규제가 경제 전체적으로는 이로울 수 있다).

각국 정부는 정부 규제를 부분적으로 시행한 후, 경제 상황에 따라 규제를 강화할지 완화할지를 결정하기도 한다. 아니면 정부 규제를 하지 않고 사후에 감독만 강화할 것인가를 고민하기도 한다. 도의적 타당성이 강하면 규제가 전 세계적으로 행해지기도 한다. 고래잡이 금지가 그 예이다. FTA를 통해 각국에 적용되는 규제도 동일하게 조약국 나라 각각의 경제 주체들에게 적용되는 현상도 발생하고 있다. 반면, 도의적 타당성이 강해도 각국 간의 이해관계로 규제가 공용화되지 않는 것도 있다. 앞에서 본 각 국가별 세금 체계가 그렇다. 많은 국가들이 해외 자금 유입을 목표로 세금을 감면하는 조치를 취하고 있으며, 자본도 세금을 적게 내려는 이해관계로 세금이 적은 국가로 도피하기도 한다. 세금 회피가 합법적으로 가능한 것도 있어서, 오늘날 국민 국가는 세금에 대한 정책을 펴기가 쉽지 않다.

탄소 배출권 시장 개설은 정부의 규제 행태를 잘 보여주는 사례이기도 하다. 1990년 도쿄에서 열린 국제환경회의 이후 세계 각국은 이산화탄소와 온실가스 감축을 목표로 탄소 배출권 시장을 개설했다. 2005년 유럽에서부터 설립된 탄소 배출권 시장에서 사람들은 탄소 배출권을 사고파는 거래를 시작했다. 탄소 배출권의 수요자는 1990년에 배출한 탄소 배출량에서 5%를 감축하지 못해, 그 이상의 탄소 배출량을 배출하는 기업 등이 되었다. 탄소 배출권의 공급자는 나무 심기와 신재생 에너지 개발 및 투자와 같이 탄소 배출량을 줄인 국가나 기업이 되었고, 줄인 양의 측정치가 탄소 배출권 공급량이 되었다. 탄소 배출 수요량, 공급량을 거래하는 곳이 탄소 배출권 시장이다. 탄소 배출권은 유로로 거래되었고, 유럽은 기축 통화인 유로 사용을 확대시키려는 의도 하에 배출권 시장을 활성화하기도 했다.

그러나 유럽의 의도와는 달리 탄소 배출권에 대한 규제는 자국 산업의 경쟁력 저하를 가져올 수 있어, 많은 국가들은 유럽의 탄소 배출권 시장 거래에 동참하지 않았다. 도의적 타당성보다 각국은 경제적 실리를 먼저 생각했던 것이다. 그러면서 겉으로는 탄소 배출량을 줄인다는 노력을 표시하고자 각국은 탄소 배출권 시장을 전시 행정 비슷하게 자국 내에 개설하기도 했다. 현재 전 세계에서 32개국 정도가 탄소 배출권을 주로 자국 내 시장에서 거래 중이고, 한국은 2015년부터 탄소 배출권 시장을 개설해 탄소 배출권을 거래할 예정이다. 중국은 2013년 6월 선전에 탄소 배출권 거래 시장을 개설했다. 일본, 미국은 국가 차원이 아닌, 주 또는 지역 단위로 배출권 거래를 시행하고 있다. 기업, 국가가 배출할 수 있는 탄소 배출량을 국가가 정하므로, 탄소 배출권 시장에서는 배출권 수요량이 정부의 판단과 경기 변동에 따라 결정될 수 있다. 경기 불황 시에는 공장 가동률이 낮아 탄소 배출권을 기준치 초과로 배출하는 기업이 적어서 탄소 배출권 가격이 크게 하락할 수도 있다. 2008년 유럽 경기 호황 시 배출권 가격이 톤당 29유로였으나, 2013년에는 유럽 경기침체와 탄소 배출권 공급자가 많아지자, 배출권 가격은 톤당 3유로로 하락했다. 유럽은 최근 탄소 배출량 규모를 더 줄여 배출권 시장을 활성화하려 했다. 그러나 유럽 의회는 경제에 미치는 악영향을 우려해 이에 반대했다.

도의적 의도가 강해도 불요불급하지 않는 규제이면 각국 정부는 이처럼 시범적으로 규제를 실시하거나 적게 시행한 후, 규제를 확대할지 아닌지를 결정한다. 규제 완화와 규제 강화가 경제에 동맥경화를 일으키지 않고 국민의 생명과 안전에 침해가 발생하지 않도록 정부는 기업, 국민, 국회 등과 협의해서 규제 수준을 적절하게 관리해야 한다. 정부와 기업의 관계가 정부 규제를 통해 대결로 치달아서도 안 된다. 어디까지나 정부와 기업은 협력과 상호 감시의 역할을 하면서 공동체의 번영을 위해 노력해야 한다. 사회적 타협에 의해 정부 규제도 그런 철학 아래 움직여야 한다. 복지가 중요시되는 시대에 정부의 역할은 매우 크다. 치열한 국내외 경쟁에 놓여 있는 기업이 고용 확대와 사회의 부를 일차적으로 만드는 주체이므로, 사회에서 기업의 역할은 매우 중요하다. 위의 사항을 고려하여 공동체 모든 구성원들이 토론과 협력을 통해 정부 규제와 세금을 합리적으로 만들어야 한다.

Ⅲ

금융과 경제 생로병사

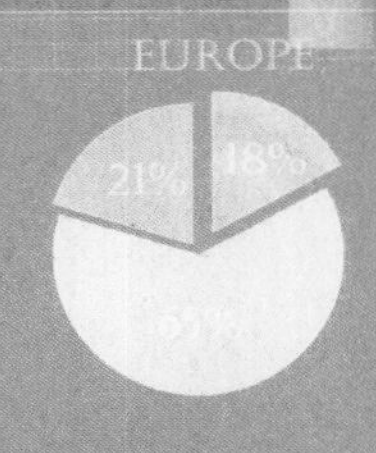

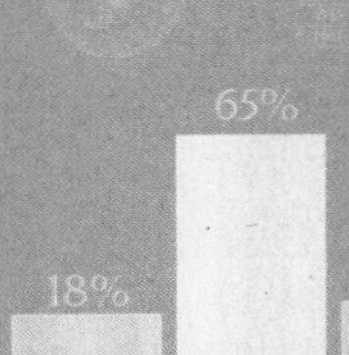

01 화폐와 경제 변화

화폐의 역사

화폐는 상품 등의 교환이나 거래 시 매개수단으로 사용되는 징표이다. 거래와 교환의 양은 거래 상대방이 생각하는 가치에 따라 결정된다. 교환에서 거래의 매개수단인 화폐는 스스로 가치를 지니게 된다. 따라서 화폐는 거래의 매개수단, 가치 척도의 기능을 한다. 화폐를 많이 갖고 있는 것은 상품을 많이 구매할 수 있는 것과 같다. 화폐를 많이 가진 사람은 현재 화폐를 모두 사용하지 못할 때는 화폐를 축적하기도 한다. 화폐의 축적은 가치의 축적이므로, 화폐는 자연스럽게 가치를 저장하는 기능도 지니게 된다.

화폐의 역사는 화폐 기능이 변화한 역사이기도 하다. 고대 인류는 물물교환의 매개체로 직물, 곡물, 농기구, 소금, 무기, 모피, 금속 등을 사용했다.[1] 이 가운데 금속은 보관, 운반 등이 쉬워 거래자들로부터 선호되었다. 금속 중 희소성이 있는 금, 은, 동이 화폐로 특히 각광받았다. 페르시아, 로마와 같은 제국이 출현하자, 화폐가 통용되는 범위도 제국 내로 확대되었다. 로마

1) 나선, 이명로 지음, 『똑똑한 돈』, p.14.

에서는 은화를 주된 화폐로 사용했다. 은이 귀해 로마의 화폐 유통량은 적었다. 화폐 유통량이 적어 상거래도 활발하지 못했으며 로마의 세입도 적었다. 로마 정부는 세금을 좀 더 많이 거두기 위해 금화, 은화에 구리를 첨가시킨 화폐를 시중에 유통시켰다. 세금을 좀 더 많이 걷고 국가가 화폐 주조 이익을 얻고자 위조화폐를 유통시킨 것이다. 화폐 유통량이 많아지자 로마에서는 인플레이션이 발생했다. 사람들은 구리를 함유한 은화의 유통을 꺼렸고, 급기야 시장에 물건을 내놓지 않기도 했다.

중세에는 상인들이 거래를 위해 무거운 화폐를 소지하고 다니는 것이 불편했다. 금화, 은화를 보유 중일 때는 분실과 도난의 위험도 있었다. 상인들은 이런 불편을 해소하고자 은행에 맡긴 금 대신 금화 보관증으로 거래를 했다. 거래로 금화 보관증을 받은 사람은 은행에 가서 금화 보관증을 금화로 교환했다. 금화 보관증을 내어주고 상인들로부터 금화 보관을 위탁받은 은행은 금화 보관증이 은행에 모두 돌아오지 않고 계속 시중에서 유통되는 것을 발견했다. 금화를 실제로 제때 찾아가는 사람들이 적다는 것을 알게 된 은행들은 은행이 보관 중인 금보다 더 많은 금화 보관증을 발행했다. 그러면서 은행은 금화 보관증을 은행에서 가져간 사람들에게는 이자를 받았다. 보통 은행들은 갖고 있는 금화보다 10배 정도의 금화 보관증을 시중에 유통시켰다. 이로써 화폐와 마찬가지인 금화 보관증이 시중에 대량으로 유통되었다. 화폐가 다시 화폐를 낳는 화폐의 신용창조 현상이 발생한 것이다. 19세기 말 금 본위제가 시행 중인 영국에서는 은행이 금화 보관증의 7% 정도의 금만 은행 내에 소유하고 있었다.[2)]

영국에서는 세금을 납부했다는 표식인 탤리스틱을 물품 거래 시에 화폐로 사용하기도 했다. 탤리스틱을 물건 대금으로 받은 사람은 국가에 세금을

2) 『매일경제신문』 보도자료(2013년).

납부할 부담이 없어져 탤리스틱이 화폐로 유통될 수 있었다. 탤리스틱은 국가가 만든 2개의 나무 조각으로, 1개는 조세 납부자에게 조세 납부 증거로 주었고, 1개는 국가가 보관했다. 2개의 나무 조각이 합체하면 정확히 일치하게끔 탤리스틱은 만들어졌다. 세금 납부 시에만 납부자에게 주었던 탤리스틱을 정부가 돈이 필요하자 미리 납세자에게 세금을 납부 받았다고 가정하고 발부하기도 했다. 세금 납세자는 사전에 돈을 정부에 지불하고 탤리스틱을 받게 됨에 따라 납세 의무가 면제되었고, 돈이 필요하면 이것을 다른 납세 예정자들에게 화폐 대용으로 건넸다.

한편, 금화 보관증 유통 사업이 돈이 되자, 은행들은 금화를 더 많이 갖고 있으면 더 많은 돈을 벌 수 있었다. 그래서 은행들은 금화를 보관하는 사람들에게 보관료 명목으로 수수료를 받던 것에서 벗어나, 금화를 맡긴 사람들에게 되레 이자를 지급하여 금화를 은행으로 더 많이 끌어들였다. 근대 유럽에서는 은행들이 신용창조 활동을 활발하게 하다가, 갑작스럽게 많은 금화 보관증들이 은행에 몰려오면 은행이 금화를 제대로 지급하지 못하기도 했다. 은행의 뱅크런이 발생한 것이다.

국가는 국민들로부터 세금을 받는 것에 있어서 특정 은행이 발행한 금화 보관증(은행권)만 세금 납부용으로 인정했다. 그러자 이 은행의 은행권만 지폐로서 시중에 활발하게 유통되었다. 국가가 인정한 은행들로는 영국의 잉글랜드은행, 프랑스의 로열뱅크 등이 있었다.

존로가 설립한 로열뱅크와 미시시피 회사는 프랑스의 국채를 매입했다.[3)] 로열뱅크는 매입한 국채를 담보로 10배의 은행권을 발행했다. 이 과정에서 존로는 국채 매입 자금은 미시시피 회사의 주식 교부를 통해 마련했다. 존로는 미시시피 회사 주식 교부 시 주주가 요구하면 주식을 금으로 바꾸어

3) 나선, 이명로 지음, 『똑똑한 돈』, pp.23~25.

준다고 주주들에게 약속했다. 로열뱅크의 은행권에 대해서도 존로는 은행권 소지자가 금과의 교환을 요구하면 교환해준다고 약속했다. 프랑스 정부는 존로가 설립한 로열뱅크 은행권을 세금 납부용으로 허가했다. 이로 인해 로열뱅크와 미시시피 회사의 주가는 폭등했다. 주가가 크게 상승하고 주식 투자자들이 주식을 금과 교환하려 하자, 미시시피 회사의 주가는 폭락했다. 높은 주가에 상응하는 금을 미시시피 회사가 보유하지 못했기 때문이다. 은행권을 가진 사람들도 로열뱅크에서 금과의 태환을 요구했다. 결국 로열뱅크 은행권을 금과 태환할 수 없게 되자, 로열뱅크의 주가는 폭락했다. 많은 사람들이 큰 손해를 입었고, 사람들의 불만은 프랑스 혁명의 도화선으로 작용했다.

존로의 사태가 은행권 발행에 얼마나 많은 영향을 주었는지는 알 수 없으나, 미시시피 사태 이후 1900년대가 되기 전까지 유럽은 금이나 은을 담보로 하는 은행권을 주권화폐로 발행해 화폐로 사용했다. 미시시피 사태로 화폐의 양은 무분별한 신용창조에 의해 확대되지 않고, 보유 중인 금에 따라서 결정되었다.

대서양 건너 미국에서는 1912년 은행 카르텔이 연방준비은행을 설립했다. 연방준비은행은 금과 국가 채권을 담보로 하고, 담보의 10배에 해당하는 은행권인 달러를 발행했다. 연방준비은행으로부터 달러를 구입한 일반 은행은 구입한 달러 대비 10배의 대출을 했고, 달러는 급속도로 팽창했다. 팽창한 돈은 주식 시장을 과열시켰다. 1차 대전 후 1920년대에는 세계 45개국이 금 본위제로 복귀했다(세계 각국은 전쟁 시에는 금과 교환이 안 되는 불태환지폐를 화폐로 사용했다).

금이 다시 기축 통화가 되자 세계 각국은 금 보유에 전력 질주했다. 미국도 이 당시에 금의 해외 유출을 방지하고자 금리를 인상했다. 그러자 통화 공급이 축소되었고, 많은 기업들이 부도가 났다. 독일의 바이마르 공화국 시절에 화폐 남발에 따른 하이퍼인플레이션이 발생한 것도 미국의 통화긴축 추진에 영향을 주었던 것 같다. 통화긴축 등으로 1929년에 미국 주식 시장에서는 버블이 붕괴되고 많은 파산자들이 발생했다. 기업 부도와 개인 파산 등으로 은행의 대출 채권도 부실화되었다. 예금자들은 불안한 경제 상황 때문에 예금을 인출하려고 은행으로 달려갔다. 예금자들은 달러와 안전한 통화인 금과의 교환을 요구했고, 일부 은행은 지급할 금과 달러가 없어 파산했다.

뱅크런 사태로 은행의 지불 준비금 제도가 위협받자, 1933년에 루즈벨트 대통령은 미국 국민에게 은행에서 달러와 금과의 태환을 금지시켰다. 이로써 달러는 불태환지폐로서 새로 태어났다. 달러가 미국 국내에서 불태환되자, 미국 연방준비은행 등은 금의 보유를 지속적으로 확대할 수 있었다. 미국은 축적된 금 보유량을 바탕으로 달러가 세계 기축 통화의 지위를 차지하도록 만들었다. 그 당시 미국의 금 보유량은 세계 금 보유량의 60%가량이었다고 한다. 루즈벨트의 조치 이후 달러는 미국 내에서는 오직 신용에 근거하여 유통되었다. 달러를 만드는 데에는 종이와 잉크만 있으면 되었다. 달러를 발행하는 데 드는 원가가 매우 낮아, 달러와 같은 지폐를 염가 화폐라 한다. 지폐는 오늘날 많은 국가에서 중앙은행에 의해 발행되며 화폐로서 사용되고 있다.

통화량 부족과 경제

화폐는 거래의 매개수단이자 가치 저장수단이다. 화폐량이 많으면 거래가 활발해질 수 있으나 돈이 흔해져서 화폐의 가치가 하락할 수 있다. 화폐의 가치가 하락하면 상대적으로 부동산 및 주식의 가치가 상승하기도 한다.

시장자본주의에서는 생산이 끝없이 증가하려는 속성이 있다. 시장에 생산물과 거래되는 것들이 다양하게 증가하면, 거래의 매개수단인 화폐의 양도 점점 더 많아진다. 따라서 안정적으로 성장하는 경제에 있어서는 물가 상승을 유발하지 않는 범위 내에서의 통화량 증가가 경제에 유익하다. 시장의 생산과 거래 증가를 통화량이 뒷받침하지 못하면 경기는 침체에 빠질 수 있다. 이처럼 화폐가 경제를 성장시키는 매개체이자 촉매제의 역할을 하기도 한다.

1800년에서 1900년까지 유럽은 산업혁명 이후 비약적인 경제 발전을 이룩했다.[4] 그러나 이 기간에 유럽의 연평균 경제 성장률은 1.5%에 불과했다. 2013년에 세계 경제는 연평균 3.6% 성장했다. 철도, 화학, 전기, 철강 등의 산업이 태동하면서 발전했던 1800년대의 유럽이 왜 이렇게 낮은 경제 성장률을 기록한 걸까?

1900년대 전까지 유럽은 금 본위제와 은 본위제를 병행하는 화폐제도를 사용했다. 화폐와 산업 생산이 서로 다른 요인에 의해 작동되었다. 화폐량은 산업 생산의 증대에 따라 확장되는 것이 아니라, 신대륙이나 식민지 등 외부 세계에서 공급되는 금과 은의 양에 의해 결정되었다. 금화 보관증에서 보듯이, 통화의 신용창조 현상으로 화폐 공급이 늘기도 했으나, 신용창조 그 자체도 금의 양에 의해 결정되었다.

설상가상으로 1870년대부터 유럽은 복본위제에서(화폐로 금, 은을 모두 사용) 금 본위제로 이행했다.[5] 1871년부터 독일, 영국, 네덜란드, 오스트리아, 스칸디나비아 반도에서 은의 화폐 사용이 금지되자, 각국의 통화량은 큰 폭으로

4) 론도 캐머런, 래리 닐 지음, 이헌태 옮김, 『간결한 세계사』 통계자료 참조

5) 쑹훙빙 지음, 차혜정 옮김, 『화폐전쟁』, p.94.

감소했다. 그 후 20년간 유럽은 경제 불황에 시달렸다. 19세기 중반에 영국에서는 인구의 절반이 도시에 거주했다. 1881년경에 영국의 도시 거주자들은 전체 인구의 2/3를 차지했다. 19세기에 활발하게 산업화와 도시화가 진행된 영국은 경제 성장률이 높을 수 있었는데, 경제 성장률이 2~3% 수준에 머물렀다는 것은 화폐량이 적절하게 발행되지 못한 결과 때문인 것으로 추정된다.

오늘날 각국은 금과 교환이 안 되는 불태환지폐를 주된 화폐로 사용하고 있다. 따라서 1800년대의 유럽처럼 통화량이 산업 생산에 비해 부족한 상황은 잘 발생하지 않는다. 그럼에도 불구하고 현대 경제에서는 통화량이 감소하여 경기가 침체되는 현상이 가끔씩 발생한다. 버블 붕괴 때나 통화 당국의 정책요인 등으로 통화 감소 현상이 나타날 수 있기 때문이다. 1929년 미국 대공황 발생 시 연방준비은행은 기존의 통화 유통량을 1/3로 축소시켰다. 통화량이 감소하자 미국의 불황은 시작되었고, 미국 불황은 2차 세계대전 발발 전까지 지속되었다. 통화량이 경제에 감기를 준 후, 경제가 합병증을 오래도록 앓는 현상이 발생한 것이다.

그러면 대공황은 왜 이토록 오랜 기간 지속된 것일까? 1차 세계대전 발발 전까지 20여 년간 세계의 총 무역량은 2배 이상 증가했다. 그러나 1차 대전 후 20여 년간 세계의 무역량은 1차 대전 전의 수준에도 못 미쳤다.[6] 금 등을 세계 각국이 서로 많이 보유하려 했고, 세계 각국이 보호무역주의를 강화했기 때문이다. 이 기간에 취해진 보호무역주의로는 미국의 스무트-홀리 관세법이 대표적이다. 보호무역주의가 강화되자 세계 무역까지 고려해 건설되었던 많은 산업 생산 시설에서 생산된 것들이 소비되지 못했다. 1929년 미국의 연간 수출액은 23억 4,100만 달러였고, 1932년에는 7억 8,400만 달

6) 론도 캐머런, 래리 닐 지음, 이헌태 옮김, 『간결한 세계사』, p. 422.

러로 수출이 축소되었다.[7] 생산 시설의 잉여는 노동자들의 해고를 불러왔다. 노동자들의 해고는 소비를 더욱 위축시켜 경기는 악화되었다. 1930년대 미국의 실업자는 1,300만 명이었고, 실업률은 25% 수준이었다. 이때 취해진 통화 당국의 통화긴축 조치는 경기 악화 상태를 가속화하거나 지속시켰다. 만약 1930년대에 세계가 자유롭게 교역하고 세계 각국이 통화를 불태환지폐로 사용하여 통화량을 축소시키지 않았다면, 세계 대공황은 단시일 안에 극복되었을 것이다. 통화량이 시장 거래를 충분히 활성화시키지 못할 정도로 낮아지면 경제는 불황에 빠질 수 있다.

통화 과잉과 경제

15세기에 스페인은 아메리카 대륙에 식민지를 건설했다. 그리고 1530년대부터 스페인은 대량의 금과 은을 식민지로부터 자국에 유입했다.[8] 그 당시 유럽의 통화는 금화와 은화였으므로, 금과 은의 유입은 통화량의 증가를 의미한다. 생산수단이 발달하지 않았던 스페인에 유입된 많은 금과 은은 스페인의 물가 상승을 유발했다(스페인은 인구 증가로 곡물을 수입했고, 모직물 공업이 발전하지 않아 많은 모직물을 유럽에서 수입했다. 은화는 넘쳐났으나 시장에서 물건은 귀해 인플레이션이 발생했다). 스페인은 금과 은을 활용하여 국가 발전을 이루기 쉬웠으나, 돈을 생산력 발전에 효과적으로 사용하지 못했다. 스페인 군주는 과소비에 돈을 사용하거나 잦은 전쟁으로 돈을 남용했다.

---

7) 거우홍양 지음, 허유영 옮김, 『저탄소의 음모』, p.71.

8) 론도 캐머런, 래리 닐 지음, 이헌태 옮김, 『간결한 세계사』, p.165
쑹훙빙 지음, 차혜정 옮김, 『화폐전쟁』 p.165.

국가가 불태환지폐를 과다 발행하여 인플레이션을 유발시킨 적도 있었다. 정부가 부채에 시달릴 때 통화를 과다 발행하면, 부채 가치가 하락해서 정부가 빚을 갚기 수월해진다. 이런 요인으로 통화가 남발된 사례도 있다(인플레이션이 100%가 되면 부채 100원은 50원 정도의 가치밖에 안 된다).

1차 세계대전 패전 후 독일의 바이마르 공화국은 320억 달러의 전쟁 배상금을 승전국에 지불하게 되었다.[9] 정상적인 산업 활동으로는 배상금을 지불하기가 어렵게 되자, 독일 정부는 화폐 발행을 남발했다. 화폐 남발에 따른 인플레이션은 독일 정부의 빚 부담을 줄여주기 때문에 독일 정부는 화폐 발행에 몰두했다. 독일에서는 1918년 빵 1개의 값이 0.5마르크였는데, 1923년에는 17억 마르크가 되었다. 빵 값 상승으로 본 이 기간 독일의 물가 상승률은 34억 배였다. 사람들은 월급을 받을 때면 손수레를 갖고 왔고, 지폐를 땔감으로 사용하기도 했다. 식당에서는 사람들이 음식을 주문하고 음식 값을 곧바로 지불했다. 식사 후에는 음식 값이 상승했기 때문이다. 통화 남발에 따른 불편은 이처럼 매우 컸다. 생산과 저축도 제대로 이루어질 수 없었다.

통화량은 국가의 생산 능력과 경제 성장률을 고려해 적정 수준이어야 한다. 이것을 넘어선 통화량은 경제에 큰 혼란을 가져오거나 안정적인 경제 성장을 침해한다.

9) 쑹훙빙 지음, 차혜정 옮김, 『화폐전쟁』 p.165.

생산력, 통화, 그리고 경제 불황

성장 중인 미국 경제와 하락 중인 일본 경제에서 정부 대책의 효과가 차이나는 것을 앞에서 살펴보았다. 그것을 통화량을 통해 좀 더 자세하게 살펴보기로 하자. 일본은 2001년 3월부터 2006년 3월까지 약 40조 엔의 양적완화를 실시했다. 일본 경제는 양적완화에도 불구하고 2007년은 2.2%, 2008년은 -1%, 2009년은 -5.5%씩 성장했다. 이때의 양적완화는 일본 경제를 살리지 못했다. 반면, 2008년 금융위기로 미국은 2009년부터 현재까지 약 4조 달러에 가까운 돈을 시장에 공급했다. FRB는 미국 국채, MBS, 회사채 등을 매입해 시장에 자금을 공급했다. 미국의 대규모 양적완화는 미국의 자산 디플레이션을 해소시키면서 미국 경제를 부활시켰다.

똑같은 양적완화임에도 미국은 성공했고 일본은 실패한 이유는 무엇일까? 양적완화 규모가 차이나서 이런 현상이 발생했을까? 2012년 이후 일본은 양적완화를 무제한으로 실시하면서 일본 경제를 살리려고 노력 중이다. 그러나 많은 사람들은 일본이 대규모의 양적완화에도 불구하고 매년 1%대의 경제 성장률을 기록할 것으로 예측하고 있다. 반면 미국 경제는 2015년부터는 3~4%씩 성장할 것으로 예측되고 있다.

이 같은 미국과 일본의 차이는 앞에서 본 대로 인구요인에 기인한다. 2006년부터 일본은 인구가 감소하고 있다. 반면, 미국은 매년 70~100만 명의 이민자들이 유입되고 있다. 미국은 출산율이 2.06명이고, 인구는 매년 0.75%씩 증가 중이다.[10] 그로 인해 미국은 매년 더 많은 주택이 필요하다. 시장자본주의의 팽창성으로 미국의 소득, 소비 활동은 확대되고 있고, 인구요인으로 미국 경제는 더욱 더 안정적으로 성장하고 있다. 경제 성장을 원

10) 뉴스페퍼먼트 2013년 1월 19일자.

활히 하기 위해서는 더 많은 통화가 필요하다. 반면, 일본 경제는 인구적인 면에서 축소 지향적이다. 많은 유럽 국가도 그렇다. 따라서 이들 나라에서는 디플레이션이 정상적인 경제 상황이다. 인구가 적어지는 국가에서는 주택의 신규 수요가 없고, 노후 주택을 개량하는 정도의 건설만으로도 주택 수요를 충당할 수 있다. 기존에 사용하던 재화의 양도 인구 감소에 따라 감소하게 된다. 생산 인구도 줄고, 사회 전체의 소비의 합도 줄어들 수 있다. 시장자본주의가 갖는 팽창성과 정부 지출을 활용하여, 경제가 마이너스 성장을 하지 않도록 이들 국가는 노력했다. 이들 나라에서 행해지는 통화 팽창은 결국 장기적으론 경제 성장으로 이어지기 힘들다. 오히려 물가 하락이 자연스러운 이들 나라에서 통화 팽창에 따른 인위적인 물가 상승은 자원 배분을 왜곡시킬 것이다. 이것은 부익부 빈익빈을 심화시키기도 한다.

디플레이션 위험이 많은 국가들은 장기적인 계획을 통해 디플레이션을 해소해 나가야 한다. 앞에서 보았듯이, 공공 임대주택 건설을 지원한다거나 육아 보육을 지원해 국가가 출산율을 제고시키는 것이 이들 나라에서는 적절한 디플레이션 극복 대책이다. 인구가 적당히 유지되면, 다시 이들 나라는 경제적으로 활력을 되찾을 것이다.

지난 50여 년간 시장자본주의는 팽창 지향성과 인구의 안정적 증가, 통화 당국의 신용 팽창이 결부되어 눈부신 발전을 이루었다. 그러나 오늘날에는 많은 국가들이 인구적 요인에 의해 성장률이 낮아지고 있다. 이것을 통화 확대로 해결하기는 어렵다. 미국만 하더라도 1970년대에는 부채 1달러가 GDP 0.8달러를 증가시켰으나, 2000년대부터는 0.1~0.3달러만 증가시켰다.[11] 그만큼 오늘날의 경제는 과거에 비해 성장 탄력이 떨어지고 있다. 인구

11) 나선. 이명로 지음, 『똑똑한 돈』, p.120.
『경향신문』 2014년 5월 14일자.

가 폭발적으로 증가하지 않는 것이 이런 성장 차이를 가져온 것으로 추정된다. 성장 탄력은 낮아져도 성장세가 이어지면 괜찮으나, 많은 시장자본주의 국가들은 경기침체와 경제 불황에 빠져들고 있다. 그리고 이것을 통화량 확대로 극복하고자 노력하고 있다. 통화량이 증가하자 자본의 한계 생산성이 하락하는 현상도 발생할 수 있다. 통화량 증가는 부동산과 같은 실물자산의 가치를 상승시킨다. 반면 인구가 감소하는 국가에서는 기존 사업의 사업수익성은 낮아져 사업소득 및 근로소득은 정체되거나 감소할 수 있다. 그리하여 자산소득은 증가하고 근로소득은 감소하여 사회의 빈부격차는 확대된다. 각국이 이런 현상을 방지하기 위해서는 적정한 통화량을 유지해야 한다. 그러나 일본은 정부부채를 실질적으로 축소하고 인플레이션에 의한 경기확장을 선호하여 통화팽창을 시도하고 있다. 통화팽창에 의한 주택가격 상승 문제를 해소하기 위해서 일본은 앞에서 말했듯이 공공임대주택 건설을 촉진하여야 한다.

미국과 유럽은 양적완화 시 미국 및 유로 권 밖으로 달러와 유로를 적당히 배출하면, 자국 내의 인플레이션 없이 경기 활성화를 이룩할 수도 있다. 아직 많은 개발도상국은 성장이 진행되고 있기 때문에, 이들 나라에 투자된 자본은 유럽과 미국 및 개발도상국들을 동반 성장시킬 수 있다. 개발도상국에 투자한 자본이 더 큰 자본이 되어 이들 나라에 돌아오면 미국, 유럽의 경기도 활성화된다. 그러면서 저 출산 상태에 있는 유럽 여러 나라는 영국과 프랑스 같은 저 출산 대책을 추진하면 미래의 경기침체를 해소할 수 있다. 영국은 미혼모가 출산하면 국가가 미혼모와 유아에 대해 여러 지원 프로그램을 실시한다.

신용 팽창에 의존한 경기침체 극복 전략은 이처럼 대내외적 경제 상황을 고려해 합리적으로 진행되어야 한다. 정부 부채가 확대 일로에 있는 많은 국가들은 재정 정책을 사용하는 데 제약이 많다. 그러나 그런 와중에도 경제가 미래에는 나아질 것이라는 기대를 주는 정책들이 추진되어야 한다.

통화와 한국 경제

한국 경제는 지난 50여 년간 시장자본주의 체제 하에서 비약적인 성장을 이어왔다. 경제가 성장하는 과정에서 자금 차입은 많은 레버리지 효과를 발생시켜 부를 더 많이 증가시켰다. 2012년에 한국의 부는 1경 630조 6,000억 원으로, GDP 대비 7.7배 수준이다.[12] 2008년에는 6,871조 원이었고, 4년간 한국의 국부는 3,760조 원이 늘었다.[13] 4년간 한국의 국부는 2008년을 기준으로 하여 54.7%가 증가했다. 반면 GDP는 4년간 24.7% 증가했다(2008년 한국의 GDP는 1,104조 원이고 2012년에는 1,377조 원이다). 아직 한국은 인구가 증가하는 단계에 있어서 국부 증가율이 국민소득 증가율보다 높을 수 있었다. 그러나 출산율 감소에 따라서 한국은 경제 성장률과 GDP 증가율이 모두 하락하고 있다. 미래 한국의 국부 증가율도 둔화되거나 정체될 것으로 예상된다. 표를 통해 GDP와 통화량과 성장률의 관계를 살펴보자.

구 분	1990년	2000년	2010년
국민총소득	191조 원	600조 원	1,175조 원
통화량(M_2)	131조 원	691조 원	1,640조 원
경제 성장률	7~8%대 (1990년대 10년 평균)	4~5% (2000년대 10년 평균)	2~3% (2010년대 5년간 평균 추정치)

12) 『경향신문』 2014년 5월 14일자.

13) 신장섭 지음, 『금융전쟁』, p.82.

표에서 보듯이, 한국은 통화량이 국민총소득보다 더 적었던 1990년대에 경제 성장률은 2000년대와 2010년대의 경제성장율보다 더 높았다. 반면에 2000년에 통화량이 국민총소득을 앞지르고 2010년에는 많이 앞질렀음에도 불구하고, 경제 성장률은 2000년대와 2010년대가 1990년대보다 더 낮았다. 이것은 통화량 증가가 국민소득을 비례적으로 증가시키지 않음을 의미한다. 경제란 스스로 팽창할 여건이 구비되어 있고 통화량도 적당히 증가할 때만 성장과 팽창이 활발함을 위의 자료를 통해 알 수 있다. 그래서 경제가 축소될 여건 하에서는 통화량 증대가 경제 성장에 큰 도움을 주지 않는다. 오히려 경제 수축기의 통화 팽창은 자산 버블을 지속시켜, 장기적으로 경제의 성장 잠재력을 낮출 수도 있다. 통화량 증가가 디플레이션을 억제시킬 수도 있으나, 디플레이션이 정상인 상태에서 디플레이션 방지 대책은 의미가 없다.

경제가 하강기인 한국에서는 신용창조 활동은 활발했다. 이자율이 낮아져 가계 부채가 지속적으로 늘어나고 있는 것이 그 증거이다. 통화 승수도 한국의 신용창조 활동이 활발하다는 것을 나타내고 있다. 총 통화량(M_2)을 본원통화로 나눈 통화 승수는 1990년에는 10.9, 2000년에는 26.57, 2010년에는 24.1이었다. 통화 승수가 높으면 한국은행의 현금 발행 잔고보다 시중은행의 통화 증가 활동이 더 많음을 의미한다. 그만큼 많은 통화가 신용으로 창조되었음을 의미한다. 통화 당국과 시중은행은 여전히 과거의 관행을 답습하고 있다. 신용창조에 의한 통화 팽창 정책은 하강기의 경제에서는 위험이 매우 많은 경제 정책이다. 자산가격 상승에 의한 가계 부채의 감소를 기대하기 어렵기 때문이다. 오히려 자산가치 하락으로 부채 상환 부담이 가중될 수도 있다. 따라서 가계 부채를 축소시키는 정책이 한국에는 지속적으로 필요하다. 이것을 위해 공공 임대주택 건설, 합리적인 복지정책이 필요하다.

인구 감소에 따른 소비 감소로 국내에서 생산이 소비보다 많은 경제 현상을 탈피하기 위해서는 수출이 대안이 될 수 있다. 그리고 앞에서 보았듯이 수출 증가를 위해 적극적인 FTA 등의 통상 정책이 한국에 필요할 수도 있다.

생산력이 매우 낮았던 1800년대 말의 한국으로 돌아가 보자. 1880년대의 한국은 농업 중심 사회였고, 전반적으로 생산력이 낮은 단계에 있었다. 생산력이 낮다 보니 국가에서 거두는 세금도 적은 편이었다. 국세 수입이 적은 상황에서 국가는 왕실의 위엄을 높이고자 경복궁 중건 사업을 시작했다. 막대하게 소요된 경비를 국가는 당백전이라는 화폐 발행으로 충당했다. 당백전은 기존 엽전에 비해 100배의 가치가 있는 엽전으로, 국가는 당백전으로 토목공사에 필요한 물품을 구입했다. 그러면서도 당백전을 통한 민간의 세금 납부는 허용하지 않았다. 물건 납품자들은 손해를 보았고, 그 손해 본 만큼 민간에서는 물건이 귀해졌다. 사람들은 당백전을 통한 거래를 꺼렸고, 물건이 귀해지자 시장에 있는 물건의 가치도 상승했다. 통화는 통화다워야 경제 활동에 유익하다. 모든 거래에 활용되지 못하는 통화는 경제에 이롭지 않다. 생산과 공급이 뒷받침되지 않는 상태에서의 화폐 남발도 바람직하지 않다.

물건 가격이 상승하면 공급자들은 생산을 확대한다. 그러나 16세기 스페인이나 19세기 말의 한국처럼, 전 국민을 충당시킬 수 있는 생산력이 갖추어지지 않은 경제에서의 화폐 남발은 물가만 급등시켜서 국민의 삶을 힘들게 했다.

이런 사례에서 보듯이, 화폐는 성장의 매개체이나 성장의 주체는 아닌 것 같다. 오늘날에는 국가별로 통화의 가치 차이를 활용해 투자자들이 투자수익을 거두기도 하지만, 통화 스스로가 성장하는 것은 아니다. 따라서 통화는 성장의 매개 활동을 잘할 때 통화로서 가치가 있다. 이 말은 결국 화폐가 팽창하는 것에 의해 경제가 성장하는 것이 아님을 의미한다. 단, 화폐가 많으면 성장기 경제에서 성장을 촉진시키는 활동이 활발해질 수 있어서 경제 성장에 유리할 수는 있다. 통화의 이런 내면적 모습을 참조해 저 성장기에도 물가 상승 없이 경제 성장이 촉진되는 방향으로 국가는 통화, 재정 정책을 추진해야 한다.

한국의 통화량은 M_2(현금+요구불 예금+저축성 예금의 합) 기준으로 1960년 250억 원에서 2013년에는 1,892조 원으로 7,568배 증가했다. 한국이 그동안 경제가 크게 성장한 것이 통화량 증가로 이어졌다고 볼 수 있다. 그리고 최근의 한국 통화량 증가에 있어 경상수지 흑자 확대와 외국인 주식투자 자금의 순유입으로 통화량이 국민총생산보다 많아졌다. 대략 각국은 통화량(M_2)과 국민총생산이 같을 때를 적정 통화량 수준으로 간주한다. 세계화로 인해 통화 당국이 통화량을 관리하기가 쉽지 않은 시대에 우리는 살고 있다.

02
기축 통화와 경제

기축 통화의 의의 및 역사

십자군 전쟁을 통해 많은 유럽인들은 아시아의 향신료를 접했다. 향신료를 첨가한 육류 고기는 유럽인들의 입맛을 사로잡았고, 유럽인들은 향신료에 빠져들었다. 인도나 동남아시아에서 생산된 계피, 후추 등의 향신료를 구하기 위해 유럽인들은 많은 노력을 기울였다. 그러나 오스만 제국이 유럽과 향신료 생산 지역의 중간에 있어서, 이슬람 중계무역을 통해서 유럽인들은 향신료를 구입할 수밖에 없었다. 이 과정에서 이슬람과 가까웠던 이탈리아의 도시국가들은 유럽과 이슬람 상인과의 중계무역을 통해 많은 돈을 벌었다. 그러자 영국, 스페인, 네덜란드 등의 유럽 국가들은 기존 교역로 외에 새로운 해상 교역로를 개척했다. 유럽의 대항해 시대는 이런 이유로 시작되었다. 유럽인들은 사하라 사막에 의해 단절된 중부, 남부 아프리카도 해상로를 통해 접근했다. 유럽과 아사아의 교역에서는 금과 은이 매개체로 사용되었다.

기축 통화란 국제간의 결제나 금융거래의 기본이 되는 화폐이다. 고대나 중세, 근대에서는 국제간의 교역에서 금이나 은을 결제 수단으로 사용했다.

금과 은이 기축 통화였던 것이다. 따라서 금과 은을 많이 갖고 있으면 교역량을 늘릴 수 있었고, 많은 국민은 혜택을 입었다.

유럽인들의 무역로 개척은 세계 각지에 있는 금과 은의 개발 및 발굴로 이어졌다. 금과 은을 차지하기 위해 유럽인들은 원주민들과 전쟁을 하기도 했다. 유럽인들은 해상로를 확보하여 무역에서 돈을 벌 수 있었고, 금과 은을 아프리카나 아메리카 등에서 많이 가져오기도 했다. 해상로가 막대한 이윤을 발생시켰으므로 유럽인들은 해상로를 놓고 전쟁을 하기도 했다.

15세기부터 유럽의 해상 제해권은 스페인이 장악하고 있었다. 무적함대라 불리는 스페인은 일찍이 국가가 항해술과 조선술 등을 장려하고 육성한 결과 해상 무역로를 차지할 수 있었다. 이것을 통해 스페인은 아프리카와 아메리카의 많은 금, 은 보화를 획득했다. 이런 스페인에게 그 당시 유럽의 변방 국가인 영국이 도전장을 내밀었다. 영국은 대포 등의 신무기와 빠른 배를 건조해서 스페인의 무적함대를 패퇴시켰다. 해상 무역로를 장악한 영국은 이후 '해가 지지 않는 나라'를 건설했다. 영국은 산업혁명 후 발달된 상공업을 통해 국제 무역에서 많은 금화, 은화를 획득하여 대제국을 건설할 수 있었다. 20세기가 되자 이번에는 미국이 영국에 도전장을 내밀었다. 1800년대 말 미국의 경제력이 영국을 추월했으나, 미국은 해상 무역로와 기축 통화 발권국의 지위는 차지하지 못했다. 이런 이유로 영국은 20세기 초까지 세계 초강대국의 지위를 누렸다. 그 당시 기축 통화인 금의 가치는 1온스에 3파운드 17실링 10펜스로 고정되어 거래되었다. 모든 국제교역에 있어 교역품의 가치가 파운드화에 연동됨에 따라, 파운드가 금 못지않게 기축 통화의 지위를 누렸다. 그러나 무역 적자를 보고 세계로부터 금을 많이 획득하지 못하게 됨에 따라 영국은 1931년 파운드화와 금과의 태환을 중단했다. 그리고 2차에 걸친 세계대전으로 영국의 국제적 지위와 국력은 약화되었다. 그리하여 2차 대전 후 미국이 세계 경찰로서 새롭게 등장하게 되었다. 미국은

1950년 이전까지 지속적인 무역 흑자로 세계의 금을 많이 차지했다. 미국은 높은 금 보유고를 기반으로 금이 달러에 연동되도록 했다. 파운드의 지위를 달러가 물려받은 것이다. 1944년 브레튼우즈에서 열린 회의는 그런 것을 공고히 했다. 금 1온스는 35달러로 고정되어 거래되었다.

1971년까지 달러는 금과의 태환(교환)이 가능했다. 세계 각국은 무역대금으로 달러를 받은 후 필요하면 미국 연방은행의 금과 교환했다. 1971년까지 세계 사람들은 이처럼 실질적으로 금을 매개수단으로 하여 무역을 했다. 금이 기축 통화의 지위를 1971년까지 실질적으로 유지했다고 볼 수 있다.

그러나 달러가 금과 연동되어 거래되고 무역 결제 대금으로 활용됨에 따라 미국은 무역에서 흑자가 감소하기 시작했다. 무역 흑자국은 누적된 달러를 미국의 금과 교환했고, 미국의 황금 보유량은 갈수록 줄어들었다. 그러다가 달러의 황금 태환을 감당할 수 없게 되자, 1971년 닉슨 대통령은 국제거래에서 달러와 금과의 황금 태환을 중지시켰다. 금이라는 기축 통화가 세계에서 사라지게 된 것이다. 그러자 기축 통화 지위를 놓고 한동안 프랑, 파운드, 마르크, 달러, 엔화 등이 경쟁했다. 그러나 세계에는 달러가 많이 통용 중인 데다 1974년에는 중동이 석유 결제에 달러를 독점적으로 사용하자, 달러가 불태환지폐로서는 최초로 기축 통화가 되었다. 그리고 달러의 기축 통화 지위는 현재까지 이어져오고 있다.

1973년부터 미국은 변동환율제를 채택했다. 통화량을 증가시키면 통화 가치를 낮출 수 있는 변동환율제로 미국은 달러를 경제 상황에 맞게 시장에 공급할 수 있었다. 1970년대 각국 경제가 팽창 중일 때 금에 기초한 달러의 공급은 시장 상황에 효과적으로 대응하지 못했을 확률이 높다(기축 통화가 부족해 세계 무역이 활성화되기 어렵기 때문이다. IMF는 1971년부터 2000년까지 세계 무역은 연평균 5.7% 증가했다고 추정한다. 1970년 이전까지 세계경제는 연평균 1~1.5%씩 성장하였으나 1970년 이후 세계경제는 3~4%씩 성장하였다). 그러나 변동환율제 하에서 미국은 자유롭게 달러를 발행하여 세계에 기축 통화인 달러를 공급했다. 이에 세계 경제도 활발하게 성장할 수 있었다. 다만, 변동환율제를 시행한 지 얼마 안 되어서 달러가 1970년대에는 적정 수준보다 많이 발행된 것 같으며, 이로 인해 국제유가가 상승하고 각국 정부의 재정 지출 확대 등으로 세계는 높은 인플레이션에 시달렸다. 높은 인플레이션을 잡기 위해 1980년대 미국은 시장의 기준금리를 20% 가까이 인상하기도 했다.

역사적으로 볼 때 세계 강대국은 세계 패권을 장악하기 위해 치열하게 경쟁했다. 때로는 전쟁을 하기도 했다. 세계 패권은 무역로와 기축 통화의 장악으로 귀결된다. 이것을 장악한 미국은 1970년대부터 실질적인 세계 유일의 초강대국이 되었다.

미국이 기축 통화국의 지위에 오른 후 미국의 산업도 변화되었다. 미국은 종이와 잉크만 있으면 해외 상품들을 자유롭게 수입하게 되었다. 전반적으로 미국 내 제조업의 경쟁력은 약해졌다. 한편, 미국 국내에서는 해외 제품 유입에 따라 시장의 경쟁이 치열해져, 미국 제조업체들은 독창적이거나 고품질의 제품을 내놓을 수밖에 없어서 미국의 산업 경쟁력은 강화되기도 했다. 그러나 달러가 기축 통화가 된 이후 단기적으로 미국의 주요 산업인 자동차, 철강 등의 산업은 경쟁력이 약화되었다. 1970년대에는 미국이 세계 경제에서 차지하는 비중이 10% 수준까지 하락하기도 했다. 1980년대에는 미국의 실업률이 8% 이상인 해가 많았다. 이런 상황을 타개하기 위해 미국은 1985년 프라자 합의를 통해 달러의 평가절하를 단행했다. 그 후 1달러에 240엔 수준이던 환율은 1달러에 120엔 수준으로 하락했고, 미국은 기존의 산업에서 경쟁력을 어느 정도 회복했다. 그러면서 미국은 정보통신, 서비스 산업을 부흥시켜 1990년대에는 실업률을 4~6% 수준으로 낮추었다. 1990년대에 미국 경제는 승승장구했고, 세계 경제에서 차지하는 비중도 30%로 확대되기도 했다. 기축 통화가 기축 통화국의 산업구조를 이렇게 변화시키면서, 기축 통화국의 경제를 발전시켰다. 기축 통화국의 지위를 지속시키게 만든 것이 기축 통화이기도 했다.

기축 통화국은 자국의 제조업 경쟁력이 일시적으로 취약할 때는 금융 경쟁력으로 제조업의 취약성을 극복할 수도 있다. 1980년대까지 세계 각국은 활발하게 성장 중이었다. 이때 미국은 기축 통화인 달러를 발행하여 해외에 달러를 빌려만 주어도 이자 수입과 같은 부를 창출할 수 있었다. 미국은 해외 주식, 채권, 부동산, 상품 등에 투자해 돈도 많이 벌었다. 투자 활동에는 위험도 많아 위험을 사전에 알려주는 무디스, S&P와 같은 신용 평가사도 미국에서는 발달하게 되었다. 특히 1990년대 초 일본의 버블 붕괴 시에 미국은 일본 금융시장에서 주식의 선매수, 선매도, 공매도, 선물, 옵션 등을 통해 1조 달러 이상의 돈을 번 것으로 추정되고 있다. 케네스 로고프에 의하면, 미국은 달러가 기축 통화여서 미국 채권이 최우량 채권으로 평가받고, 낮은 채권 이자율이 미국 채권에 적용된다고 한다. 이를 통해 미국은 매년 1,000억 달러 이상의 혜택을 보고 있다. 미국은 해마다 5,000억~1조 달러의 무역수지 적자가 발생해도, 달러가 기축 통화여서 외환위기를 겪지 않는다. 경상수지 걱정 없이 저가의 해외 제품 수입으로 미국은 물가안정을 이룩할 수 있다. 이를 통해 미국 국민의 후생도 증가하므로 기축 통화인 달러가 미국에 주는 혜택은 실로 어마어마하다.

기축 통화의 경쟁

15세기 이후 서양은 세계의 황금과 은을 차지하기 위해 경쟁했다. 20세기 이전까지 세계의 기축 통화인 황금과 은을 차지하기 위한 것과 같은 기축 통화 경쟁은 오늘날에도 계속되고 있다. 1999년 등장한 유로는 달러와 기축 통화 지위를 놓고 경쟁했다. 중국도 장기적으로 위안화를 기축 통화화 하려고 노력 중이다. 기축 통화의 안정은 세계 경제의 안정적 성장에 이롭다. 달러가 실질적인 기축 통화인 현재, 달러의 미래가 어떻게 될지 모르지만, 세계는 기축 통화가 안정되어야 국제 거래가 활발해질 수 있다.

유로의 등장을 통해 기축 통화의 흐름을 좀 더 살펴보자. 2000년 초 유럽이 경제적으로 통합되자 유럽 역내 교역은 증가했고 유럽 경제는 호황을 누렸다. 1유로에 0.92달러로 시작된 달러-유로 환율은 2004년 초에는 1유로가 1.36달러가 되는 등 강세를 띠었다. 유로가 기축 통화로서 달러의 강력한 경쟁자가 된 것이다. 그러나 유로에게는 약점이 있다. 달러는 미국이라는 단일 국가에서 발행되고 사용되면서 세계의 기축 통화 역할을 하는 통화이다. 반면, 유로는 유럽의 여러 국가에서 공용으로 사용되는 통화이다. 그러다 보니 유로 환율은 유럽 각국의 경제 상황과 무관하게 결정된다. 고부가가치품의 생산이 가능한 독일, 네덜란드 등의 국가에서는 유로가 저평가되는 효과가 발생한다. 이들 나라의 산업 생산에 유로는 이점으로 작용했다. 유럽 각국의 경제 장벽이 없어짐에 따라, 유럽에서는 기술력이 있는 회사들의 매출이 크게 증가했다. 폭스바겐 같은 독일 자동차 회사는 유럽 시장에서 점유율을 향상시켜, 세계 자동차 업계의 수위 자리를 놓고 GM, 도요타와 경쟁할 수 있는 위치에 올랐다.

반면, 산업 경쟁력이 취약한 스페인, 그리스 등의 남유럽 국가들은 유로가 자국 경제력에 비해 고평가됨에 따라 수출 경쟁력이 약화되었다. 남유럽 국가들은 고정자산의 투자 확대로 유로 출범 후 한동안 경기 호황을 누릴 수 있었다(남유럽 국가들은 유럽의 여러 은행에서 저금리로 대출을 받아 부동산과 같은 고정자산에 투자했다). 유로 출범 이후 그리스의 1인당 국민소득은 기존의 1만 8,000유로에서 3만 2,000유로로 늘어났다. 그리스 정부는 공무원 등에 대한 연금 지출에 있어 기존 소득의 80% 수준까지 연금을 지급하기도 했다. 생산 확대를 통해 경제 호황을 구사하던 국가들과 달리 차입을 통해 성장한 남유럽 국가들은 정부 부채의 과다 누적으로 재정위기에 봉착했다. 유로가 경쟁력이 강한 유럽 국가에게는 많은 경제적 이점을 준 반면, 경쟁력이 약한 유럽 국가들에게는 많은 문제점을 발생시켰다. 경쟁력이 약한 유럽 국가들은 낮은 경쟁력을 정부 지출 확대로 극복하다 보니 정부 부채가 확대되었다. 이들 나라는 재정이 부실해졌고, 이들 나라의 문제는 유럽 전체의 문제로 확대되었다. 유럽의 많은 국가나 은행들이 부실한 유럽 국가들에 대출을 해주었고, 이들 대출금도 동반하여 부실화되었기 때문이다. 유럽 일부 국가의 부도는 유럽 전체의 경기침체를 발생시켰다. 유럽의 금융은 어느 정도 통합되어 있으나, 재정은 통합되어 있지 않았다. 부실 국가에 대한 재정위기 처리 방안도 유로 회원국 전체의 동의를 받아야 진행될 수 있었다. 이런 문제점으로 인해 많은 사람들은 유로가 통화로서 계속 유지될 수 있는지에 대해 회의적인 생각을 하기도 한다.

그러면 유로의 미래는 어떻게 될까? 유럽은 금과 은을 찾기 위해 수백 년간 대항해와 탐험을 했다. 현대의 금과 은인 기축 통화를 유럽은 쉽게 포기하지 않을 것이다. 그 대신 유럽은 각국의 자율을 유지하는 범위 내에서 유럽의 경제적 통합을 가속화할 것이다. 2011년의 유럽 재정위기 속에서 유럽 중앙은행은 유럽의 여러 나라와 은행을 지원했다. 유로가 기축 통화 경쟁력에 있어서 달러에는 이르지 못하나, 어쨌든 기축 통화여서 유럽은 양적완화를 통해 유럽의 재정위기를 극복했다.

유럽 국가들은 전반적으로 경제 성장률이 1% 내외이다. 경제 발전이 어느 정도 완료되었고, 출산율의 감소와 인구적 요인 등에 의해 유럽의 경제는 침체 중이다. 2013년 독일의 출산율은 1.42명, 스페인은 1.48명, 이탈리아는 1.41명에서 보듯이, 유럽의 많은 국가들의 출산율은 1.5명 수준이다.[14] 유럽이 유로를 지키기 위해서는 유럽권의 경제적 통합과 2명 내외의 출산율을 통해 안정적으로 인구를 유지하는 것이 필요하다.

유로의 등장으로 기축 통화국인 미국은 달러 체제에 위협을 받았다. 그리고 유로 출범 후 유럽의 경제 호황은 미국을 자극했다. 1930년대부터 미국은 영국으로부터 기축 통화 지위를 가져오기 위해 금의 자국 내 보유 및 축적을 확대했다. 2000년대의 미국도 달러의 기축 통화 지위를 공고히 하기 위해서는 미국 경제 상황이 유럽만큼 호황일 필요가 있었다. 그래야만 세계에 기축 통화 영향력을 행세할 수 있기 때문이다. 미국은 이런 요인 등으로 저금리를 유지하면서 부동산 시장을 부양시켰다. 2000년 초에는 2개의 기축 통화권이 경기 부양을 통해 해외로부터 상품 수입에 몰두했다. 모두 자신들의 영향력을 확대하기 위해서였다. 중국의 경기 호황과 세계 경기의 호황에 따라 원자재 가격이 상승하여, 많은 자원 수출국의 경기도 좋았다. 그리하여 2002~2006년의 세계 경제는 호황을 누렸다. 그러나 2007년부터 미국은 더 이상 부동산 버블을 견디지 못하고 서브프라임 사태라는 금융위기를 겪게 되었다. 금리가 5%가 되자, 대출을 통해 집을 마련한 사람들은 이자 부담을 감당하지 못했다. 주택 수요가 급락했고, 주택 가격 상승으로 주택 공급은 넘쳐나서 주택 가격도 급락했다. 주택 가격 급락으로 주택담보채권을 기반으로 한 여러 파생상품도 부실화되었다. 많은 미국의 금융기관들이 부실 채권을 안게 되었다.

기축 통화국인 미국의 위기는 상대적으로 유로의 강세를 이끌었다. 그러나 미국의 위기는 유럽 경제에도 타격을 주었다. 미국의 위기로 세계 경제가 급격히 위축되자, 세계 관광산업이 타격을 받았다. 관광이 국가의 주된

14) 미국 CIA 월드 팩트북 자료 참조.

산업이었던 여러 남유럽 국가들의 경제는 더욱더 위축되었다. 유럽 통합 이후 남유럽 및 여러 유럽 국가들은 재정 악화로 재정위기를 겪었다. 기축 통화 경쟁이 양대 기축 통화권의 경제위기를 가져온 것 같고, 이들 기축 통화권은 기축 통화의 팽창을 통해 위기를 극복했다.

각국 중앙은행은 외환 보유고에 달러를 61%, 유로를 23%, 금 및 기타 통화를 16% 보유하고 있다.[15] 유로와 달러의 기축 통화 경쟁에서 현재는 달러가 우위를 점하고 있다.

2014년 1월에 미국은 의회가 예산 증액을 의결해주지 않아 연방정부가 폐쇄되기도 했다. 유럽 등 여러 나라가 달러와 같은 기축 통화국이 되려고 호시탐탐 노리고 있는 이때, 미국의 이런 행동은 어리석은 일이다. 만약 실제로 미국이 부도가 나면, 전 세계 경제는 그야말로 대공황에 직면할 것이다. 세계 각국이 갖고 있는 외환의 상당수가 휴지가 되고, 기축 통화의 혼란으로 세계 무역도 어렵게 될 것이기 때문이다. 그러나 세계는 그런 위기를 통해 새로운 기축 통화를 만들어낼 것이다. 따라서 현재 기축 통화국으로서 막대한 경제적 이점을 누리고 있는 미국은 정부 폐쇄와 같은 행동으로 해외 투자자들을 불안하게 만들어서는 안 된다.

기축 통화가 경제에 미치는 영향

한국은 무역 의존도가 80% 이상인 국가이다(무역 의존도는 수출+수입의 합계를 GDP로 나눈 값이다). 한국과 같은 나라에게 수출 환경의 변화는 국가 경제에

15) 유럽중앙은행 2012년 자료 참조.

큰 영향을 미친다. 한국 경제의 높은 대외 의존도는 미국이 재채기를 하면 한국은 감기에 걸린다는 말에서도 잘 나타난다. 미국 경제가 악화되면 한국은 수출이 타격을 입고 한국 경제는 침체에 빠진다는 것을 위와 같이 사람들은 표현했다(최근에는 한국 수출 중 22%를 중국이 차지하고 있어, 중국이 재채기를 하면 한국은 감기에 걸린다는 말도 한국에서는 유행하고 있다). 세계의 많은 나라들이 그렇듯이, 한국 경제는 기축 통화와 기축 통화국의 경제 상황에 따라서 울거나 웃곤 했다.

1970년대 중반 이후 달러가 세계 기축 통화로 확실하게 자리매김 되자, 미국의 수입은 급증했다. 무역수지에서 대규모 적자를 기록하면서 미국은 세계 공산품의 주된 수요처가 되었다. 냉전 시대에 미국의 전통적 동맹국이었던 한국의 수출도 이 기간에 폭발적으로 증가했다. 1970년에 한국의 수출액은 8억 4,000만 달러, 1973년에는 32억 2,000만 달러, 1976년에는 77억 2,000만 달러, 1979년에는 150억 6,000만 달러가 되었다. 10년간 한국의 수출은 20배 증가했다. 이 기간에 미국에 대한 수출이 한국 전체 수출에서 30~40%를 차지하고 있었다.

1980년대에는 미국이 소득세율을 인하하여 소비 대국이 되자, 한국의 수출은 또다시 급증했다. 1986년에서 1989년까지 3년간 한국은 처음으로 무역수지에서 흑자를 기록하기도 했다(이 기간에 무역수지 흑자액은 190억 달러였다). 1999년 유로 출범에 따른 유럽 경제의 호황도 한국 경제의 수출 확대로 이어졌다. 2000년 초 200억 달러였던 한국의 유럽 수출 금액은 2011년에는 600억 달러로 확대되었다.

한국은 시대별로 노동 집약적, 자본 집약적 산업을 육성하여 수출을 확대했다. 한국이 수출 경쟁력을 갖추고 있었던 데다 외부 환경이 호전되어 한국은 위와 같은 성과를 낼 수 있었다. 그러나 기축 통화와 기축 통화국의 경제 상황 변화가 한국의 수출 증감에 매우 큰 영향을 미쳤다. 기축 통화는 이처럼 한 나라의 경제를 번영하고 발전시키는 데 큰 역할을 하기도 한다.

2000년 초에 기축 통화국인 미국, 유럽의 경제 호황은 곧바로 한국 경제의 호황으로 이어졌다. 반면, 유럽과 미국의 재정·금융 위기는 한국 경제를 침체시켰다. 2000년 중반 5%에 이르던 한국의 경제 성장률은 2008년 미국 금융위기 시 -1.8%로 하락했다. 미국, 유럽의 양대 위기 후 이들 나라가 양적완화를 통해 경제가 회복되자, 세계 경제도 3.6%의 경제 성장률을 기록했다. 2013년 하반기에는 미국이 양적완화를 축소한다고 하자, 외환 수급이 불안한 아르헨티나와 같은 국가들이 다시 경기침체에 빠질 수 있다는 전망이 나오기도 했다. 아르헨티나와 같은 나라들의 주식·외환 시장은 한때 요동치기도 했다.

세계 각국은 앞에서 보았듯이, 기축 통화로 외환을 구성하여 운영하고 있다. 그래서 세계 각국에게는 기축 통화 가치 변화와 기축 통화 운용 수익률이 매우 중요하다. 한국은 2007년과 2008년에 베트남, 중국, 브라질 등 해외 주식에 투자하다가 크게 실패한 적이 있었다. 2009년에는 이러한 투자 실패와 무역수지 악화로 한국이 외화 유동성 위기에 봉착하기도 했다. 이런 사태 이후 한국은 안정성과 투자 수익률을 고려해 외환을 관리하고 있다(한국은 현재 3,600억 달러 이상의 외환을 보유하고 있다. 2013년에 한국은 해외 증권투자로 260억 달러를 사용했다. 한국의 해외 증권투자 규모는 2014년을 기준으로 900억 달러 수준에 이른다).

03 환율 결정 구조와 환율이 경제에 미치는 영향

환율의 의의 및 결정

환율은 두 나라 화폐의 교환 비율로서, 어떤 국가의 화폐로 표시한 외국 돈(외환)의 가격이다. 이때 기준이 되는 외환으로는 달러가 많이 사용된다. 환율이 오르면 자국 화폐로 표시한 외국 화폐의 가격이 상승하므로 자국 화폐의 가치는 하락한다. 예컨대 1달러가 한국 돈으로 1,000원이었는데 이것이 1,200원으로 상승하면, 1달러를 구입하기 위해서 한국 돈 원화가 더 많이 필요해지므로 원화의 가치는 하락한다. 환율 상승은 원화 가치의 하락인 평가절하를 의미한다. 반대로 1달러에 1,200원 하던 환율이 1,000원이 되면, 1달러를 구입하는 데 원화가 더 적게 사용되므로 원화의 가치는 올라간다. 이것을 환율 하락 또는 평가절상이라고 한다.

환율의 변화는 수출입 활동 등 많은 경제 활동에 영향을 미친다. 환율 변화와 관련하여 2007년 동대문에 있는 상인에게 다음과 같은 이야기를 들었다. A란 사람은 넥타이 안감에 들어가는 원단을 생산, 판매하는 사업자였다. 1990년 초까지 한국은 섬유 수출 강국이었다. 그러나 국내 임금이 오르고 후발 사업자였던 중국 등이 추격하자, 1995년을 전후하여 많은 의류·섬유 사업자들이 국내 공장을 중국 등으로 이전하기 시작했다. 넥타이 안감 원단 사업자들도 구조조정이 되거나 공장을 중국으로 이전했다. 국내에서는 몇 개의 사업자들이 넥타이 안감 원단 사업을 유지하게 되었다. 국내 사업자들은 기존의 거래처인 미국, 유럽 등의 사업자들과 무역 거래를 계속하고 있었다. 1995년 700원대의 환율 수준에서는 이들 사업자가 수출을 해도 돈을 벌지 못했다. 넥타이 안감 원단 시장규모가 크지 않고 미래의 사업 전망도 밝지 않아 많은 사업자들이 이 시장에 진입하지 않았고, 국내에서는 몇몇 사업자들만이 사업을 영위하는 상태가 이어졌다.

그런 상태에서 1997년 한국이 외환위기를 맞았다. 외환위기로 700원, 800원 하던 환율이 1998년에는 1,800원 수준으로 폭등했다. 1990년대 말과 2000년 초까지 미국 시장에는 중국 등의 업체들이 많이 진입하지 않아서, 국내 넥타이 안감 원단 사업자들은 미국 등에 수출을 활발히 할 수 있었다. 그러던 중 발생한 환율 상승은 이들 사업자들에게 대박을 안겨주었다. 환율이 1,600원이 되자 800원 하던 환율을 기준으로 수출했던 것들이 2배의 가치가 되어 돌아왔기 때문이다. 20억 원을 수출하면 40억 원을 수출 대금으로 받았다. 그냥 앉아서 20억 원을 수출업자들은 벌 수 있었다. 당시에는 외환 파생상품도 많지 않아 넥타이 안감 원단 수출업자들은 외환 거래 시 현물 거래만 주로 했다. 넥타이 안감 원단 사업자인 A는 2년간 환율 효과로 돈을 많이 벌었다. 그 후 A란 사업자는 번 돈으로 1999년에 아파트 등의 부동산을 구입했다. 외환위기로 1998년에 한국의 부동산 가격은 1997년 대비 10~20% 가량 하락한 상태였다. 2000년 초가 되자 한국의 부동산 가격은 상승하기 시작했고, A란 사업자는 부동산 투자에서도 2배 이상의 차익을 거두었다. 2000년 이후에 A란 사업자는 중국 업체의 추격으로 사업에 어려움을 겪었으나, 그동안 번 돈으로 비교적 여유롭게 지내게 되었다. A란 사업자에게 있어 환율의 변화는 큰돈을 벌게 해준 밑거름이었다. 환율이 변하지 않았더라면 A란 사업자는 돈도 많이 벌지 못했을 것이고, 중국 업체 등의 시장 진입으로 경제적으로 큰 어려움에 시달렸을 수도 있다.

2008년에는 한국의 많은 수출업자들이 환율 상승으로 되레 엄청난 손해를 입고 부도가 나기도 했다. 2000년 초 1,200원대였던 환율이 2007년에는 930원이 되자, 수출업자들은 수출을 해도 돈을 벌기가 힘들었다. 그리고 수출업자들은 앞으로 환율이 더 많이 하락할 것이라는 불안감에 시달렸다. 많은 수출업자들은 환 손실을 줄이고자 통화 파생상품인 키코에 가입했다. 키코 계약은 환율이 1,000원을 넘으면 은행은 계약자에게 환전 당일 환율과 계약 환율과의 차액의 2배를 공제한 뒤 환전해주는 내용 등으로 이루어져 있다.[16] 예컨대 950원 하던 환율이 1,500원이 되면, 은행은 1,500원-950원=550원의 2배인 1,100원을 1,500원에서 공제하고, 400원만 수출업자에게 지불하면 된다. 1달러를 950원으로 생각하고 사업을 진행한 사람들은 1달러에 400원만 은행으로부터 받아 550원을 손해 보게 되었다. 1달러를 그대로 두면 환율 상승으로 1,500원의 가치로 환전할 수 있는데, 키코 계약으로 수출업자들은 1달러에 400원만 받게 된다. 그리고 1달러가 950~1,000원 수준으로 결정되면, 은행은 환전 당일 환율로 수출업자에게 환전해주기로 했다. 환율이 1달러에 900원에서 950원이 되면 은행은 무조건 1달러를 950원으로 환전해주고, 환율이 900원 이하로 떨어지면 키코 계약은 자동적으로 해지하는 것으로 은행과 키코 가입자들은 계약했다.

1,000원 이상의 환율이 900원대로 하락하자, 많은 수출업자들은 환율이 900원에서 1,000원 수준 사이에서 움직일 거라고 예상하고 키코 상품에 가입했다. 그러던 중 2008년 미국에서 금융위기가 발생했고, 세계 경제는 불황에 빠졌다. 한국은 수출에 많이 의존하여 살아가는 나라여서 대외 교역

---

16) 윤채현. 박준민 지음, 『지금 당장 환율공부 시작하라』, pp.53~54.

조건이 불안하면 환율도 불안한 모습을 보인다. 금융위기처럼 대외 환경이 불안하면 한국의 수출 여건이 악화되고, 외국인들은 유동성이 필요해져 한국 시장에서 투자 자금을 많이 회수하기 때문에 환율은 상승한다. 2009년이 되자 환율은 1달러에 1,400원까지 상승했고, 그 후 몇 년 동안 1,200원 이상에서 환율이 유지되었다. 이로 인해 태산엘시디 같은 건실한 중소기업들이 부도를 냈다. 키코로 피해를 본 수출업자들만 700개 업체에 달했고, 기업들이 입은 피해 금액은 3조여 원에 이르렀다.[17)]

환율 변화는 이처럼 많은 사람들에게 영향을 미친다. 그래서 환율이 어떻게 결정되는지와 환율에 대해 잘 알고 있는 것은 개인 및 국가 모두에게 중요한 사안이다.

환율은 본질적으로 시장에서 외환에 대한 수요와 공급에 의해 결정된다. 그러나 세계 각국은 외환 시장에서 환율이 결정되는 데 있어서 각각 다른 제도를 운영하고 있다. 많은 국가들이 시장에서 환율이 자유롭게 결정되는 변동환율제를 운영하고 있으나 고정환율제도, 복수통화 바스켓 제도 등으로 환율을 운영하는 나라들도 있다.

한국은 1997년 12월, 완전 자유 변동환율제를 채택하기 전에는 환율의 변동을 제한하는 시장평균 환율 제도를 1990년에서 1997년까지 운영했다.[18)] 그 이전인 1980년에서 1990년까지 한국은 SDR 및 5대 교역국 통화에 환율을 연동시키는 복수통화 바스켓 제도를 운영했다. 1964년에서 1980년까지는 미국 달러화에 대해 환율이 미세하게 변동하는 단일통화 변동 제도를, 1945년에서 1964년까지는 1달러를 15원에 고정시킨 고정환율제도를 한국은 사용했다. 고정환율제도나 복수통화 바스켓 제도와 같은 관리변동환율제

17) 『매일경제신문』 황국성 칼럼 내용 자료 참조(2013년).

18) 신장섭 지음, 『금융전쟁』, p.196.

도 하에서의 환율 결정에는 정부의 입김이 많이 작용한다. 정부는 고정환율제도 하에서는 구매력 평가이론이나 국제 대차이론 등을 참조해 자국의 환율 수준을 결정한다. 구매력 평가설은 환율이 두 나라 물가 수준의 차이를 반영해 조정된다는 이론이다. 물가가 높은 나라는 물건 구매 시 자국 통화가 많이 사용되므로 환율이 높게 결정된다. 예컨대 미국에서는 자동차 1대가 1만 달러이고, 미국과 비슷한 성능의 자동차 1대 값이 한국에서는 1,100만 원이라고 하자. 양국의 자동차 1대 값이 같다고 하면, 1만 달러=1,100만원이 되어 환율은 1달러에 1,100원이 된다. 만약 5년 후 미국은 물가가 40% 상승하고 한국은 물가가 100% 상승하면, 미국에서의 자동차 1대 값은 1만 4,000달러이고 한국에서는 2,200만 원이 된다. 자동차 값을 같다고 보면, 1만 4,000달러=2,200만 원이 되어 1달러=1,571원이 된다. 구매력 평가설은 양국 경제의 구매력을 비교하여 환율이 결정된다는 이론으로, 정부가 환율 결정에 개입을 많이 할 수 있는 고정환율제도나 관리변동환율제도에서 주로 활용되는 이론이다.

국제 대차이론은 환율이 중장기적으로 국제 수지에 영향을 받는다는 이론이다. 무역수지 흑자가 발생한 국가의 통화는 통화 가치가 상승하기 쉽다고 보는 이론이다. 이 이론도 통화 바스켓 제도처럼 정부가 환율 수준을 결정하는 것이 용이한 제도에 많이 참조된다.

오늘날의 대다수 국가에서 환율은 시장에서 자유롭게 결정된다. 많은 나라들이 환율 결정에 있어 변동환율제를 채택하고 있다. 이에 따라서 정부가 환율 수준을 판단하기 전에, 시장에서 환율이 먼저 움직이고 결정되는 형태로 환율이 결정된다. 정부가 시장 개입을 통해 환율 수준에 영향을 주기도 하나, 변동환율제 하에서 환율은 대체로 시장의 수요와 공급에 의해 결정된다. 시장에서는 정부의 의도와는 다르게 환율이 변할 때도 많다. 1997년 한국이 관리변동환율제로 환율을 운영할 때에도 외환의 수급이 불안해서 환율이 정부의 의도와는 다르게 급등했다.

2013년 여름에 인도는 환율이 먼저 16% 평가 절하된 뒤 소비자 물가가 7% 상승했다. 인도네시아의 루피아화와 물가도 2013년에 인도와 비슷한 흐름을 보였다. 이것은 환율이 시장에서 국가의 기본 경제력, 외환의 수급 요인 등을 참조해 자유롭게 결정되기 때문이다. 특히 환율에 따라서 투자 자금의 수익률이 변하므로 투자자들은 환율 수준을 고심한다. 이런 요인으로 환율이 국가의 경제 변화보다 먼저 변화하게 된다. 투자자들의 합리적인 투자 행태로 환율은 일반적으로 시장에서 적정한 수준에서 결정된다. 그러나 시장의 특성상 환율이 고평가되거나 저평가되기도 하는 현상도 발생한다. 한국은 외환위기 때 환율이 1달러에 2,000원까지 갈 정도로 극심하게 원화가 평가 절하된 적도 있었다. 사람들의 불안과 달러에 대한 수요 폭증이 외환 시장에 일시적으로 작용했기 때문이다.

오늘날 많은 국가들이 사용하는 변동환율제도는 어떻게 시장에서 자리매김 되었을까? 미국은 1973년에 변동환율제도를 채택했다. 그 이전에 미국은 황금 1온스=35달러로 고정시킨 고정환율제도를 사용했다. 2차 세계대전과 한국 전쟁, 베트남 전쟁 등으로 미국은 달러를 많이 발행했음에도, 고정환율제도 하에서 달러의 가치는 하락하지 않았다. 이로 인해 미국은 1971년부터 해마다 막대한 무역 적자를 기록했다. 금 본위제 하에서는 무역수지가 적자이면 금이 유출되어 통화량이 감소하고 물가가 하락한다. 물가 하락으로 수출이 증가해 무역수지 적자가 해소되는 국제수지 조정 과정이 미국에서는 발생하지 않았다. 국내 경기를 진작하고 전쟁 비용을 충당하기 위해 달러를 발행하고 공급하게 됨에 따라, 미국 내 물가는 하락하지 않았기 때문이다. 미국에 외국 제품의 수입이 급증하자 미국의 산업 경쟁력은 약화되어갔다. 그리하여 미국은 1973년 환율을 시장에서 자유롭게 결정하는 변동환율제를 채택했다. 1976년 킹스톤 회의 이후에는 세계 여러 나라들이 변동환율제를 자유롭게 사용하게 되었다.

변동환율제 하에서 환율은 국가의 실업률, 경상수지, 이자율, 물가 등을 반영한 채 결정된다. 그 중 어느 것이 더 많이 환율 결정에 작용하는지는 경제 상황에 따라 다를 것이다. 일반적으로 기축 통화국에 있어서 환율은 경상수지보다는 실업률과 물가, 이자율, 통화량 등에 의해 결정되는 것 같다. 미국은 1990년 이후 매년 막대한 경상수지 적자를 기록했음에도 불구하고, 달러 가치는 큰 폭의 하락 없이 일정 수준으로 유지되었다. 2013년에는 양적완화에도 불구하고 달러 가치가 일정하게 유지되자, 미국의 실업률은 7% 이상인 상태가 한동안 지속되었다. 그러나 2014년이 되어 달러 가치가 1달러에 1.4유로 내외로 하락하자, 미국의 실업률은 6%대로 낮아졌다. 2014년 하반기에는 달러가 유로와 엔에 대해 강세를 이어가고 있다. 그러면서도 미국의 실업률(2014년 하반기 기준으로 6.1~6.2%)은 비교적 양호한 상태로 유지되고 있다. 미국의 산업은 수출보다는 소비 중심의 산업구조로 변모되었음을 미국의 환율과 실업률 변화를 통해 알 수 있다.

2011년, 2012년에 1일 기준 전 세계 외환 거래량은 4조 달러였다(2013년에는 5조 달러였다).[19] 4조 달러의 외환 거래 중 외환 관련 상품 거래가 2조 5,000억 달러이고, 1조 5,000억 달러는 외환 현물환 거래였다. 외환 현물환 거래 중 장단기 투자 자산 거래가 70%를 차지했다. 외환 거래의 90%가 투자자들의 투자 수익률 제고 목적으로 거래되고 있다. 이처럼 외환 거래는 무역 거래보다는 외환을 투자로 여겨 행해지는 거래가 매우 많다. 수출입 업자들도 환율 변동에 따라 손실과 이익이 발생하고 있어서 외환에 대해 선물환 거래를 많이 하고 있다.

외환 투자자들은 각국의 경제 상황, 세계 경제 상황 등에 따라 외환을 구

---

19) 손일태 KOCW 국제금융론 강의자료 참조(2013년).

입하고 처분한다. 외환 투자자들은 비 기축 통화국의 화폐에 대한 투자 시에는 기축 통화와는 달리 비 기축 통화국의 경상수지와 정치 및 경제적 안정성과 경제 자유도 등을 중시한다. 1990년대 중반에 한국은 저축보다 투자가 많아 경상수지가 적자를 보였다(총공급=총수요일 때, 소비+저축+조세+수입=소비+투자+정부 지출+수출이고, 수출-수입=저축+조세-투자-정부 지출이다). 경상수지 적자 누적으로 1990년대 말에는 환율이 1990년대 중반보다 2배가량 상승했다. 그 후 10여 년간 원화는 1990년대 중반보다 50% 이상 평가 절하되어 거래되었다. 2010년 이후 한국은 투자보다 저축이 많아 경상수지가 흑자를 기록하고 있다. 2010년 이후 지금까지 경상수지가 흑자를 지속하자, 원화는 10~20%가량 평가 절상되었다.

기축 통화에 대한 투자는 앞에서 본 대로 기축 통화국의 경상수지보다는 기축 통화국의 경제 상황에 크게 영향을 받는다. 2008년의 미국 금융위기로 신흥국들은 외환에서 유로화 보유 비중을 31% 수준으로 확대했다. 유로화는 2009년과 2010년에 강세를 보였다. 그러다 2011년에 유럽 위기가 발생하자 신흥국은 외환에서 유로화 보유 비중을 24%로 축소시켰다. 이때 유로화는 달러에 대해 약세를 보였으나, 최근에는 다시 가치가 상승하기도 했다.

환율이 이처럼 시장에서 투자자들의 투자 행동에 의해 결정되다 보니, 환율이 국가의 경제 실력에 비해 과소평가되거나 과대평가되는 일도 발생한다. 일반적으로 많은 국가들은 환율이 자국의 경제 수준보다 약간 과소평가되기를 희망한다. 환율이 과소평가되면 수출이 유리하고 자국의 실업률 감소에도 도움이 되기 때문이다. 그리고 각국 정부는 환율이 지나치게 고평가되면 시장에 개입하곤 한다. 그러나 모든 나라가 이렇게 환율을 조정하려 들면 세계 경제는 제대로 작동할 수 없다. 마치 1930년대 세계가 보호무역주의로 치달아 대공황이 발생한 것과 같이, 각국 정부의 무분별한 환율 개입은 세계 경제에 악영향을 미칠 수 있다. 그래서 세계는 G20 회의처럼 정책 공조를 취해 환율에 대한 무분별한 정부 개입을 자제한다. 환율이 시장에서 자유롭게 결정되도록 각국 정부가 암묵적으로 동의하고 있고, 그런 상태에서 각국의 환율은 결정되고 있다.

환율이 경제에 미치는 영향에 대한 사례

2008년의 미국 금융위기, 2011년의 유럽 재정위기로 투자자들은 달러와 유로보다 상대적으로 안전한 통화인 엔화에 투자를 많이 했다. 그 결과 엔화는 2012년에는 1달러에 75엔까지 하락했다. 엔화의 초강세로 한국의 명동은 일본 관광객으로 넘쳐났다. 2010년에 일본은 8조 엔의 무역흑자, 2011년은 1조 6,000억 엔의 무역적자, 2012년에는 5조 8,000억 엔의 무역적자를 기록했음에도 불구하고, 이 기간에 엔화는 오히려 평가 절상되었다.[20] 일본은 해외 투자 자금의 이자 및 배당소득 유입에 따라 소득 수지가 2010년에는 12조 4,000억 엔 흑자, 2011년에는 14조 2,000억 엔 흑자, 2012년에는 14조 3,000억 엔의 흑자를 기록했다. 경상수지 흑자는 2010년에는 17조 9,000억 엔에서 2012년에는 4조 7,000억 엔으로 감소했다. 경상수지가 많이 감소했음에도 엔화는 이 기간에 오히려 평가 절상되었다. 일본 엔화가 국제적으로 많이 사용되는 준 기축 통화 성격이 있다 하더라도, 일본 엔화는 달러와 같은 기축 통화는 아니다. 따라서 엔화 가치는 경상수지와 일본 경제 상황에 영향을 많이 받아 결정된다.

그러나 국제 투자 자금의 엔화 선호로 엔화가 2012년에는 매우 고평가되

---

20) 일본중앙은행 자료 참조.

는 현상이 발생했다. 엔화 강세로 일본은 국내 제조업 기반의 붕괴가 우려되었다. 엔화 강세가 계속되고 후발국의 추격으로 기술 대국 일본은 소재 산업, 기계 산업을 제외한 전기전자, 조선 등의 산업에서 한국 등에 추격당했다. 그리고 일본의 무역수지 적자는 2012년 이후 고착화되고 있다. 일본에서는 인구 감소에 따른 불황도 계속되고 있다. 이런 상황을 타개하고자 일본은 대규모 양적완화를 2012년 연말부터 시행했다. 대규모 양적완화로 1달러에 75~80엔이었던 환율은 현재 100~110엔 수준에서 거래되고 있다. 2년간 엔화가 20~30%가량 평가 절하되었다. 엔화의 약세는 단기적으로 일본 경제에 호황을 불러왔다. 엔화 약세가 일본 경제에 단기적으로 이로웠던 이유를 살펴보자.

먼저 2012년 일본의 소득 수지 14조 3,000억 엔에서 순수 금융투자로 인한 소득 수지를 10조 엔으로 가정하면, 일본의 해외 금융투자 금액은 10조 엔의 20배 정도인 200조 엔으로 추정할 수 있다. (자본수익률을 5%로 가정하면 자본수익의 20배가 투자 원금으로 간주된다.) 200조 엔의 일본 해외 투자 자금은 일본의 엔화 약세에 따른 환차익으로 20% 이상의 수익을 거두었을 것이다. 엔화 약세로 단기간에 40조 엔의 부가 일본인들에게 발생했을 수 있다. 와타나베 부인들로 유명한 일본의 개인 투자자들이 환율 리스크를 헤징하지 않았다면, 일본인들의 해외 투자에 따른 투자 수익률은 환율 효과로 인해 위와 같았을 것이다. 양적완화란 정책이 공개적으로 행해졌기에 일본인들은 환율 리스크를 그렇게 많이 헤징하지 않았을 것이다. 이처럼 환율 상승에 따른 환차익은 단기적으로 일본 경제 회복에 마중물 역할을 했다. 그리하여 2013년에 일본의 소비는 살아났다. 2013년 봄 일본에서는 백화점에 사람들이 몰려들고, 신규 자동차 판매도 급증했다. 경제 성장률도 일본은 2011년 -0.6%에서 2012년은 2%, 2013년은 1.5%를 기록했다. 주식 시장도 살아나서, 2012년 8,000대로 하락했던 닛케이지수는 1만 선을 회복한 후 최근에는 1만 5,000 선에서 움직이고 있다. 앞에서 보았듯이, 인구 감소에 따른 디플레이션 현상은 경제에 자연스러운 현상이다. 이것을 양적완화로 해소시키는 것은 단기적인 처방은 될 수 있어도 장기적인 처방은 되지 못한다.

한국의 상황은 일본보다 복잡하다. 한국은 2013년에 707억 달러의 경상수지 흑자를 기록했다. 소비가 GDP 대비 57~60% 선에서 53.7%로 줄고 저축률이 투자율보다 4% 가량 높아, 한국은 막대한 경상수지 흑자를 기록할 수 있었다. 경상수지 흑자로 한국에서는 환율 하락 압력이 매우 높다. 한국은행은 통화량(M_2)을 GDP 이상으로 유지하여 환율 하락을 방어하기 위해 노력하고 있다(한국에서는 통화량 과다를 통해 디플레이션을 방지하려는 목적으로 통화량이 많아진 면도 있다). 일본의 사례에서 보듯이, 통화 강세는 장기적으로 제조업 경쟁력을 약화시켰다. 통화 강세로 국내 수출 산업의 수익성이 낮아 기업들은 해외 투자를 많이 하고 국내 투자는 소홀히 하기 때문이다. 반면, 무턱대고 원화 약세를 추진해도 부의 재분배가 악화되어 국내 기업 간, 개인 간의 소득이 양극화된다. 한국은 2009년부터 추진한 원화 약세 정책으로 대기업은 큰 이득을 보았으나, 중소기업이나 국내 내수산업은 침체에 시달렸다. 따라서 환율은 경제 논리에 따라 시장에서 적정하게 결정되는 것이 바람직하다. 한국은 정책 당국의 노력 등으로 현재 환율이 소폭 저평가되어 있으나, 장기적인 한국 경제 체력을 감안할 때 현재의 환율은 적정 수준에서 움직이고 있는 것 같다. 왜냐하면 한국도 일본처럼 생산 가능 인구의 감소와 총인구 감소가 시작되려 하고 있고, 장기적으로 나타날 수 있는 제조업 공동화를 방지해야 할 입장에 있기 때문이다. 이처럼 돈의 교환 비율의 결정 시 장기, 단기, 현재의 경제 상황을 모두 고려해야 하므로 환율 결정은 정말로 힘들고 어려운 일이다. 환율은 경제의 건강에도 위와 같이 큰 영향을 미치고 있다.

외국 돈의 교환에 있어서는 수수료가 발생한다. 외국 돈을 소지하는 데는 운반비와 보관비 등이 들기 때문에, 외국 돈을 교환할 때 교환하려는 사람은 환전 수수료를 은행 등에 낸다. 이것은 여러 모로 불편하다. 그리하여 사람들은 세계 어느 곳에서나 수수료 없이 사용되는 통화를 갖고 싶어 한다. 이런 사람들의 욕망으로 2014년 상반기에 가상화폐인 비트코인이 한동안 유행했었다. 그러나 세계 정부가 수립되지 않는 한 비트코인은 세금납부 등의 결제수단으로 쓰일 수 없어서 통화의 안정성과 통용성이 매우 낮다. 그리하여 최근에는 비트코인에 대한 열기가 식었다. 카드 등의 전자화폐를 개인은 외국에서도 자유롭게 사용할 수 있다. 사용 후 결제도 은행이나 카드사들이 온라인상에서 외국 은행 등과 할 수 있다. 이처럼 실물 돈이 아닌 온라인상에서 외국 돈을 교환할 때는 외환 거래 수수료도 낮아지고 있다(카드 수수료는 현재 환전 수수료처럼 높은 편이나, 점차적으로 낮아질 것으로 예상된다).

04
금융의 정의, 그리고 성장기와 하락기 경제에서 금융의 작동 원리

금융의 의의

금융은 돈의 흐름이다. 금융은 돈을 필요로 하는 곳에 돈이 가게 해서 사회와 개인의 부를 증가시키는 기능을 수행한다. 돈이 되는 곳, 또는 돈을 필요로 하는 곳에는 돈을 벌 수 있는 기회도 많다. 이런 곳에 제때 적절한 양의 돈이 공급되면, 돈의 공급자는 이자나 배당을, 돈의 수요자는 사업소득 등을 얻을 수 있다. 역사적으로 보더라도 금융을 잘한 국가나 개인은 경제적으로 번영했다.

오늘날에는 전 세계 GDP의 10~20배 수준의 외환이 세계에서 거래되고 있다. 실물경제 거래 규모보다 화폐경제 거래 규모가 이처럼 훨씬 크다. 화폐경제의 거래 규모가 커서 금융을 통해 부가가치도 막대하게 발생한다. 금융으로 인해 제조업이 발전하고 제조업 발전을 통해 금융의 부가가치가 커져, 금융과 제조업은 공존공생하기도 한다. 그러나 오늘날에는 금융이 실물경제를 압도해서, 모든 경제 현상이 금융으로부터 시작해 금융으로 끝나는 모습도 나타나고 있다. 한국의 외환위기, 미국의 금융위기, 유럽의 재정위기는 모두 금융 시장에서부터 시작하여 금융 시장이 안정되자 위기가 해소되는 모습을 보였다.

영국, 네덜란드, 미국 등의 국가는 모두 금융의 경쟁력 강화로 세계 최강 대국의 지위에 올랐다. 금융은 이처럼 경제와 국가와 개인 모두에게 중요하다. 오늘날에는 돈의 흐름을 통해 돈을 버는 활동이 전 지구적 범위에서 활발하게 행해지고 있다.

상업적 금융 활동

금융은 상품, 서비스, 정보 등을 사고파는 상업적 활동에 필요한 자금을 수혈하여 상업적 활동을 성장시킨다. 상업적 활동에 있어서는 시기가 매우 중요하다. PC방 사업을 보더라도 처음에 사업을 시작한 사람은 돈을 번 반면, 뒤늦게 사업에 뛰어든 사람들은 손해만 보기도 했다.

상업적 활동에 있어서는 외부 환경도 중요하다. 1980년대 말과 1990년대 초에 한국 경제는 성장이 활발했다. 1987년에서 1990년 사이에 한국의 집값은 연평균 30%씩 상승했다.[21] 1987년 46.6이었던 주택 지수는 1990년에 73.2로 대폭 상승했다. 이 기간에 대출 금리는 연평균 12%였다. 1987년에 대출을 받아 집을 사면 대출금 이자보다 더 많은 차액을 거둘 수 있었다(차액은 30-12=18로 원금의 18% 정도가 된다. 대출금보다 많은 금액으로 집을 구매하면, 레버리지 효과로 그 차액은 더 커지게 된다).

경제가 성장하고 도시화가 진행 중인 경제에서는 개인이 남보다 먼저 목

21) 김의정 지음, 『금리만 알아도 경제가 보인다』, p.194.

돈을 마련해 부동산 등에 투자하면 큰돈을 벌 수 있다. 따라서 이와 같은 경제 상황에 놓인 개인들은 은행에서 대출을 받아 부동산 등에 투자해 큰 수익을 얻기도 한다. 한국에서는 1990년대에도 인구 성장이 지속되어 부동산 가격이 상승세를 이어갔다(1990년대 중반 집값이 잠시 하락한 적도 있었다).

투자를 잘못된 시기에 하면 개인은 경제적으로 힘든 상황을 맞기도 한다. 2004년에서 2007년 사이에 대출을 통해 부동산을 구입한 사람들이 그랬다. 2007년 이후 생산 가능 인구 정체로 부동산 가격은 보합권에 머물러 있고 대출이자와 원금 상환 부담이 늘어나, 2006년을 전후로 하여 부동산을 구입한 사람들은 어려움을 겪기도 했다. 무엇보다도 대출이자 이상의 집값 상승이 어렵다는 예측이 그 당시 주택 구입자들을 힘들게 하고 있다.

이처럼 경제가 놓여 있는 상황에 따라서 상업적 금융 활동의 효과는 다양하게 나타난다. 선진국인 미국에서도 금융 활동이 활발해서 부동산 등에서 버블이 자주 발생하곤 했다. 경제가 성장하는 단계에서는 상업적 금융 활동으로 돈을 벌기가 쉽다. 그러나 너도나도 투자에 몰리면 버블이 발생하며, 상투에서 자산을 구입한 사람들은 손해를 보기도 한다. 투자 시기가 적절해야 개인은 금융 활동으로 많은 이익을 얻을 수 있다. 『파이낸셜 타임즈』에 의하면, 중국에서는 GDP 1단위를 생산하는 데 필요한 대출의 크기인 신용 집적도가 2005년에서 2007년에는 1.1이었으나 2013년에는 3.3으로 변화되었다고 한다. 2005년에서 2007년 중국에서는 고정자산 등을 대출을 끼고 구입하면 높은 가격 상승을 기대할 수 있었으나, 최근에는 그런 높은 가격 상승률이 어렵다는 것을 위의 수치는 말해준다.

인플레이션과 경제 성장이 활발한 경제에서는 장기적으로 자산 가격이 상승할 확률이 높아, 남보다 먼저 저평가된 고정자산을 구입하는 것이 투자에 있어 성공의 지름길이다. 이를 위해 목돈을 남보다 먼저 빨리 마련하는 것이 중요하다. 한국에서는 1980년대 은행 자유화 및 1990년대 금융 자유화가 있기 전에는 은행에서 개인이 대출을 받기가 어려웠다. 그래서 개인들은 서로 상부상조하여 목돈을 마련하기도 했다. '계'가 대표적인 수단이었다.

'계'는 여러 명이 일정 기간 동안 매월 돈을 거두어서, 거둔 돈을 달마다 한 사람씩 가져가는 것이다. 예를 들어 20명의 사람들이 매달 500만 원씩 거둔다고 하자. 매월 거두는 금액은 1억 원이 되며, 이 1억 원을 20명이 차례대로 정해진 순번대로 가져가는 것이 '계'이다. 단 앞 순서 대에서 계돈 1억 원을 가져가는 사람은 20개월이 아닌 24개월이나 23개월 동안 500만 원을 불입한다. 500만 원을 1~3달만 내고 1억 원을 가져가면 1억 원에 대해 이자수익이 발생하고, 그에 대한 대가로 앞 순서로 계돈을 타간 사람들은 몇 개월 더 계돈을 납입한다. 1억 원을 앞 순서로 받은 사람이 이 돈으로 부동산을 구입해 2년간 6,000만 원의 시세 차익을 거두었다고 하자. 그러면 그는 24개월을 500만 원씩 내어 총 계돈 납입금이 1억 2,000만 원이 되더라도 4,000만 원의 수익을 얻게 된다. 4,000만 원의 수익으로 그는 재투자를 하거나 소비 활동을 활발히 할 수 있다. 이처럼 경제가 성장할 때는 금융의 수익률이 높을 수 있고, 이것이 다시 경제 성장을 가속화한다. 그래서 경제 성장기에는 누가 먼저 목돈을 마련해 수익률이 높은 곳에 투자하느냐가 중요하다. 그리고 경제 성장기에는 상대적으로 돈을 벌 수 있는 곳이 많아 투자할 곳도 많다.

이와 같은 여러 상업적 금융 활동은 언제부터, 어떻게 시작된 걸까? 아마도 금융은 인류가 분업 생활을 한 이래 시작되었던 것 같다. 분업화로 잉여 생산물을 많이 축적한 사람들은 이 축적물을 빌려주거나 자체적으로 저장했을 것이다. 그리하여 채권자와 채무자의 관계가 성립됐고, 거대 채권자가 결국에는 부를 통해 채무자를 노예화하는 형태로 사회가 진화했던 것 같다. 실제로 고대 농업 사회에서는 흉년이 들어 먹을 것이 없었던 농부들은 자신의 농토나 가족을 담보로 이웃이나 대지주 등으로부터 곡식을 빌렸다.

다음해에 풍년이 들면 곡식을 빌린 농부는 곡식을 되갚았으나, 흉년이 들면 농부는 곡식 대신 자신의 농토를 채권자에게 넘겨주었다고 한다. 그래도 빌린 돈이나 곡식이 모자라면 농부는 자신의 가족을 채권자에게 노예로 넘겼다. 풍년이 들어 곡식을 저장하면서 잉여 재화를 잘 관리한 사람들은 노예와 같은 노동력이 증가함에 따라 부를 지속적으로 증가시켰다. 고대의 이런 활동처럼 잉여 자원을 많이 발생시키고, 이 잉여 자원을 잘 관리하고 활용하여 더 큰 부를 만드는 것이 금융 활동이다.

농업 사회에서 산업 사회로 이동한 후 인류는 분업 활동이 더 많아져 금융 활동도 더 활발해졌다. 분업 활동이 많고 다양하면 새로운 사람들이 부를 축적할 수 있는 기회를 더 많이 가지게 된다. 분업화가 활발해짐에 따라 좀 더 많은 개인들이 잉여 자원을 축적할 수 있기 때문이다. 한편, 기존의 부를 가지고 있던 사람들도 금융을 활용해 다양한 분업 활동 하에서 더 많은 돈을 벌 수 있다. 분업의 시작에 있어 자금이 필요하고, 분업 활동에 필요한 자금을 투입한 후 분업 활동이 성공하면, 금융투자자는 많은 이득을 얻게 된다. 분업 활동 당사자들도 물론 많은 돈을 번다. 사회에 잉여 자원을 가진 사람이 많아짐에 따라 개인의 잉여를 전문적으로 관리해주는 금융기관들도 다양하게 많아졌다. 산업의 분업 활동이 경기침체로 시들면, 새로운 사람들이 신규로 부자 대열에 합류할 기회는 줄어든다. 그래서 경제의 안정적 성장을 통한 분업 활동의 촉진이 필요하다. 그러면서 나타나는 사회의 빈부격차를 해소하고자 적절한 세금 대책 등이 마련되고 시행되어야 한다.

AD 600~700년에 중국은 상업 활동에서 환어음을 사용했다. 인류 최초의 지폐로 불리는 중국의 환어음을 통해 상인은 전주에게서 돈을 빌려 중국의 여러 지방에서 나는 물건을 쉽게 구입했다. 돈을 빌린 상인은 구입한 물건을 다른 지방에 팔아 이윤을 획득했다. 환어음을 통해 중국의 상업 활동은 활발해졌고, 중국 전체의 생산과 소비 활동도 촉진되었다. 중국은 이와 같은 경제 활동으로 1,000년간 지구상에서 최강대국으로 군림했다. 그러나 17세기에 중국에서는 환어음 발행이 금지되었고, 은화가 공식 통화로 유통되었다. 금융의 위축과 유교적 전통에 의한 상공업의 천시로 중국은 이때부터 서양에게 본격적으로 밀리기 시작했다. 반면, 이 시기의 유럽은 보험, 주식, 채권, 대출 등의 다양한 금융상품을 출현시켜 경제 발전을 이끌었다. 경제가 발전하기 위해서는 시장의 확대, 적절한 유통 화폐의 확립, 활발한 금융 활동, 산업 생산의 확장 등이 갖추어져야 한다.

상업적 금융 활동은 한국의 근대소설 『허생전』에도 나타난다. 가난한 선비였던 허생이 한양의 큰 부자에게서 돈을 빌려 과일과 말총을 매점매석한 후, 시장에서 이들 상품이 귀해져 가격이 급등하자, 상품을 되팔아 큰돈을 벌었다는 것이 『허생전』의 내용 중 하나이다. 소설로도 이러한 이야기가 쓰일 정도로 18세기의 조선에서는 상업적 금융 활동이 활발했던 것 같다. 비록 그 당시의 조선이 사·농·공·상의 신분 체제로 말미암아 상업 및 공업 활동이 저조하여 국가 발전이 정체되었으나, 상업적 금융 활동은 이처럼 근대 조선에서도 활발하게 행해지고 있었다. 이것은 분업화된 사회에서는 신분 체제와 상관없이 상업적 금융 활동이 존재한다는 것을 의미한다. 고대에는 금융 활동에 의해 신분제 사회가 형성되었다. 그 신분제 사회에서도 금융 활동은 이처럼 지속되었다.

인류사회가 분업사회가 된 이후 인류는 과잉과 빈곤의 쳇바퀴 속에서 금융 활동을 했다. 흉년이 들면 빌린 곡식을 갚기가 어려웠듯이, 경제가 침체기에 접어들면 개인의 대출 상환 압박은 증가한다. 경제 침체기에는 개인의 잉여 창출이 쉽지 않기 때문이다. 금융은 산업 그 자체의 하나로서 기능하기도 하며, 금융 활동을 통해 금융 스스로가 잉여를 발생시키기도 한다(파생상품, 환차익 거래가 그렇다). 고도 성장기에는 특히 이런 금융 활동이 활발했다. 금융이 잉여를 발생시키는 방법도 대출, 투자 등으로 다양하다.

2014년 6월 현재 한국의 가계 부채는 1,024조 원에 이른다. 가계 부채는 증가하나 경제가 저성장 단계로 진입함에 따라 개인의 대출금 상환 부담이 증가하고 있다. 이자는 낮아졌으나 개인의 소득 창출 활동이 쉽지 않아, 가계 부채는 향후 한국의 경제 운영에 있어 큰 고민거리가 될 것이다. 부채 상환에 개인이 몰두하면 사회 전체의 소비가 줄고, 이것이 경기를 악화시켜 개인의 대출 상환 능력을 저해하는 악순환이 발생할 수 있다. 정부는 이런 악순환을 해소하고자 빚을 못 갚는 채무자들의 빚을 조정하여 채무자들이 빚을 갚게 하는 '국민행복기금'을 출범시켰다. 국민행복기금은 정부가 출연한 일정한 돈을 종자돈으로 해서 금융기관에서 부실 채권을 구입하고, 기존 채무자들로부터 조정된 금액으로 채무 상환을 받는다. 채무자로부터 받은 채무 상환금으로는 다시 금융권으로부터 부실 채권을 구입하며, 또 다른 채무자들로부터 같은 방식으로 채무 상환이 이루어진다. 점차적으로 많은 사람들이 채무 상환 압박에서 벗어나 정상적인 경제 활동을 많은 사람들이 할 수 있도록 하는 것이 이 제도의 목적이다. 2014년 3월 현재 국민행복기금이 출범한 지 1년이 지났는데, 이 제도로 25만 명이 2조 8,000억 원의 원리금을 감면받았다.[22]

산업적 금융 활동

상업 활동 등에 활용되었던 고리대금업은 채무자가 노예가 될 수도 있는 폐해가 발생하여 중세 가톨릭에서는 죄악시되었다. 그러나 중세 말에는 유

---

22) 『한국경제신문』 2014년 3월 28일자.

럽의 이런 분위기 속에서도 피렌체, 베네치아는 금융을 통해 번영하고 있었다. 피렌체 등의 도시국가는 이슬람과의 향신료 무역 등을 통해 부를 축적했다. 이들은 무역 자금을 금융으로 조달했다. 이때의 금융은 사업자에게 사업 자금을 대출하거나 공동으로 사업 자금을 출자하는 형태로 이루어졌다. 도시국가들은 부를 축적해갔고, 축적된 부를 기반으로 유럽에서는 르네상스 시대가 열렸다. 보험, 출자 등의 금융 활동을 통해 거둔 이들의 성공은 그 후 유럽 전역으로 확산되어 유럽의 발전을 이끌었다.

1609년에는 네덜란드에서 동인도주식회사가 설립되었다. 동인도주식회사는 선박 구입 자금, 해외무역에 필요한 자금을 주식 교부를 통해 마련했다. 그리고 무역 후 발생한 이익은 주주들이 나누어 가졌다. 회사의 주인이 분산되어 주주 1명이 사망해도 회사 소유권이 문제되지 않아 회사는 계속적으로 운영되었다. 네덜란드 금융 시장에서는 채권이 발행되었고, 옵션·선물·공매도 등도 행해졌다. 많은 자금이 금융 시장으로 들어왔고, 이들 자금은 자금을 필요로 하는 회사들로 흘러들어갔다.

유럽은 위와 같이 발달된 금융을 기반으로 면·방직 공업, 철도, 철강, 기계, 화학 등의 여러 산업을 발전시켰다. 근대 유럽의 왕들은 전쟁 수행 시 필요한 전쟁 자금을 국채를 발행해 조달했다. 전쟁 자금조달의 원활함이 전쟁의 승패를 결정적으로 좌우하기도 했다. 승전 후 승전국은 패전국에 전쟁 비용을 청구해 국채를 갚았다. 특히 영국은 이런 금융 활동을 잘하여 '해가 지지 않는 나라'를 건설할 수 있었다. 이처럼 금융은 국가 산업을 일으키는 등 국가의 흥망성쇠에 큰 영향을 미쳤다.

위에서 본 대로 산업 자금에 필요한 돈은 직접금융이나 간접금융의 형태로 조달된다. 직접금융은 기업이 주식을 발행하는 것과 같이, 자본 시장에서 자금을 필요로 하는 사람이 직접 자금 공급자로부터 자금을 조달받는 것이다. 주식 발행으로 기업이 자금을 조달한 후, 기업은 이윤을 주주들에게 나누어주지만 사업 중에는 이자 등을 지불하지 않는다. 사업 성공 후 이윤을 궁극적으로 주주들에게 지불해야 하므로, 직접금융을 통해 자금을 조달할 때 회사의 자본 비용은 매우 크다. 반면 간접금융은 자금 수요자가 자금 공급자가 아닌, 제3자인 은행 등에서 대출을 통해 필요한 자금을 조달하는 방식이다. 간접금융을 통해 자금을 조달하면 자본 비용이 크지는 않으나, 기업은 사업 수행 시 돈을 빌린 대가인 이자를 지급해야 한다. 나중에는 원금도 상환해야 한다. 간접금융을 통한 자금조달에 있어서 기업은 사업 수행 시에 이자 및 원금 상환 부담으로 자금 압박에 시달릴 수 있다. 직접금융, 간접금융은 각각의 장단점이 있다. 많은 회사들은 자금조달 시 직접 및 간접 금융을 복합적으로 활용해 자금을 조달한다.

산업적 금융 활동도 경기 상황에 많은 영향을 받는다. 한국은 1997년 외환위기로 신용 시장이 경색되었다. 기업들은 대출을 통해 자금을 조달하기가 어려웠다. 그래서 국가와 자본 시장 담당자들이 뜻을 합해 자본 시장으로 시중 자금을 끌어 모아 기업들에게 필요한 자금을 공급하기도 했다. 이때는 향후 한국 경제가 살아난다는 기대감이 있어서 자본 시장으로 자금이 몰려들었다. 2000년부터 한국 경제가 살아나자, 자본 시장을 통한 기업의 자금조달 활동은 활기를 띠기도 했다. 2001년에만 코스닥에 신규 상장한 회사는 171개 사에 이르렀다.[23] 그로부터 10여 년이 지난 후 한국 경제의 성장률은 5% 수준에서 2~3% 수준으로 낮아졌다. 경기침체는 코스닥 신규기업 상장 수에도 영향을 주었다. 2012년에 경기침체로 한국의 코스닥 시장에 상장한 회사는 21개 사에 불과했다. 2000년 초의 세계적인 IT 붐에 따라 많은 기업들이 코스닥 시장에 상장했을 수도 있다. 그러나 10년 전과 후에 신규기업 상장 활동이 위와 같이 차이가 난 것은 산업 활동이 경기에 큰 영향

23) 『매일경제신문』 보도자료(2013년).

을 받고 있기 때문이다. 경기침체는 산업적 금융 활동의 저조를 가져오기 쉽다.

한국의 중소기업들은 자금조달에 있어서 99%가 대출이고, 1%가 투자를 통해 자금을 조달하고 있다.[24] 미국은 이 비율이 투자가 40%, 대출이 60%이고, 독일은 투자가 20%, 대출이 80%이다. 산업자금 조달의 다양화는 기업의 안정성을 높인다. 기업의 사업 성공 시에는 부의 분배도 이루어진다. 한국은 산업 금융 활동에서 직접금융을 통한 자금조달이 낮아 신규기업 출현이 활발하지 못하다. 분업 활동의 위축은 결국 한국 경제의 성장 저하로 이어진다. 한국의 엔젤투자 금액도 2000년 5,000억 원에서 2012년에는 290억 원으로 대폭 축소되었다. 한국은 왜 이렇게 신규기업들의 직접금융 활동이 저조한 걸까? 코스닥 시장에서 사기성으로 자금을 조달했던 기업들의 지난 행태도 한국의 직접금융 활동이 저조하게 된 원인의 하나이다. 2000~2002년에 코스닥 시장에서 대표이사의 횡령, 고의 부도, 사기성 유상증자 등으로 많은 투자자들은 손해를 입었다. 이런 행태가 결국 코스닥 기업들의 상장 요건을 어렵게 만들었고, 많은 투자자들은 엔젤투자에 등을 돌렸다. 네이버, 카카오톡과 같이 수십 배 자본 차익을 거두는 회사들이 많이 나와 투자자와 상장사 모두가 발전해야만 직접금융 시장이 활성화된다.

창업자금 조달에 있어 직접금융 활동의 저조함은 벤처 창업 활동을 저조하게 만들었다. 한국은 창업자금의 78.5%를 대표이사 등이 보증을 통해 조달하고 있다. 기업이 부도가 나면 대표이사 등은 신용 불량자로 전락하므로 한국의 젊은 사람들은 창업 활동을 꺼린다. 한국 정부는 벤처 기업에 대한 낮은 투자를 극복하고자 벤처 투자에 대한 세제 혜택을 확대했다. 엔젤투자자는 투자 금액이 5,000만 원 미만이면 세금정산 시 소득공제 비율을

24) 『매일경제신문』 보도자료(2013년).

50%로 적용받고, 5,000만 원 초과 시에는 30%를 적용받을 수 있다.[25] 1,500만 원 이하일 때는 100% 소득공제를 받는다.

한국에서 벤처 금융은 위험보다는 안전을 선호하고 있다. 벤처 금융은 대기업에서 분사한 기업, 매출 규모가 큰 기업, 기업 연수가 많은 기업 중 개인 회사였다가 법인기업으로 전환한 곳 등, 안전한 기업 위주로 투자를 하고 있다.[26] 이것은 벤처 투자 금액의 저조로 이어졌다. 2011년에 미국의 벤처 투자 금액은 326억 달러, 중국은 59억 달러, 이스라엘은 16억 달러, 한국은 11억 달러였다. 한국 정부는 벤처 기업에 자금이 잘 조달되지 않는 문제점을 해소하고자 벤처 기업이 기술력을 평가받아 기술 가치에 따라 자금을 조달받을 수 있는 기술정보 회사 제도를 시행할 계획이다.[27] 기술정보 회사는 벤처 회사 등의 기술을 평가해 금융권이나 투자자에게 정보를 제공한다. 벤처 회사는 이를 토대로 금융권으로부터 자금을 대출받거나 투자자로부터 자금을 모집할 수 있다.

실리콘밸리와 이스라엘의 많은 하이테크 기업들의 성공은 투자금융이 있었기에 가능했다. 한국에서도 '하유미 팩'으로 유명한 제닉이 연매출 100억 원의 기업으로 성장하는 데 있어 엔젤 투자자의 도움이 있었다. 2003년 제닉은 자금난에 시달렸다. 이때 제닉은 지분 35%를 엔젤 투자자들에게 넘겨 자금을 조달했다. 제닉은 위기를 극복했고, 제닉은 그 후 크게 성장했다. 엔젤투자 활동은 고위험-하이리턴이다. 주성엔지니어링의 대표인 황철주 씨는 10여 년간 엔젤투자로 100억 원대의 손실을 입었으나, 3번의 엔젤투자 성공으로 손실을 모두 만회했다.

세계화된 오늘날의 금융 활동에서 자금은 전 세계적으로 움직인다. 그래

25) 『머니투데이』 2014년 1월 16일자, 『연합뉴스』 2014년 3월 5일자.

26) 『매일경제신문』 보도자료(2013년).

27) 『매일경제』 2014년 4월 16일자.

서 기업들은 필요한 자금을 해외로부터 조달받을 수도 있다. 손정의 일본 소프트뱅크 회장은 중국 알리바바의 지분 34%를 200여억 원에 인수했다.[28)] 그의 알리바바 지분 가치는 현재 580여억 달러에 이른다. 손정의 회장은 3,000배의 투자 수익을 거두었다. 세계의 상업적, 산업적 금융 활동도 세계 경기에 영향을 받고 있다. 2007년에 국가 간 대출과 투자 자금 규모는 11조 8,000억 달러였으나, 금융위기로 2009년에는 1조 7,000억 달러로 급감했다. 이 규모는 2012년에 4조 6,000억 달러가 되었고, 세계적으로 이동하는 자금 규모도 세계 경기 회복으로 확대되고 있다. 상업적, 산업적 금융 활동은 세계 경기에 영향을 받으면서 움직이나, 한편으론 금융 활동이 세계 경기에도 영향을 미친다. 금융 활동이 적정 수준을 넘어 활발할 때는 버블이 발생하거나 경기 호황이 나타나곤 했다.

금융 자본으로서의 금융

오늘날 많은 사람들은 펀드나 연기금에 가입하고 있다. 펀드나 연기금은 투자 자본이 되어 금융 시장에서 돈을 버는 활동을 한다. 많은 사람들은 주식 시장, 상품 시장 등에서 직접 투자 활동을 하기도 한다. 시장에서는 주식, 선물, 옵션, 석유, 구리, 밀, 옥수수 등의 다양한 투자 상품들이 투자자를 유혹한다. 개인들이 금융 시장에서 기업가처럼 돈을 벌기도 하고 잃기도 한다.

금융 자본이 투자 자본이 되어 세계적으로 활동하는 현상들은 언제, 어떻게 시작되었을까? 1944년 브레튼우즈 체제 출범 시 국제간의 자본 이동

28) 『한경비즈니스』 2014.6.2. 일자.

은 엄격하게 규제되었다. 실질적인 기축 통화였던 금을 각국 정부가 비축하고 싶어서 각국은 국제 간 자본 이동을 규제했다. 기관 투자자 간에는 대출 및 채권 매매 활동이 국제적으로 행해지기도 했다. 1920년대에 미국은 1차 세계대전 후 배상금에 허덕이던 독일 정부에 달러를 대출해주기도 했다. 그러나 전반적으로 국제간의 자본 이동은 1960년대 이전까지 저조했다. 개인이 오늘날처럼 직접 해외 주식과 채권을 구입하는 활동은 1970년 이전에는 거의 없었다. 영국이 1931년 파운드의 금 태환을 감당하지 못해 금 본위제를 포기했던 것에서 보더라도, 각국은 황금의 보유에 무척 신경을 썼다. 1961년에 OECD가 출범하자 국제간의 자본 이동은 완화되거나 자유화되는 방향으로 움직였다. 1971년에 미국은 고정환율제를 철폐하고, 국제간 거래에서 달러와 황금과의 교환을 금지했다. 각국 정부는 불태환지폐를 주요 통화로 사용했고, 불태환지폐의 국제간 이동과 교환을 금지시킬 필요도 없어 국제간의 자본 이동은 활성화될 수 있었다. 환율제도가 고정환율제에서 변동환율제로 변경되자, 투자자들은 각국 통화에 대한 투자로 환차익도 거둘 수 있었다. 1972년 CME(시카고 상품거래소)에서는 통화 파생상품의 거래가 시행되었다. 그 외 주가지수 선물, 옵션 등의 거래도 이곳에서 행해졌다. 투자자들은 다른 나라의 통화, 주식, 선물, 옵션 등에도 투자하게 되었다. 각국 화폐에 대해 투자를 하는 시대가 본격적으로 개막되었다.

이처럼 금융 자본의 국제간 이동이 본격화된 것은 40여 년에 불과하다. 금융 자본의 국제화 역사가 짧다 보니, 금융의 세계화 과정에서 여러 문제점도 발생했다. 앞에서 보았듯이, 1980년대 말 일본 경제가 호황일 때 세계의 많은 자본이 일본에 유입되었다. 일본인들도 부동산 및 주식 등의 투자에 몰두했다. 그 결과 일본의 부동산, 주식 시장에서 큰 버블이 발생했다. 1990년대에 일본 버블은 붕괴되었고, 일본인들은 투자 자금 손실로 버블 붕괴 이후 20여 년간 경기침체에 시달렸다. 이처럼 국제간의 자본 이동이 버블과 버블 붕괴를 가속화시키곤 했다. 1997년 아시아의 외환위기 때에도 국제 자본은 빠르게 움직였다. 그 결과 태국, 인도네시아, 한국 등의 국가들은 대외 지급을 제대로 할 수 없어서 IMF에 구제 금융을 신청했다. 세계의 자본이 어떤 나라에 유입되고 단시간에 대량으로 유출되는 활동은 이처럼 국가 경제에 여러 문제점을 발생시켰다. 1990년대에는 외국 자금이 개발도상국들에 많은 자금을 대출해주었었다. 이들 국가의 금리도 높았고 성장 가능성이 많았기 때문이다. 그러나 개발도상국들이 빚을 제때에 갚을 수 있느냐 하는 것이 회의적일 때, 금융 자본은 냉정하게 개발도상국에서 자금을 회수했다. 금융 자본이 어떤 나라에 활발히 투자할 때는 그 나라의 경제가 좋거나 좋아질 것임을 의미한다. 해외 금융 자본이 국내에 많이 유입된다고 덩달아서 시장에 필요 이상으로 국내 투자자들의 돈이 금융 시장에 유입되어 버블이 발생하는 것은 지양되어야 한다. 그러나 전반적으로 국가 간의 자본이동이 활발해짐에 따라 세계는 더 평화로워졌고 세계 경제도 활발하게 성장하였다.

금리와 경제

1997년 1월에 한보철강은 부도를 냈다. 이때 한보철강의 자산은 5조 1,000억 원이었으나 부채는 6조 6,500억 원이었다.[29] 한보철강은 부도 시 자본 잠식만 1조 1,300억 원에 달했다. 자기 돈은 한 푼도 없이 부채만으로 공장을 건설하는 경영 활동을 그 당시 한보철강은 했다. 한보철강은 왜 이렇게 무리

29) 『연합뉴스』 1997년 6월 27일자.

하게 사업 확장을 할 수 있었고, 은행들은 어떻게 이런 상황에 있는 한보철강에 자금을 대출해줄 수 있었을까?

그 이유는 정태수 회장이 밝혔듯이, 미래에는 금리가 하락하여 사업에 있어 투자 수익성이 있다는 판단 때문이었다. 은행들은 정치적 입김 등에 영향을 받아 한보철강에 자금을 대출해주어서, 한보철강은 많은 자금을 대출받을 수 있었다. 정태수 회장 등 당시 한보 경영진은 10%의 금리가 5%로 하락하고 철강 사업으로 3~4년간 20~30%의 매출 이익률을 거두면, 차입 경영은 문제가 되지 않을 것으로 판단했다. 실제로 2000년대 초반에 중국의 철강 수요 폭증과 철강 공급 부족으로 국내 철강사들은 2~3년간 높은 영업 이익률을 기록했다. 그러나 정태수 회장은 경기가 침체되거나 국내 금리가 상승할 수도 있다는 것을 생각하지 못했다. 1997년에 한국 경기가 침체되자, 한보철강은 차입금 부담으로 쓰러졌다. 개인이나 기업의 비정상적인 차입 활동은 금리가 아무리 낮아도 외부 환경 요인에 의해 개인 및 기업을 부도 낼 수도 있어 매우 위험하다.

한국의 가계 신용은 2005년 말 521조 원에서 2014년에는 1,000조 원을 넘어섰다. 이 기간에 기준 금리는 5%대에서 2.5%대로 하락했다. 금리하락 시에 개인의 부채는 증가했다. 금리를 낮추어 경기를 부양해야 하므로 금리 하락은 경제가 하강하고 있다는 신호이다. 경기가 어려우면 개인은 대출 활동을 통해 당장 급한 자금을 마련한다. 금리가 하락하면 이자 부담이 줄어들어 개인은 부채 규모를 증가시키기가 용이해진다. 이처럼 경제 성장률이 하락기일 때 단행되는 금리 인하는 가계, 정부 등의 소득과 소비에 많은 영향을 미친다. 금리가 하락하더라도 인구 감소에 의해 경제가 하락 중일 때는 투자가 증가하기 어렵다. 그러나 경제가 성장 중일 때 금리 하락은 투자와 소비의 증가를 가져와 경기침체를 극복하는 데 효과적일 수 있다. 이때에는 투자 과다에 따른 버블이 발생할 수도 있다.

기업의 투자 활동에도 금리가 영향을 미치지만, 기업은 경제 상황과 미래 수익성을 투자에서 최우선으로 고려한다. 기업은 금리가 높아도 많은 투자를 할 수 있는 반면, 금리가 낮아도 사업성이 없으면 투자를 하지 않는다. 1990년대 중반에 한국의 금리는 10%였으나, 한국의 GDP 대비 투자 비율은 38% 전후였다. 반면 최근에는 회사채 금리가 4%대이나, 기업은 투자를 많이 하지 않아 2013년 한국의 GDP 대비 투자 비율은 28%대로 하락했다. 하락세의 경제에서는 투자를 통해 부를 증가시킬 확률이 낮아져 이런 현상이 발생한다. 투자를 통해 개인과 기업의 부가 활발하게 증가하는 경제에서 저금리는 경제 호황을 발생시키곤 했다. 앞의 '계'에서 보듯이 개인도 성장기의 경제에는 이자율 이상의 부를 창출하기가 용이했다.

오늘날 미국, 일본, 유럽 등 많은 국가들은 저성장 시대로 진입해 금리를 0%대로 운영하고 있다. 시장자본주의가 진행될수록 고금리가 저금리로 흐르고, 경기는 침체에 빠지는 것은 필연일까?

한국의 금융

1990년대부터 본격적으로 시작된 세계 금융 전쟁에서 한국은 패배했다. 한국이 금융 전쟁에서 패배한 원인은 환율 관리의 실패와 세계적인 금융자본의 투자 활동 흐름에 대한 무지 때문이었다. 먼저, 한국이 환율 관리에서 실패한 것부터 살펴보자.

1945년 해방 이후 1979년까지 한국의 누적 무역 적자는 250억 달러였다. 국가가 아무것도 없는 상태에서 경제개발을 하다 보니 자본재 등을 수입할 수밖에 없었고, 이것이 한국의 무역 적자를 누적시켰다. 그러나 250억 달러는 1970년대 말 한국 수출 총액의 2.5배에 이르는 매우 큰 금액이었다. 1980년대에 한국은 세계 4대 채무국이기도 했다. 1970년대에 환율은 300원대에서 400원, 500원으로 꾸준하게 상승했다. 그래도 무역 적자를 고려하면 이때 환율은 좀 더 평가 절하될 필요가 있었다. 1980년대에는 환율이 600원에서 800원 사이에서 움직였다. 한국의 환율이 무역 적자 누적으로 꾸준하게 평가 절하되었으나, 1970년대와 1980년대의 한국 환율은 무역 적자를 감안하면 여전히 고평가 상태였다.

환율의 고평가 상태에서도 한국은 미국 경제가 호황을 보여 1986~1989년까지 무역수지에서 최초로 흑자를 이루기도 했다. 이 기간의 무역 흑자 때문에 한국은 무역에서 번 돈으로 외채를 상환할 수 있다는 자신감을 가졌다. 1990년대에 한국은 메모리 반도체에서 세계 최고가 되는 등, 한국의 경제 구조는 질적으로 도약했다. 한국이 외환위기를 맞게 된 과정을 앞에서도 보았으나 좀 더 자세히 살펴보자.

1993년에 한국은 OECD에 가입했다. 한국은 1990년대에는 지속적으로 무역 적자를 기록했다. 이 당시 한국에는 환율의 평가절하가 필요했다. 그러나 정부 당국은 1970년대, 1980년대에 무역 적자가 나도 경제적으로 큰 문제가 없었기 때문에 환율 상승에 대해 생각하지 않았다. 오히려 국민소득 2만 달러를 유지하고자 정부는 환율 하락을 선호했다. 정부의 이런 생각과 더불어 진행된 자본 자유화로 기업과 은행들은 해외 자본의 차입을 확대했다. 기업들은 정부의 행태를 통해 환율이 상승하기 힘들 거라고 예상할 수 있어서, 기업과 은행들은 외환 차입에 두려움을 가지지 못했다. 1997년 말이 되자 한국의 누적 무역 적자는 885억 달러에 달했고, 기업들의 해외 자금 차입금은 460억 달러, 금융권의 단기 외채는 600억 달러에 이르렀다(총 대외 채무는 1,800억 달러에 이르렀다).

이런 상황에서 한국은행이 갖고 있는 외환은 300억 달러에 불과했다.

1997년 한국의 수출은 1,360억 달러, 수입은 1,446억 달러였다. 누가 보더라도 이때는 한국의 대외 지불 능력이 의심스러운 상황이었다. 한국에는 큰 폭의 환율 상승이 필요했다. 국제적으로도 1994년부터 시작된 미국의 금리 인상으로 엔화는 1달러에 100엔에서 1997년에는 131엔까지 상승했다. 일본과 수출 경합품이 많았던 한국은 원화 약세가 필요했으나, 한국 정부는 원화 강세를 고집했다. 그 당시 한국의 환율 시스템은 변동고정환율제로 정부가 환율을 어느 정도 조정할 수 있었다. 한국에 대한 불안감으로 외국인들이 한국 시장에서 발을 빼자, 환율은 정부 의도와는 다르게 상승하기 시작했다. 이때 외국인의 행태는 한국에게 외환위기까지 가지 말라는 마지막 기회를 준 것이라고 볼 수도 있다. 그러나 정부는 무모하게 환율 상승의 방어에 매진했다. 결과는 한국은행의 외환 보유고 고갈로 이어졌다. 그리고 그해 12월 한국은 외환위기를 맞았다.

1997년 12월 한국은 IMF에 구제 금융을 신청했다. IMF는 한국에 구제 금융을 지원해주는 대신, 기업 구조조정과 긴축 정책(고금리, 정부 지출 축소 등)을 한국에 요구했다. 한국에 대한 대출금이 부실화되자, 이것을 받아내기 위해 해외 채권자들의 요구가 반영된 IMF 조건을 한국은 수용할 수밖에 없었다. 환율은 1997년 1달러에 700원대에서 1998년에는 2,000원까지 폭등했다. 국내적으로는 긴축 정책을, 대외적으로는 수출 확대를 통해 한국은 1998년 무역수지에서 400억 달러의 흑자를 기록할 수 있었다. 1998년부터 2012년까지 한국의 무역수지 흑자 누적 액은 2,377억 달러에 이르렀다. 이 기간에 외국인들은 한국에 대한 순 투자금 254억 달러를 6,947억 달러로 둔갑시켰다.[30] 주식, 선물, 옵션, 채권, 부동산 투자 등을 통해 외국인들은 한국에서 대박을 터뜨렸다. 2013년에 외국인들의 한국 주식 평가액은 400조 원, 채권

30) 『매일경제신문』 김경수 칼럼 내용자료 참조(2013년).

보유 금액은 100조 원 정도이다. 외국인들은 부동산과 한국 원화, 예금 등의 자산을 갖고 한국 시장에서 금융투자 활동을 하고 있다. 이들 자금이 매년 7% 정도의 수익을 거둔다면, 외국인들은 매년 500억 달러에 이르는 돈을 한국 시장에서 벌게 된다.

물론 외국인 간의 주식 교체 매매 등이 지속되면, 외국인 주식보유 금액은 크게 우려스러운 것도 아니다. 주가 상승과 더불어 한국의 외환 보유고도 커지기 때문이다. 그러나 전반적으로 외국인 자산 규모의 확대로 한국에서는 매년 일정 자금이 유출될 수 있다. 사실 한국은 금융 부문도 개방하면, 한국이 성공한 제조업처럼 성공할 줄 알았다. 불행하게도 현재까지 한국은 금융 부문에서 성공하지 못했다. 2013년에 한국 3대 은행의 국외 수익 비중은 1.4%에 불과했다.[31] 스위스는 이 비율이 66.3%, 영국은 57.4%, 일본은 20.7%이다. 은행의 해외점포 자산 비중은 전체 자산의 4%이고, 증권은 0.8%, 생명보험은 0.2%, 손해보험은 1.2%에 불과했다. 돈이 돈을 버는 시대에 한국의 금융은 이처럼 낙후되어 있다. 그러나 한국의 경상수지 흑자가 누적되고 있어, 한국도 일본처럼 소득수지에서 막대한 흑자를 거두는 경제 구조를 갖추게 될 것이다. 그리고 이것을 잘하기 위해서 한국은 금융투자 실력을 지속적으로 배양해야 한다. 금융을 잘해야만 경제가 건강한 시대에 우리는 살고 있다.

31) 『매일경제신문』 2013년 10월 7일자.

05
점증하는 경제 위험

위험과 경제 활동

위험은 손해의 가능성이다. 위험이 많으면 손해 볼 가능성도 크다. 개인에게 손해가 발생하면 개인의 소비 활동은 위축된다. 따라서 소비 침체에 따른 경제 불황을 방지하기 위해서는 위험 관리가 필요하다.

위험은 본질적으로 현재가 아닌 미래에 발생 가능한 것들을 의미한다. 그런데 미래는 불확실하므로 위험도 불확실하다. 사람들에게 위험이 닥칠 수도 있고, 그렇지 않을 수도 있다. 위험이 실제로 발생하면 경제적으로 많은 타격을 입을 수 있어서, 사람들은 사전에 위험을 대비하기도 한다. 위험을 대비하는 데는 금전적, 정신적 노력이 수반된다. 사람들은 본인의 재정 능력과 위험 대비 비용을 검토해 자신에게 맞는 위험 대비 수준을 결정한다. 이것을 위해서는 사전에 정확한 정보의 수집과 보유가 필요하다. 올바른 정보의 빠른 습득과 분석, 위험에 대한 정확한 평가가 위험 대비에 있어서 중요하다.

정보와 위험, 투자 활동의 유명한 예로, 워털루 전투와 로스차일드가의 채권투자 사례가 있다. 영국과 프랑스의 워털루 전투에서 사람들은 어느 나라가 승리한지를 몰랐다. 승리한 나라의 채권 값은 상승하고 패전한 나라의 채권 값은 폭락하므로, 누가 승리했느냐는 채권 투자자에게 매우 중요했다. 이런 상황에서 네이선 로스차일드는 로스차일드가의 정보망을 통해 워털루 전투에서 영국이 승리한 것을 발 빠르게 알아냈다(웰링턴 장군의 특사가 영국에 승전 소식을 알리기 하루 전에 그는 영국의 승리를 알았다). 승전 소식을 알고 주식 거래소에서 영국 국채를 사야 함에도 불구하고, 그는 반대로 시장이 열리자마자 영국 국채를 매도했다. 그의 행태는 투자자들의 채권 투매를 불러왔다. 왜냐하면 영국의 여러 투자자들은 익히 로스차일드가의 정보망을 알고 있어서, 영국이 패전했기 때문에 네이선 로스차일드가 영국 국채를 매도하는 것으로 생각했기 때문이다. 순식간에 영국 국채는 액면가의 5%도 안 되는 휴지조각 수준으로 폭락했다.[32] 그러자 네이선 로스차일드는 이번에는 반대로 영국 국채를 은밀하게 닥치는 대로 사들였다. 다음날 웰링턴 장군의 특사가 승전 소식을 전했고, 영국 국채는 폭등했다. 네이선 로스차일드는 하루 동안 20배의 차익을 거두었다. 사람들이 위험에 대응하는 태도와 정보 수집력의 차이는 이처럼 시장에서의 성공과 실패를 가르기도 한다. 오늘날 많은 사람들은 위험의 불확실성에 대비하기 위해 저축과 보험 등에 가입하기도 한다.

32) 쑹훙빙 지음, 차혜정 옮김, 『화폐전쟁』, p 25.

경제 주체별 위험의 형태

개인, 기업, 정부 등도 많은 위험에 노출된 채 살아가고 있다.

개인에게 가장 큰 경제적 위험은 평균수명이 늘어나는 것이다. 노후를 대비한 자금이 더 많이 필요하기 때문이다. 오늘날에는 평균수명 증가로 개인의 재정적 위험도 증가하고 있다. 오래 사는 것이 축복이 아닌 세상에 우리는 살고 있다. 한국에서는 10명 중 1~2명을 제외한 대부분의 사람들이 노후 대비를 제대로 하지 못하고 있다. 그저 노후 대비를 국민연금과 퇴직금에만 의존하고 있다고 많은 사람들이 대답했다. 노후 자금을 마련하기 위해 개인은 근로소득을 극대화하거나 자산소득을 증가시켜야 한다. 앞에서 보았듯이, 근로소득을 통해 노후를 대비할 수 있는 사람들은 전체 소득자 중 20~30%에 불과했다. 그래서 미래에 개인은 60세가 아닌 70세까지 일하게 될 가능성이 높다. 상위 소득자를 제외한 70~80%의 사람들이 제대로 된 노후를 준비하기 위해서는 국가의 복지정책을 통한 재정적 지원이 필요하다. 그러나 인구 구조가 고령화되어감에 따라 젊은 부양 인구는 감소하고 있는 반면, 노인 인구는 늘어나고 있어서 국가의 복지 재원 마련이 쉽지 않다. 경제 체질이 약화됨에 따라 개인의 위험도 이처럼 증가하고 있다.

오늘날 기업들은 항상 생존 위험에 시달린다. 신기술을 개발하고 원가 절감을 이루면서 제대로 된 제품을 시장에 내놓아야만 기업은 생존과 번영을 이룰 수 있다. 한때 애플이 사용자 편리 기술을 통해 전 세계 스마트폰의 혁신을 선도했었다. 애플의 혁신으로 휴대폰 시장에서는 기존의 강자였던 노키아와 블랙배리가 몰락했다. 전 세계 시장에서 기업의 부침은 이렇게 심하다. 많은 기업들은 내부 유보금, 배당금, 차입금 등을 적절하게 배분하고 유지하여 시장의 위험에 대비하고 있다.

많은 국가의 경제도 노령화와 인구 감소로 침체의 위험에 놓여 있다. 콘트

라티에프는 50~60년을 주기로 경제는 확대, 정점, 후퇴, 수축, 저점, 회복, 확장을 반복한다고 말했다. 그는 기술혁신이 50~60년을 주기로 발생하여 경제가 일대 변혁과 발전을 이룬다고 주장했다. 지난 100년간의 세계 경제 흐름은 그의 주장대로 움직인 면이 많았다. 미국의 주가 지수는 지난 300년간 장기적으로 상승만 했다. 그러나 오늘날의 경제에서는 유럽, 일본처럼 인구 감소에 따라 경제는 후퇴, 수축, 저점이 반복되는 현상도 나타나고 있다. 경제가 침체함에 따라 이들 나라에서는 과거와 같은 기술혁신도 많이 나타나지 않고 있다. 물론 이런 침체기의 경제에서도 기술혁신을 통해 경제의 확장과 정점 통과 현상은 발생할 수 있으나, 그 발생 확률이 경기침체로 인해 낮아지고 있다.

국가는 국제 경쟁의 심화로 다른 나라와의 경쟁에서 뒤처질 위험에 시달린다. 전쟁의 시대에 국가는 존립의 위협에 시달리기도 했다.

세계화로 인해 시장의 위험도 증가했다. 자국의 시장이 양호하게 작동해도, 타국의 시장이 불안하면 자국의 시장도 불안해진다. 미국 금융위기, 유럽 재정위기 때 우리는 이런 것을 몸소 체험했다. 태평양 건너에 있는 나비의 날갯짓이 태평양을 건너면 태풍으로 변화될 수 있듯이, 세계 각지의 사건 사고가 세계 각국의 금융 시장에 많은 영향을 미친다. 이처럼 시장이 항상 급변하고 변동성이 큰 위험 속에서 우리는 살아가고 있다.

위험과 투자 활동

금융은 위험을 먹고 산다. 돈이 흐르는 곳에는 항상 위험이 있다. 위험의 와중에서도 사람들은 수익을 거두려고 노력한다. 금융투자 활동에서 위험이 많으면, 많은 사람들은 투자를 꺼린다. 그래서 이런 곳에 투자를 하여 투자 활동이 성공하면, 개인이 가져가는 몫이 커서 투자자는 고수익을 거둘 수 있다. 일반적으로 금융투자에 있어서 위험과 수익은 상반되게 작용한다.

한국인들은 금융자산 중 50%를 현금과 예금으로 보유하고 있다.[33] 반면 미국인들은 금융자산 중 현금과 예금으로 16%만 보유하고 있다. 금융 활동에 있어서 미국인들은 한국인들보다 상대적으로 위험을 더 많이 감수하고 있는 것이다. 미국 주식 시장이 장기적으로 상승한 모습에서 보듯이, 현금이나 예금보다는 주식 등의 투자 수익률이 높아, 미국인들이 위험을 적당하게 안는 투자 행동을 하게 된 것 같다. 반면, 한국에서는 주식 시장의 변동성이 심하고 개인들이 주식 시장에서 돈을 잘 벌지 못하기 때문에, 한국인들은 금융자산 중 현금과 예금을 주식보다 더 선호하는 것 같다. 한국인들이 미국인들보다 상대적으로 위험을 더 기피함에도 불구하고, 기업 부도에 따른 개인의 투자 손실은 한국이 미국보다 더 많은 것 같다. 위험을 기피하여 안전하게 현금과 예금 위주로 금융자산을 운영함에도 왜 한국인들은 기업 부도에 따른 투자 손실을 자주 겪고 있는 걸까?

2013년까지 대체적으로 한국의 경제 성장률은 미국보다 더 높았다. 적어도 최근까지 경제 환경 요인에 의해 한국에서 기업이 부도가 날 확률은 미국보다 낮았다. 그럼에도 불구하고 미국보다 자주 한국에서 개인들은 기업 부도로 많은 투자자금을 손해 보았다. 1999년 대우그룹 부도 시에도 많은 개인 투자자들이 대우그룹 기업어음을 갖고 있었다. 대우그룹 기업어음에 투자한 개인 투자자들은 정부 등을 통해 투자 손실금의 90%에 이르는 돈을 보전 받았으나, 한동안 투자 손실로 고생했다. 2011년부터 2012년까지 영업 정지된 26개 저축은행에 5,000만 원을 초과하여 예금을 예치한 사람들

33) 『매일경제신문』 보도자료(2013년).

과 저축은행 후순위채 투자자들은 모두 1조 2,047억 원의 손해를 입었다.[34)] 이 가운데 투자 자금 회수금 1,143억 원을 제외한 1조 904억 원은 예금자와 투자자들의 손실로 최종 확정되었다. 2012년과 2013년에는 LIG 건설, STX 그룹, 동양그룹 등에 법정관리가 진행되었다. 이들 기업에 투자한 많은 투자자들은 손해를 보았다. 이 가운데 2013년 10월에 발생한 동양그룹 사태에서는 4만여 명의 투자자들이 1조 3,032억 원의 투자 손실을 입었다. 인구적 요인과 부동산 가격 요인 등에 의해 한국의 건설경기가 침체됨에 따라, 지난 2~3년간 건설회사의 부도가 많이 발생했다. 이들 건설회사에 투자한 투자자들도 많은 손해를 입었다.

미국은 2008년 이전에 주택담보 채권을 우량 채권으로 속여 개인들에게 판매했다는 혐의로 JP 모건은 14조 원, BOA는 6조 원의 배상금을 지급하라는 조치를 취했다. 고객에게 금융 상품을 판매할 때 상품 정보를 고객에게 성실히 고지하지 않아 고객이 손해를 입었다는 것이 금융회사가 배상금을 지급하게 된 이유였다. 미국에서는 이처럼 금융회사들이 불완전하게 금융 상품을 판매하거나 사기성으로 상품을 판매하면 많은 과징금을 부과 받는다. 따라서 금융회사들은 금융 상품을 판매할 때 사전에 금융 상품에 대해 충분히 고객에게 설명한 후 판매한다. 금융 소비자들은 금융 상품 구매 시 사전에 금융 상품이 갖고 있는 위험을 충분히 인지하고 상품을 구매할지 안 할지를 결정할 수 있다. 금융 상품의 판매자와 구입자들의 이런 활동은 장기적으로 기업의 자금 조달을 쉽게 만든다. 위험이 많은 기업들은 금리를 높여 자금을 조달할 기회가 있고, 이것을 금융 상품 구입자 스스로가 판단해 구입하기 때문이다.

반면, 한국에서는 기업 부도 시 발생하는 금융 손실은 금융 소비자가 투

34) 『머니투데이』 2013년 10월 21일자, 2014년 1월 28일자.

자에 실패한 것으로 간주되어, 금융 소비자들이 투자 손실을 전적으로 떠안기도 했다. 개인의 투자 손실 원인이 금융회사들의 불완전한 금융 상품 판매에 기인한 것인지에 대한 고려를 금융 당국은 많이 하지 않았다. 불완전하게 금융 상품을 판매한 금융회사들에 대한 과징금도 고작 5,000만 원에 불과했다. 이와 같은 금융 시장의 작동은 위험 등급이 높은 회사채에 대한 개인들의 투자를 어렵게 만들었다. 그리하여 한때 회사채 시장에서 기업들의 자금조달이 잘 이루어지지 않았다. 실제로 2013년 10월 동양그룹 부도 후 한국에서는 동양그룹과 비슷한 상황에 놓여 있다고 간주되는 회사들의 회사채 발행과 유통이 한동안 경색되기도 했다. 산업은행은 이런 회사들의 회사채를 일정 규모 인수하여 기업 자금조달의 어려움을 해소했다. 동양그룹 부도 후에도 기업어음 시장에서는 많은 기업들이 회사채 시장과는 다르게 자금조달을 활발히 하고 있다. 기관 투자자는 A등급 이상인 기업의 기업어음만 취급하나, A등급 미만 기업들의 기업어음은 기업어음 시장에서 여전히 유통되고 있다.

많은 개인 투자자들이 고위험-고수익을 추구하고 있는 데다 기업어음의 만기가 단기이기 때문에, 기업어음을 통한 기업의 자금조달은 가능하다. 2013년 9월에 기업어음의 만기는 101일이었다. 신용도가 낮은 회사들의 부과 금리는 7~10% 수준이었다. 기업이 부도가 나지 않으면, 2~3년만 투자금을 복리로 운영하면 투자자들은 원금에 가까운 투자 수익률을 거둘 수 있다. 또 기업이 부도가 나더라도 채권 회수율이 50%이상일 것이란 기대감도 작용해, 기업 부도 위험에도 불구하고 사람들은 기업어음에 투자하는 것 같다. 실제로 동양그룹 기업어음 투자자의 60%가 기업어음을 재구매한 투자자들이었다. "설마 어떻게 되겠어?" 하는 개인들의 안도 심리와 발행 회사의 안전을 가장한 위장(부도가 나도 원금 손실은 없을 것이라는 광고)과 금융회사의 불완전 상품판매 및 금융 당국의 허술한 과징금 체계 등으로, 한국에서는 이처럼 많은 투자자들이 투자 손실을 볼 위험이 높은 상태에서 투자 활동을 했다. 침체기 및 수축기의 경제에서는 이렇게 금융 시장이 작동할 가능성이 많아 투자자들은 위험과 수익을 잘 판단해서 투자 활동을 해야 한다.

위험과 금융 소비자 보호

2013년 9월 대법원은 키코 가입에 따른 기업의 손실에 대한 책임은 상품 판매자였던 은행에 있지 않고, 가입자인 기업에 있다고 판결했다. 기업이 환율 하락에 대비하여 키코라는 금융 상품에 가입했기 때문에, 그에 따른 손실도 가입자인 기업에 있다는 것이 판결의 주된 요지였다. 다만 대법원은 은행이 기업에 대출을 해준다는 명목으로 기업들로부터 예금을 유치하는 활동인 '꺾기'와 같은 관행으로 은행이 기업들을 강제적으로 키코에 가입시켰을 때는, 은행들도 기업의 키코 손실 부분에 대해 어느 정도 책임이 있다고 판결했다. 개인과 증권회사의 증권 관련 소송에서도 법원은 증권회사의 투자 권유에 대한 개인 손실에 있어 투자원금 대비 30~50%만 증권회사에 책임이 있다고 판단했다. 이처럼 금융 상품과 관련된 투자손해에서는 가입자들이 일정 부분 이상의 손해를 떠안을 수밖에 없어, 최종적으로 금융 소비자들을 보호하는 것은 금융 소비자 본인일 수밖에 없다. 물론 이익도 금융 소비자에게 돌아간다. 금융 소비자들은 위험과 수익을 잘 판단해서 금융 상품을 선택해야 한다. 이것에 더해 금융회사들이 금융 상품을 불완전하게 팔거나 허위 또는 사기로 판매하는 관행이 근절되도록 금융 당국은 법적·제도적 여건을 마련해야 한다. 앞에서 보았듯이 하강기의 경제에서는 특히 기업 부도에 따른 금융 사고가 자주 발생할 수 있으므로, 이러한 투자 환경을 만드는 것은 매우 중요하고 필요하다.

금융감독원은 금융회사들이 금융 상품을 판매할 때 하는 녹취 의무를 여러 금융 상품에 확대하거나 투자 위험도를 그래픽, 색깔 등으로 표시하는 투자위험 지도를 금융회사들이 제작하고 비치하는 것을 강화할 예정이다. 이로써 금융 소비자들이 사전에 투자위험을 쉽게 알 수 있게 할 예정이다. 국회와 정부는 금융회사가 불완전 금융 상품 판매로 취한 부당이득에 대해 최고 30%의 과징금을 부과할 계획이다. 아예 불완전 금융 상품을 판매한 금융회사들에 대해 영업을 정지시키는 방안도 정부가 추진하고 있다.

개인은 금융에 대한 보호제도가 마련되어 있으면, 위험에도 불구하고 금융 상품 등을 활발하게 구매한다. 예금에 대해서는 예금보험공사가 5,000만 원까지 보장해주는 예금보험 제도가 있다. 저축은행들은 예금보험공사의 예금보장 한도를 활용하여, 부실채권이 상대적으로 많은 상황에서도 예금자들로부터 예금 모집을 많이 할 수 있었다. 예금 가입자들도 예금은 보장되고 금리는 높아 저축은행 예금에 많이 가입했다. 2011년에 많은 저축은행들은 건설사에 대한 PF(프로젝트 파이낸싱) 대출의 부실로 부도가 났다. 저축은행 예금 고객들은 즉시 예금을 찾지는 못했으나, 예금보험공사의 예금보장으로 예금에서 손실은 입지 않았다. 반면 예금보험공사는 저축은행 예금자들에게 12조 6,000여억 원을 지급했다.[35] 이때 예금보험공사는 보험료보다 훨씬 많은 보험금을 지급했다고 한다. 금융 시장에서는 금융 소비자들이 위험에 대비하는 태도가 이처럼 다양하게 나타나고 있다. 그리고 오늘날에는 경기적 요인에 의해 금융 시장의 위험도도 증가하고 있다.

---

35) 『굿모닝투데이』 2014년 4월 26일자.

06
경기침체와 연금

경기침체가 연금에 주는 영향

한국에서 국민의 85%는 노후를 국민연금과 퇴직금에만 의존하고 있다. 많은 한국인들은 당장 먹고 살기가 어려워 노후 준비를 제대로 못 하고 있다. 한국인들이 노후 준비로 여기는 국민연금도 미래에는 재원이 고갈될 우려가 높은 상태에 놓여 있다. 2013년 12월에 국회는 국가가 국민연금에 대해 지급을 보장하지 않아도 된다는 국민연금법 개정안을 의결하기도 했다.[36] 한국인들의 주요 노후 대비 수단인 국민연금마저 지급이 염려되어 국회가 나서서 지급을 안 해도 된다는 법안을 만들 정도이면, 한국인들의 노후 대비는 거의 무방비 상태에 놓여있다. 도대체 왜 이런 현상들이 생기게 된 것일까?

2010년에 한국의 생산 가능 인구는 3,598만 명으로, 전체 인구의 72.6%였다.[37] 현재의 인구 추세가 지속된다면, 2040년에 한국의 생산 가능 인구는

---

36) 『신문고』 2013년 12월 15일자.

37) 『머니투데이』 2012년 6월 27일자.

2,887만 명으로 전체 인구의 56.5%가 된다. 2010년에 노인 인구 대비 경제 활동 인구는 1:10명 수준이었으나, 2050년에는 1:1.5명으로 변하게 된다.[38)]

생산 가능 인구수가 많으면 국민연금 적립액도 많다. 생산 가능 인구수가 2018년부터 감소하기 시작하면, 국민연금 적립액도 감소하기 시작할 것이다. 반면 65세 이상 인구 비율은 2012년 12%에서 2020년에는 20% 이상이 되어, 국민연금의 지급금 부담은 늘어난다.[39)] 앞에서 보았듯이, 일본은 생산 가능 인구가 감소하기 시작할 때부터 본격적으로 경기침체에 시달렸다. 경기침체의 심화는 국민연금 운용 수익률을 하락시킨다. 한국은 2005년 이후 8년간 국민연금 기금의 운영 수익률이 연평균 6%였다.[40)] 이 운영 수익률이 2018년 이후에는 4% 내외로 낮아질 확률이 높아지고 있다. 반면 노인 인구는 2020년에는 현재보다 350~400만 명이 더 늘어난다. 400조 원에 이르는 국민연금 기금은 점차적으로 고갈될 수 있다. 적립금은 적어지는 대신, 지출되는 연금은 많아지기 때문이다.

이러한 미래 상황 변화로 참여정부는 국민연금 수급 비율을 소득의 60% 선에서 40% 선으로 낮추었다. 앞으로는 이 비율이 더 낮아질 수도 있다. 설상가상으로 한국은 기초노령연금을 국민연금과 통합해 2014년 7월부터 운영하고 있다. 65세 이상 노인 중 소득 하위 70%에게 지급하는 기초노령연금은 노인 빈곤을 해소하기 위해 필요하다. 그러나 문제는 노인들에게 지급하는 연금 재원을 어떻게 마련하느냐이다. 기초노령연금 시행 전에 한국은 소득 하위 70% 노인들에게 월 9만 8,000원을 지급했었다. 이 금액을 월 20만 원으로 인상하면, 1년에 3조 5,000억~4조 원의 재원이 추가로 필요하다. 노인 인구가 증가하고 있어 기초노령연금 지급을 위해서는 2040년에는 100

---

38) 2006년 UN보고서 자료 참조.

39) 『서울신문』 2014년 4월 29일자.

40) 『미디어오늘』 2013년 3월 4일자.

조여 원, 2060년에는 229조여 원이 필요하다고 한다.[41] 국가는 기초노령연금 지급에 필요한 재원을 국민연금 운영을 통해 해결할 예정이다. 국민연금은 납부자가 많고 운영 수익률이 높아 현재에는 운영 수익률 중 일부를 기초노령연금 재원으로 활용해도 큰 문제가 없다. 그러나 앞으로는 이것이 어렵다. 국민연금 납부자는 줄고 경기침체로 운영 수익률이 낮아질 수 있기 때문이다. 그래서 현재의 정부 정책은 올바른 해결책이 아니다. 그러면 기초노령연금 재원을 어디서 어떻게 마련할 수 있을까?

기초노령연금은 세금이나 국가 보조를 통해 해결해야 한다. 한국은 2014년에 공무원연금, 군인연금에 국가가 3조 8,000억 원의 예산을 투입할 예정이다.[42] 1조 3,000억 원은 군인연금에, 2조 5,000억 원은 공무원연금에 투입된다. 2013년 기준으로 공무원 퇴직자들은 공무원연금으로 월평균 219만 원을, 군인 퇴직자들은 군인연금으로 월평균 235만 원을 수령했다. 반면 일반 국민은 국민연금에서 월평균 84만 원을 수령했다. 국민연금은 평균적으로 자신이 낸 돈의 1.3~1.8배를 받아가지만, 공무원·군인 연금은 2.3배를 가져가고 있다.[43] 국가가 공무원과 군인 퇴직자들의 연금 지급에 부족한 돈을 세금으로 보충하여 지급하고 있다. 과거 한국에서는 공무원 및 군인의 처우가 낮았다. 그것에 대한 보상으로 국가는 공무원과 군인에 대한 연금 지급금을 높여왔다. 그러나 2014년에 공무원 월평균 급여가 430만 원이고 공무원 직업의 안정성을 고려할 때, 오늘날에는 공무원 처우가 낮지 않다. 현직에 있을 때도 공무원은 대우받고, 퇴직한 후에도 공무원들은 대우를 받고 있다. 그리고 여기에 필요한 돈은 국민 세금에서 나오고 있다. 과거에 낮은 처우를 받던 공무원들을 제외하고 현재 및 미래의 공무원·군인 퇴직자

---

41) 『머니투데이』 2014년 6월 6일자.

42) 『뉴스인』 2014년 4월 24일자.

43) 『연합뉴스』 2014년 4월 10일자.

들에 대한 연금 지급액은 점차적으로 축소되어야 한다. 공무원 및 군인이 받는 연금에는 퇴직금도 포함되어 있어 이들의 연금 수령액이 높다고 한다. 그러나 이런 것을 고려하더라도 공무원이 100세까지 지급받는 연금 구조상 공무원들의 연금 수령액은 비합리적으로 높은 편이라고 추정된다. 공무원 퇴직금에 확정형과 기여형의 운영 수익률을 합리적으로 조화시켜 공무원 연금 규모를 조정할 필요가 있다. 그러나 정치권은 공무원 표를 의식해서 이것에 대한 그 어떤 개혁안도 내놓지 않고 있다. 공무원·군인 연금에 대한 정부의 재정 지원을 축소하고, 이를 통해 사용할 수 있는 재원을 기초노령 연금에 사용하는 것이 바람직하다.

경제가 발전한 국가들에서 인구 감소와 고령화는 일반적인 현상이다. 이들 나라에서 인구가 증가하는 단계에서 마련된 연금제도는 오늘날의 현실과 맞지 않아 개혁이 필요하다. 개인이 내는 연금 보험료는 높이고 받아가는 연금 지급액은 낮추는 방향으로 연금제도가 개혁되어야 한다.

인간은 상황 변화에 적응하면서 발전을 이루었다. 그러나 민주정치 하에서 인간은 때로는 상황 변화에 둔감했다. 선거제도 하에서 기득권의 저항과 정치 논리가 앞서 필요한 개혁을 제때 못 하기도 했다. 그리하여 미국의 디트로이트처럼 많은 지방자치 단체가 파산하는 사례도 발생했다. 결국 파산이란 파국적 결말을 통해서만 기존의 문제가 해소되기도 했다. 국민연금에도 이런 절차가 적용되면, 결말은 끔직하다. 미래는 상관없이 일단 쓰고 보자는 행태는 파산이라는 파국적 결말을 가져올 수 있다. 수건돌리기에서 맨 마지막에 수건을 쥐게 된 사람이 운이 나빠 술래가 되는 것과 같은 현상이 국민연금에서도 발생할 수 있다. 그래서 파국적인 결론에 이르기 전에 각종 연금에 대한 개혁이 필요하다. 그 개혁 방안은 각각의 세대가 조금씩 양보하고 합리적인 틀 안에서 연금제도를 운영하는 것이어야 한다. 인간에 의해 발생된 경기침체는 연금에도 이처럼 강력한 영향을 준다.

GM의 퇴직연금 사례

1950년대 미국에서는 "GM에 좋은 것은 미국에도 좋다."라는 말이 회자될 정도로 GM은 승승장구했다. 2차 대전 종전 후 미국에서는 그동안 허리띠를 졸라맸던 근로자들의 요구가 폭발했다. 종전 후 미국 경기는 전시산업 생산 체제가 정상적인 산업 체제로 전환됨에 따라 경기 상황도 좋았다. 특히 미국 전역에 고속도로망이 건설됨에 따라 자동차 산업 경기가 호황을 이루었다. 자동차 산업 경기 호황으로 자동차 회사들은 공장을 많이 가동할수록 이득이었다. 그래서 미국의 자동차 회사들은 근로자의 파업에 따른 공장 가동 중단보다는, 근로자들의 요구를 들어주면서 공장을 계속 가동하는 것을 선호했다. 2차 대전 후 크라이슬러가 노동자들의 100일간 파업으로 생산에 큰 차질을 보여 손해를 입은 것도 자동차 회사들이 공장 가동을 선호하게 만든 요인이었다. GM은 1949년에 사상 최고의 이익을 거두어 주주들에게 1억 9,000만 달러를 배당금으로 지급했다.[44)]

1990년 초 나는 포병 근무 시 M60 수송 트럭을 타고 훈련하곤 했다. 수송 트럭은 한국전쟁 당시 미군이 국내에 가지고 왔던 트럭들이었다. 대부분의 트럭이 1950년대를 전후해 만들어진 트럭이었다. 40여 년이 흘렀어도 그 트럭들은 잘 굴러다녔다. 그것도 강원도의 험한 비포장 산길을 몇 십년간 큰 이상 없이 굴러다녔다. 그 트럭의 제조사가 GM이었다. 군대에서 군인들이 평소에 자동차를 조이고 닦으면서 관리한 측면도 있으나, 1950년대에 벌써 이런 차를 만들었을 정도로 미국 자동차 회사들은 그때 이미 크게 발전해 있었다. 그런 미국 자동차 회사들이 2000년대 들어 몰락하는 모습은 나에게 매우 큰 충격이었다. GM, 포드 등의 미국 자동차 회사들이 그렇게 앞

44) 로저 로웬스타인 지음, 손성동 옮김, 『복지전쟁』, p.42.

선 자동차 기술력을 지녔었는데, 왜 이들 회사들은 1980년 이후 일본, 독일 자동차 회사와의 경쟁에서 뒤처졌을까?

대부분의 사람들은 과도한 복지 급여로 미국 자동차와 철강 산업 등이 몰락의 길로 들어섰다고 말한다. 그 중 GM은 퇴직자에게 지급한 연금과 건강보험 부담으로 몰락했다. 이런 GM의 복지 체계는 오늘날의 국민연금, 공무원연금, 군인연금 등의 복지 체계에 비유될 수 있다. 그래서 GM의 복지 체계의 역사를 살펴보면서 우리의 미래 연금 개혁방안을 유추해낼 수도 있다.

근로자의 파업에 따른 생산 차질보다는 공장 가동이 유리했던 GM은 1950년 그 유명한 디트로이트 협약을 노동자 조합과 체결했다. 이 협약은 퇴직자들에게 퇴직연금을 지급하고, 병원비 및 건강보험 비용의 절반을 회사가 부담한다는 것이 주요 내용이었다. 노동자의 요구를 들어주는 대신 GM은 노동자들로부터 1955년까지 파업을 하지 않는다는 다짐을 받았다. 공장은 잘 돌아갔고, 1955년에 GM은 10억 달러 이상의 순이익을 거두었다. 그러자 노동자들의 목소리가 다시 커졌다. 그리하여 1955년에 퇴직연금 급여가 50% 상승했다. 회사가 운영이 잘되면 근로자들의 몫도 커질 수 있다. 그러나 퇴직자들에게까지 연금액을 상향해서 지급하고, 퇴직자들의 수가 1970년대부터 많아지자 GM의 경영은 악화되어갔다. 설상가상으로 1970년부터 일본차가 본격적으로 미국에 들어오자, 미국 자동차 회사들의 시장 점유율도 하락하기 시작했다. 미국 국내에서 50% 내외의 시장 점유율을 기록하던 GM의 시장 점유율도 하락하기 시작했다. 1970년대는 고물가 시대였다. 미리 정해진 퇴직연금은 물가 상승으로 그 가치가 시간이 지남에 따라 하락한다. 그러나 GM에 있어서는 퇴직 노동자들이 퇴직연금을 물가 상승을 감안하여 받아감에 따라, 물가가 상승해도 GM의 퇴직금 부담은 늘어만 갔다.

1993년 이후 15년간 GM은 퇴직자에게 복지비용으로 1,030억 달러를 지급했다. 매년 68억 달러를 복지비용으로 사용한 셈이다. GM은 번 돈의 대부분을 복지비용으로 지급함에 따라 신차 개발 등을 잘할 수 없었다. 오히려 회사 경영 압박으로 GM은 하청업체들을 쥐어짰고, GM이 사용하는 자동차 부품에서 문제가 발생하기도 했다. 이런 것들로 GM 자동차는 잔 고장에 시달렸고, GM의 미국 시장 점유율은 계속적으로 낮아졌다. 현재 GM의 미국 시장 점유율은 17~20% 수준이다. 외국 자동차 회사들의 미국 내 시장 점유율이 높아졌으나, GM은 픽업 차나 SUV 등에서 높은 경쟁력을 통해 힘들게 생존을 이어갔다. 그런 상황 속에서도 미국 자동차 회사들이 20여 년간 생존해 나갔다는 것 자체가 놀라운 일이다. 그러나 2000년대 들어 국제 유가가 상승하자, 미국 자동차 회사들은 본격적으로 위기를 맞게 되었다. 그동안 회사를 먹여 살렸던 SUV 등의 자동차가 기름을 많이 먹었었는데, 고유가에 이들 자동차가 잘 팔리지 않았기 때문이다. 2009년이 되어 GM은 경영 압박을 견디지 못하고 파산 신청을 했다.

다시 위의 내용을 정리해보자. GM 등 미국의 주요 굴뚝 기업들은 퇴직연금을 확정형으로 근로자들에게 지급했다. 근로자들이 근로 기간 중에 자신이 적립한 금액 이상을 퇴직연금으로 받아가게 되었다. 이런 퇴직연금 제도는 미국 회사들이 돈을 잘 벌 때는 크게 문제가 되지 않았다. 퇴직연금을 지급해도 회사는 운영될 수 있었기 때문이다. 그러나 차츰차츰 퇴직연금 비용이 많아짐에 따라 회사의 비용 부담은 늘어났다. 비용 부담이 늘어나자 기업들은 비용 절감에 몰두할 수밖에 없었고, 이것을 무리하게 추진하다 보니 상품의 품질이 낮아졌다. 시장 점유율은 하락하고 회사 경영은 악화되는 악순환이 이어져 GM은 결국 파산했다.

1980년대부터 미국의 신생 기업들은 GM의 사례를 반면교사 삼아 근로자들에게 적립한 금액만큼 퇴직금을 지급하는 기여형 퇴직연금 제도를 채택했다. 2009년 파산 신청을 한 후 GM은 미국 정부로부터 495억 달러의 공적

자금을 지원받았다. 미국 정부는 자동차 산업이 제조업의 꽃이라는 것과 일자리 등의 이유로 GM을 되살리기 위해, GM 주식의 60%를 495억 달러에 구입해서 GM의 재기를 도왔다. 2010년에 설립된 새로운 법인체인 GM은 퇴직자들에 대한 건강보험 비용 부담에서 벗어났다. 그리고 기존의 퇴직연금도 파산으로 말미암아 일부 부담을 덜어냈다. GM의 퇴직연금은 미국 퇴직연금 급여 보장청의 퇴직연금 보장보험을 통해 일부 지급되었다. 그리고 기존의 퇴직연금으로 지급할 금액은 퇴직자들에게 새로운 법인체인 GM의 주식 교부를 통해 해소하기도 했다. GM은 사무직 퇴직자 11만 8,000명에게는 290억 달러를 일시금으로 지불하여, 그들로부터의 연금 부담도 덜어냈다.[45]

2013년에 GM은 971만 4,652대의 자동차를 전 세계에 판매하며 부활했다. 2014년에는 2009년 이전에 GM이 생산한 자동차에서 점화 플러그 불량으로 GM은 대규모 리콜 사태를 겪기도 했다. 결국 GM의 사례로 보건대, 기업의 복지도 기업 경영 상태에 맞추어 합리적으로 운영되어야 한다.

국가의 국민연금 운영도 위의 GM 사례와 크게 다르지 않을 것이다. 당장의 정치적인 요인보다는, 멀리 내다보면서 국민연금을 현실의 경제 상황과 조화를 이루면서 안정적으로 운영해야 한다. 하강기의 경제에는 이처럼 여러 가지 문제점이 발생할 수 있다. 그래서 이 하강기의 경제를 멈추는 것이 우리의 당면 과제가 되어야 한다.

45) 『아시아경제신문』 2012년 12월 7일자.

07
경제 상황과 주식 시장

경제와 주식 시장의 흐름

시장자본주의 하에서 많은 국가들은 그동안 성장만 해왔다. 그에 따라 이들 나라의 주식 시장도 장기적으로는 상승만 했다. 그러나 오늘날 유럽, 일본 등의 많은 시장자본주의 선진 국가들에서는 경기침체가 장기간 이어지고 있다. 그리고 이들 나라의 주식 시장도 장기간 침체에 빠져 있다. 루카스는 이런 변화로 선진국들은 자본의 한계생산성이 떨어진다고 말했다(그럼에도 불구하고 오늘날에는 많은 자금이 선진국으로 흘러들어가고 있다). 일본의 니케이 지수는 1990년에 1만 4,000대였었는데, 2014년에는 1만 5,000대이다. 한국도 저성장에 빠진 후 최근 몇 년간 주가 지수가 2,000대 근처에서 정체 중이다.

앞에서 본 대로, 주가가 아래로 향하면 사회의 부는 감소하나, 일부 투자자들은 공매도 등을 통해 돈을 벌 수도 있다. 반면 주가가 계속적으로 정체되면 주식 시장에서 돈을 벌 수 있는 기회는 많지 않다. 주식 시장은 장기적으론 상승했으나, 버블과 버블 붕괴로 단기적으로는 끊임없이 상승과 하락을 반복했다. 1880년에서 1997년까지 선진국은 금융·외환 위기를 108회,

신흥국은 150회를 겪었다.[46] 그러나 이 기간에 경제는 성장했기에 경제 위기는 단기간에 극복되었다. 그러나 앞으로는 이런 흐름이 나타나기 어려울 수도 있다. 인구 감소에 의해 주식 시장 및 자산 시장이 상승보다는 정체 내지 하락을 이어갈 확률이 높기 때문이다. 통화량이 남발되지 않으면 자본 수익률이 성장률보다 높은 상황이 발생하지 않을 수도 있다. 기존의 자산가격이 하락할 수 있기 때문이다.

경제가 성장할 때 금융·외환위기 등으로 시장의 위험이 최고조에 달하면 투자하기에는 매우 좋은 시점이 된다. 위험이 단기간에 해소될 가능성이 높기 때문이다. 그러나 사람들은 미래를 알지 못하고 위험이 언제가 최고 수준인지 판단하지 못한다. 그래서 많은 사람들은 주식 시장에서 돈을 잃기 쉽다. 개인은 성장하는 경제 하에서는 부도 위험이 없고 시장 지배력이 있는 업체에 장기간 투자하면, 이런 위험 요인을 극복할 수 있다. 언젠가는 주가가 과거보다는 높은 시점에 와 있을 확률이 높기 때문이다. 1800년부터 주식과 채권의 투자 수익률을 검토한 결과, 투자 기간이 24개월 이상이면 주식의 수익률이 채권의 수익률보다 높았다고 한다.[47] 1880년부터 1978년까지 미국의 주식투자 수익률은 연평균 7%인 반면, 채권의 투자 수익률은 연평균 1~2%에 불과했다. 성장하는 경제에서는 주식의 장기 투자가 좋은 재테크 수단이 되었다. 세계 500대 기업이 10년 단위로 절반 가까이 교체되는 변동성에도 불구하고, 주식의 장기 투자 수익률은 비교적 높게 나타났다.

이 기간에 경제는 장기적으로 성장했다. 그리고 자본의 투자 수익률이 노동소득의 증가율보다 높았다. 그러나 이런 성장이 정체되면 위와 같은 현상이 발생할 수 있을까? 일본은 1990년대와 2000년대에는 디플레이션으로 현

---

46) 신장섭 지음, 『금융전쟁』, p.59.

47) 이준구 지음, 『36.5℃ 인간의 경제학』, p.263.

금이 최고의 투자 수단이 되기도 했다.

다양한 투자기법이 존재하고 분산투자도 할 수 있어서, 성장하는 경제에서는 자본의 한계수확 체감의 법칙도 적용되지 않을 수 있다. 오히려 돈이 많으면 많을수록 더 많은 돈을 벌 수 있다. 부동산도 상승하고 주식 시장도 상승할 때는 이런 현상이 자연스럽게 발생한다. 부의 증가로 성장하는 경제에서는 부의 분배 여력도 커진다. 그러나 현실의 경제에서는 경제가 성장해도 부의 분배가 악화되어가기만 했다. 앞에서 보았듯이, 노동소득의 증가가 낮은 데다 많은 저 소득자들은 자본투자를 통해 자본소득을 증가시킬 기회마저 없었기 때문이다. 또 주식 투자에 있어서 90%의 개인 투자자들이 성장하는 경제에서도 손해만 보았다. 개인이 주식 시장에서 왜 이렇게 손해를 보게 되었는지에 대해 좀 더 자세하게 살펴보자.

행태경제학과 주식 투자

경제학은 인간이 경제 활동을 할 때 합리적이고 이기적으로 행동한다고 가정한다. 그러나 현실에 있어 인간은 반드시 합리적으로만 행동하지는 않는다. 인간이 하는 실제의 행동과 이런 행동을 야기한 인간의 심리를 주목하여 인간의 경제 활동을 분석하는 이론이 행태경제학이다. 행태경제학의 이론들은 인간의 여러 활동에서 포착되지만, 주식 시장에서 특히 많이 관찰된다. 그런 인간의 행동을 살펴보자.

개인 투자자들은 주식 시장에서 가격에 대한 객관적 분석 없이 상한가 주식을 충동적으로 매입하기도 한다. 어떤 개인 투자자들은 손실 중인 주식을 손실 확정이 싫어 무작정 보유하기도 한다. 앞으로 더 오를지도 모르는 주식을 주가가 조금만 상승해도 개인들은 팔아치운다. 개인들은 주식 가격 상승에 대한 막연한 기대감으로, 주식의 내재가치 변화에도 불구하고 손실 중인 주식을 본의 아니게 장기간 보유하기도 한다. 개인들은 주가의 과거 흐름을 나타내는 차트에 의존해서 투자 활동을 하기도 한다.

개인들의 이런 투자 행태로 주식 시장에서는 자금이 한 곳으로 쏠려 버블이 자주 발생했다. 2000년 초의 IT 버블, 코스닥 시장 버블은 이러한 자금 흐름의 예이다. 다른 주식의 주가가 탄력적으로 상승하면 개인들은 이유 없이 그런 주식을 마구 구입했고, 주식 시장에서는 시장 과열이 발생하곤 했다. 그런 여러 비합리적인 모습들이 주식 시장에서는 비일비재하게 나타나고 있다. 도대체 왜 그런 모습들이 나타나는 걸까?

앞에서 보았듯이, 시장에서의 가격 결정에는 인간의 합리성과 심리적인 요소들이 복합적으로 작용한다. 일반적으로 시장에서는 합리성이 마음의 유혹을 극복하지만, 주식 시장 등에서는 그렇지 않을 때가 많다. 심리적인 요소가 너무 강하게 작용하기 때문이다. 특히 시장 가격 변화에 따라 공포와 탐욕이 주식 시장에서는 많이 발생한다. 이런 이유로 주식 시장에서는 비효율적인 투자 활동이 자주 나타난다. 투자자들의 투자 손실도 위와 같은 투자 행태로 늘어만 간다. 기관 투자가, 외국인, 큰손인 세력 등은 시장의 속성을 활용해 돈을 벌기도 한다. 개인 투자자 중에는 시장에 공포가 극대화될 때 주식을 매수해 돈을 버는 사람들도 있다.

영화 '타짜'를 보면 주인공이 '섰다'에서 화투 패를 미리 정렬한 후, 상대방과 게임을 하여 돈을 버는 모습들이 나온다. 이것을 '탄'이라고 한다. 주식 시장에서도 가격 설정자인 세력 등이 주가 설정을 통해 돈을 벌기도 한다. 주식 가격 설정자들은 회사에 대한 알짜 정보를 사전에 입수하고, 막대한 자금을 바탕으로 주가를 상승 또는 하락시킨다. 외국인들이나 기관이 대량 매수 또는 대량 매도한 종목을 개인들이 추종하여 매매를 하기도 한다. 가격 설정자들은 미래에 주가 상승을 기대하면서 주가를 오래 횡보시킨 후 주식을 매입하기도 한다. 때로 세력 등은 공매도를 한 후 주가를 하락시킨 다음 주식을 매입하기도 한다. 그런 다음 이들은 주가를 다시 상승시킨다. 개인 투자자들은 기업에 대한 분석을 주먹구구식으로 하고 전문 지식이 없어서, 시장 분위기에 휩쓸려 해당 주식을 매입 또는 매도한다. 이런 것을 적극 활용하여 외국인, 기관 및 세력 등은 본격적으로 주식을 매입하거나 매도한다. 심지어 가격 설정자들은 매입 기간 중에 악재를 언론에 흘려 주가 폭락을 조장하기도 한다. 세력 등이 주식 매입을 끝내면 거짓말처럼 회사의 실적은 향상되고 주가는 상승한다. 그러면 다시 개인은 뒤늦게 이런 회사의 주식을 매입하고, 이때 세력 등은 주식을 이들에게 떠넘겨 차익을 거둔다. 심지어 어떤 세력들은 의도적으로 주식을 이상 급등시키기도 한다. 궁극적으로 주가는 회사 실적 치에 합리적으로 수렴하지만, 세력들의 이런 행태로 주가가 언제 상승할지 주식 시장에서는 가늠하기가 어렵다.

그러면 돈만 있으면 누구나 주식 시장에서 세력이 되어 돈을 벌 수 있지 않을까? 그러나 세력의 이런 행태는 위험 부담이 매우 높다. 세력의 의도와는 달리 경제 상황은 외부 환경 변화에 따라서 어떻게 될지 모르기 때문이다. 또 시장에 대해 서로 다른 방향으로 주가를 결정하려는 세력도 많아, 주가는 합리적인 수준에서 움직이고 결정된다. 어쨌든 금융 당국은 위와 같은 인위적인 주가 조작을 방지하기 위해 수사권을 국가로부터 부여받아 시장 감시 활동을 한다. 한국에서는 주가 조작을 통해 발생한 부당 이득은 환수되고, 부당 이득액의 3배에 달하는 벌금이 주가 조작자 에게 부과되기도 한다. 이런 여러 가지 요인으로 결국 주가는 기업 실적에 따라 합리적인 수준에서 결정된다. 단지 이 주가 결정 과정에서 누가 빨리 합리적인 주식 가격을 알아내서 빠르게 투자를 하느냐에 따라서 투자의 성패가 결정된다.

이것이 대략 이론적인 투자의 정석이라고 할 수 있다. 하지만 현실의 주식 시장에서는 이런 것들이 잘 적용되지 않는다. 회사의 실적이 경제 상황과 기업 내부적 요인에 의해 끝없이 변동하고, 주가도 끝없이 변동하기 때문이다. 어떤 때는 회사 실적이 크게 상승하고, 어떤 때는 회사 실적이 크게 하락한다. 그래서 주가는 그야말로 엿장수 마음대로 움직인다. 정보에 밝은 합리적인 투자자인 세력 등은 회사의 정보를 남보다 먼저 안다. 반면 제한된 합리성으로 주가 변동의 원인을 알지 못하는 수많은 개인 투자자들이 주식 시장에서 비합리적 투자 행동을 하는 것은 당연한 일일지도 모른다. 오늘날 인터넷의 발달로 숨겨지는 정보가 드물고 정보가 빠르게 이동해도, 투자의 세계에서는 정보 습득의 시간차로 인해 개인은 늘 정보 획득에 있어 세력보다 한 발 늦는 것이 일반적이다. 앞에서 보았듯이, 로스차일드가의 예처럼 하루의 정보 차이로 시장에서는 투자 수익률이 수십 배 차이가 나지 않았던가? 그것이 오늘날에는 1시간의 차이로 인해 몇 배의 차이가 나는 것으로 변했다고나 할까? 정보는 그만큼 중요하고, 이런 정보 전쟁에서 개인들은 세력 등에게 이길 수가 없어서, 개인이 주식 시장에서 세력과 경쟁하면 승리하기가 어렵다.

그러면 개인은 주식투자를 하지 말아야 하는 것이 합리적이지 않을까? 그런데 이것도 잘 안 된다. 옆에서 누가 주식으로 떼돈을 벌었다고 하면, 다른 개인들도 주식 시장에서 돈을 벌고 싶은 욕망이 생기기 때문이다. 개인들도 주식 시장에서 잘만 하면 돈을 벌 수 있다고 생각하므로, 주식 시장에는 개인 투자자들이 항상 존재한다. 그래서 많은 사람들은 개인이 주식투자를 하는 것은 도박과 똑같다고 생각하면서, 개인이 주식투자를 하지 말 것을 권유하기도 한다. 사람들이 주식 소유를 통해 기업이 발생한 이윤을 공동으로 분배받는 것은 경제적으로 바람직하다. 그런데 그런 모습들이 실제 시장에서는 발생하기가 힘들고, 개인은 되레 주식 시장에서 손해만 봤다. 그러면 개인은 주식 시장에서 돈을 벌기 위해 어떻게 투자를 해야 할까?

주식 시장에서의 개인의 올바른 투자 행태

주식 시장에서 개인이 성공하기 위해서는 합리적 투자 행태, 돌 같은 마음, 빠른 순발력 등이 필요하다. 그러면서 경제 환경 변화 등을 판단할 수 있는 전문적인 지식도 필요하다. 이런 것이 없는 개인들은 불안한 마음 상태에서 행태경제학적 투자 행동을 하기 쉽다. 반면, 기관이나 외국인 등은 위와 같은 투자 활동을 주로 수행한다. 그래서 주식 시장에서는 적은 수의 기관 투자자에게 많은 수의 개인들이 늘 끌려 다닌다. 따라서 개인들이 주식 시장에서 돈을 벌려면, 투자 행태를 먼저 교정해야 한다.

일례로 외환위기 시 한국에서는 구조조정이 진행되었다. 한국 경제도 그때는 단기적으론 힘들었어도 미래에는 양호한 성장이 예상되는 시기였다. 20여 개에 이르던 은행들이 구조조정 되었다. 현재 한국에는 우리, 국민, 신한, 하나, 중소기업, 스탠다드챠타드, 씨티은행, 농협, 우체국 등만의 은행이 있다. 외국인들은 국내 은행들이 인수합병을 통해 몸집을 키우자, 이들 은행에 대한 투자로 큰 수익을 거두었다. 또한 현대자동차, 삼성전자 등이 내수 시장에서 독과점 위치에 오르고 세계 시장에서도 어느 정도 경쟁력이 강화되자, 외국인들은 이들 기업의 주식에 투자를 확대했다. 현재 한국에서는 이들 기업 및 은행 등에 대해 외국인들이 전체 주식 중 50% 내외의 주식을 보유하고 있다. 그리고 이들 기업 주식은 지난 10여 년간 크게 상승했다. 외국인들은 이와 같은 주식 투자로 큰돈을 벌었다. 그러면서 그들은 공매도, 선물, 옵션 등을 병행한 투자로 매년 일정하게 주식투자 수익률을 거두고 있다. 개인들은 외국인처럼 공매도, 선물, 옵션 등의 투자는 하기 어려워도, 경쟁력이 강화되는 기업 등의 주식은 장기적으로 투자를 할 수 있다. 그러면서 외국인, 기관과는 다르게 민첩하게 투자를 할 수도 있다. 개인도 이런 식으로 투자를 하면 주식 시장에서 성공할 수도 있다. 이 과정에서 개인 투자자들은 본인의 마음과 끝없이 싸워 나가야 한다.

개인들은 데이트레이딩과 같은 초단타 투자를 하기도 한다. 결국 위의 여러 투자 방법 중 개인의 성향에 가장 잘 맞고 투자 수익을 많이 거둘 수 있는 투자 방법을 개인은 주요 투자 방법으로 삼아 투자 활동을 해야 한다. 그러면서 돈을 버는 다른 활동과 똑같이 개인은 주식투자에서도 시간과 노력, 열정을 다해 투자 활동을 해야 한다. 하강기의 경제에도 개인에게 많은 수익을 주는 주식은 매년 발생한다. 상승기의 경제에는 이런 주식이 많아서, 누구나 아무 주식에나 투자하면 돈을 벌기가 쉬운 점이 하강기의 경제와는 다른 점일 것이다. 주식투자의 세계에서 외부 경제 환경의 변화는 이처럼 투자에도 큰 영향을 미친다.

MONEY
Product
IDEA
TEAM
INCOME
SUCCESS
ANALYSIS

에필로그

산 정상을 등산한 후 내려가는 길은 늘 평안하고 즐겁다. 고생스럽게 산 정상에 올랐다는 만족감과 성취감 때문일까? 아니면 집에 갈 수 있고 쉴 수 있다는 기대감 때문일까? 등산 시 만나게 되는 산의 싱그러운 공기와 경치가 마음을 정화시키기 때문일까?

등산하는 사람에게 왜 힘들게 등산을 하느냐고 물으면, 단지 산이 있기 때문이라고 답하기도 한다. 그러나 등산이 주는 그런 감정 때문에, 그리고 등산이 사람의 몸과 마음에 이로워서 사람들은 주말마다 산을 찾는 것 같다. 고은 시인이 말했듯이 하산 길에서 모든 것이 더 잘 보이는 것처럼, 어떤 일들을 정리할 때 어떤 일을 더 잘 알게 되는 것 같다. 살아온 날 만큼 앞으로 살아갈 날들이 남아 있는 사람이 많은 일을 하지도 못했고 인생을 잘 알지도 모르나, 왠지 책을 마무리하면서 그런 감정이 드는 것은 무슨 이유일까?

책을 내면서 내 글이 사람들에게 상쾌한 공기와 같지 못하고 공해만 끼치는 것은 아닌지 근심하기도 했다. 내가 가진 지식의 한계로 독자들에게 경제 현상을 잘못된 시각으로 잘못 전달한 것은 없는지에 대해서도 나 스스로에게 질문해보았다. 글 쓰는 실력 부족으로 내가 전달하려는 것들을 독자들에게 잘못 전달한 것은 없는지에 대해서도 생각해보았다. 그럼에도 불구하고 나만의 시각으로 경제를 이렇게 볼 수 있다는 것을 독자들에게 제시하는 것은 의의가 있는 일이라고 생각했다.

사회과학에서 만고불변의 진리가 존재할까? 아담 스미스의 자유시장 이론도 이론 발생 100년 후 시장이 갖고 있는 부익부 빈익빈 문제와 경쟁 패배자 발생, 불황 등의 문제가 대두되어 마르크스와 케인즈에 의해 공격당했다. 그리고 거시경제 이론으로 그렇게 견고했던 케인즈주의도 신자유주의에 의해 부정되었다. 나의 견해를 이런 대가들의 이론과 비교한다는 것이 자가당착일지 모르나, 나의 견해도 누군가에 의해 부정되거나 재조명될지도 모른다. 그러나 내가 이 책과 같은 경제적 시각을 가질 수 있었던 것은 앞선 경제학자들의 이론 덕분인 것은 분명하다. 나는 현실 경제 문제를 제대로 알고 문제 해결책을 찾으려고 노력했던 것들에 대해 만족한다. 적은 분량의 이 책은 그런 것들의 결과물이다.

많은 사람들은 시장자본주의가 최고의 경제 체제라고 생각한다. 그러나 오늘날에는 그렇지 않다고 생각하는 사람들도 많아지고 있다. 그러면 어떤 요인에 의해 시장자본주의가 인류에게 이로웠고 어떤 문제점이 있는지에 대해 우리는 생각해봐야 하고, 문제가 있으면 문제 해결점을 제대로 구해야 한다. 이 책에는 그런 것들에 대한 나의 생각이 서술되어 있다.

나는 유럽의 경제를 통해 시장자본주의가 어떻게 시작되었는지 알 수 있었다. 그리고 시장자본주의가 한국 등의 신흥국에 전파되어 경제 발전이 이루어진 과정을 통해 고도성장과 저성장이 어떻게 생성되는지에 대해서도 생각할 수 있었다. 인구적 요인, 도시화가 몰고 온 경제적 현상, 시장 자체와 사람이 갖고 있는 수요와 공급적 요인, 산업적 요인 등을 통해 경제가 어떻게 발전하고 침체될 수 있는지 생각할 수 있었다. 그리고 이를 통해 경제 침체를 막고, 좀 더 자유롭고 평안한 경제 활동을 바라는 마음에서 이 글을 썼다. 그러다 보니 화폐와 금융도 경제에 큰 영향을 미치고 있어, 그에 대한 것들도 기술할 필요를 느꼈다. 그러면서 하강기의 경제에서 국가와 개인이 해야 할 역할들과 행동들에 대해서도 생각해보았다. 자산소득과 화폐가 경제 호황과 불황을 가속화시키는 이유, 시장자본주의 하에서 인구가 감소하는 이유, 시장에서 비효율적 균형이 성립하는 이유 등을 말하면서 현실 경제 문제에 대한 올바른 해결책도 생각할 수 있었다.

이런 것들이 내가 이 책에서 독자들에게 말하고 싶은 주된 사안들이다. 물론 앞에서 밝혔듯이, 나의 견해가 완벽하지도 않으며 틀렸을 수도 있다. 그러나 나는 이런 것을 알아내는 과정에서 왠지 모를 평안함과 행복감을 느낄 수 있었다.

우리가 살아가는 삶은 한 편의 여행이라고 한다. 그 한 편의 여행에서 불행한 사고는 사람들에게 발생하지 않아야 한다. '구구팔팔'이란 말처럼, 99세까지는 건강하고 팔팔하게 살다가, 100세 되는 어느 해에 조용히 죽는 것을 사람들은 소망하기도 한다. 인생이 본인의 의지대로 되는 것은 아니나, 사람들은 이런 삶 속에서 저마다 의미 있는 추억을 만들려고 노력한다. 그런 사람들의 행동이 타인과 사회에 해를 끼치지 않는다면 그 어떤 것도 괜찮을 것이란 생각도 해보았다. 화려해도 좋고 소박해도 좋고, 단지 그 무엇을 했다는 것, 그 자체가 결국 사람의 삶에 의미로서 남게 되지 않을까? 삶의 의미가 글을 쓰는 것, 노래하는 것, 그림 그리는 것, 합법적으로 돈을 버는 것 등, 그 어떤 것들도 각자의 사람에게는 의미 있고 소중하리라. 그리고 이런 일들을 하는 과정에서 그래도 추억거리를 만들면서 살아가면 좀 더 삶이 가치 있을 것이라는 생각을 해보았다. 나의 이 책도 그런 과정의 하나일 거라고 생각해본다.

나의 시각이 부디 경제 현상을 바라보는 시각을 독자들이 정립하는 데 조금이라도 도움을 주었으면 하는 바람도 가져본다. 이 책을 읽은 독자들에게 감사드리며, 독자들의 삶에 있어 성공을 축원한다.

참고문헌

*용어의 정의는 위키백과, 네이버 백과사전 등을 참조했으며, 여러 통계 자료는 『매일경제신문』사 보도자료, 통계청, 한국은행, 기획재정부 등의 자료를 참조했다.

거우홍양 지음, 허유경 옮김, 『저탄소의 음모』, 라이온북스, 2011

김광수 경제연구소 지음, 『버블붕괴와 장기침체』, Human&Books, 2009

김수행 지음, 『알기 쉬운 정치경제학』, 서울대학교 출판부, 2001

김연명. 선광영. 양재진. 윤홍식. 이정우 지음, 『대한민국 복지 7가지 거짓과 진실』, 두리미디어, 2011

김이경 지음, 『금리만 알아도 경제가 보인다』, 위너스북, 2009

나선. 이명로 지음, 『똑똑한 돈』, 한빛비즈(주), 2009

니혼게이자이신문 지음, 송수영 옮김, 『마음을 유혹하는 경제의 심리학』, 밀리언하우스, 2005

데이비드 그레이버 지음, 정명진 옮김, 『부채 그 첫 5000년』, 부글, 2011

도모노 노리오 지음, 이명희 옮김, 『행동경제학』, 지형, 2007

로저 로웬스타인 지음, 손성동 옮김, 『복지전쟁』, 한국경제신문 한경BP , 2011

론도 캐머리. 래리 닐 지음, 이헌대 옮김,『간결한 세계경제사』, 에코피아, 2009

론처노 지음, 강남규 옮김, 『금융제국 J.P. 모건』, 플래닛, 2007

마이클 샌델 지음, 이창신 옮김, 『정의란 무엇인가』, 김영사, 2010

마이클 팬츠너 지음, 이주명 옮김, 『금융 아마겟돈』, 필맥, 2009

마이클샌델 지음, 안기순 옮김, 『돈으로 살 수 없는 것들』, (주)미래엔, 2012

마티아스 반스방거 지음, 김해생 옮김, 『죽은 경제학자의 망할 아이디어』, 비즈니스맵, 2012

매일경제 경제부 · 정치부 지음, 『MB 노믹스』, 매일경제신문사, 2008

밀랜드 M. 레레 지음, 권성희 옮김, 『독점의 기술』, 흐름출판, 2006

박동운 지음, 『위기의 한국 시장경제가 돌파구다』, 월간조선, 2005

박유연 지음, 『경제지식 7일 만에 끝내기』, (주)살림출판사, 2011

박유연 지음, 『금융지식 7일 만에 끝내기』, (주)살림출판사, 2011

박유연 지음, 『환율지식 7일 만에 끝내기』, (주)살림출판사, 2011

방병문. 이강년 지음, 『위기에 다시 읽는 경제교과서』, 21세기북스, 2009

베리슈외츠 지음, 형선호 옮김, 『선택의 패러독스』, (주)웅진닷컴, 2004

스티브포브스. 엘리자베스 아메스 지음, 김광수 옮김, 『자본주의는 어떻게 우리를 구하는가』, 아라크베, 2011

스티븐레빗, 스티븐터브너 지음, 안진환 옮김, 『슈퍼 괴짜경제학』, 웅진지식하우스, 2010

신장섭 지음, 『금융전쟁, 한국경제의 기회와 위험』, 청림출판 , 2009

쑹훙빙 지음, 차혜정 옮김, 『화폐전쟁』, 랜덤하우스코리아(주), 2008

애덤 스미스 원저, 김수행 지음, 『국부론』, 두리미디어, 2012
앤드류 수크무클러 지음, 박상철 옮김, 『시장경제의 환상』, 매일경제신문사, 1998
에릭 D. 바인하커 지음, 안현실, 정성철 옮김, 『부의 기원』, RHK코리아, 2007
유시민 지음, 『국가란 무엇인가』, 돌베개, 2011.
유시민 지음, 『유시민의 경제학 카페』, 돌베개, 2002
윤채현. 박준민 지음, 『지금 당장 환율공부 시작하라』, 한빛비즈(주), 2008
이극찬 지음, 『정치학』, 법문사, 2008
이의훈 지음, 『시장경제의 적들』, Human&Books, 2011
이준구 지음, 『36.5℃ 인간의 경제학』, 알에이치코리아, 2012
장탕빈 지음, 차혜정 옮김, 『기축통화 전쟁의 서막』, 위즈덤하우스, 2009
장하준 지음, 김희정, 안세민 옮김, 『그들이 말하지 않는 23가지』, 도서출판 부키, 2010
재레드 다이아몬드 지음, 김진준 옮김,『총, 균, 쇠』, 문학사상사, 2005
조나단 B. 와이트 지음, 안진환 옮김, 『애덤 스미스 구하기』, 생각의 나무, 2003
조순 지음, 『화폐 금융론』, 비봉출판사, 1994
조순, 정운찬 지음, 『경제원론』, 법문사, 1994
조엘 코트킨 지음, 윤철희 옮김, 『도시, 역사를 바꾸다』, 을유출판사, 2013
조지 애커로프. 로버트 쉴러 지음, 김태훈 옮김, 『야성적 충동』, 랜덤하우스코리아(주), 2009
조지프 E. 스티글리츠 외, 『경제학자들의 목소리』, (사)한국물가정보, 2009
존 메이너드 케인스 원저, 류동민 지음, 『케인스의 일반이론』, 두리미디어, 2012
존미클 스웨이트. 에이드리언 울드리지 지음, 유경찬 옮김, 『기업, 인류 최고의 발명품』, 을유출판사, 2011
주현성 지음,『지금 시작하는 인문학』, 더좋은책, 2012
진 스마일리 지음, 유왕진 옮김, 『세계 대공황』, 지상사, 2008
카를마르크스 원저, 김수행 지음, 『자본론』, 두리미디어, 2012
크리스 앤더슨 지음, 윤태경 옮김, 『메이커스』, 알에이치코리아, 2013
토드부크홀츠 지음, 이성훈 옮김, 『토드부크홀츠의 유쾌한 경제학』, 리더스북, 2009
토드부크홀츠 지음, 이승환 옮김, 『죽은 경제학자의 살아 있는 아이디어』, 김영사, 2003
토머스 프리드먼 지음, 신동욱 옮김, 『렉서스와 올리브나무』, 도서출판 창해, 2000
토마 피게티 지음, 장경덕외 옮김, 『21세기 자본』, 글항아리, 2014
팀 하포드 지음, 김명철 옮김, 『경제학 콘서트』, 웅진지식하우스, 2006
팀 하포드 지음, 이진원 옮김, 『경제학콘서트 2』, 웅진지식하우스, 2008
패트리셔 애버딘 지음, 윤여중 옮김, 『메가트렌드 2010』, 청림출판, 2006
폴 그루그먼 지음, 김이수, 오승훈 옮김, 『경제학의 향연』, 도서출판 부키, 1997
피터 드러커 지음, 이재규 옮김, 『넥스트 소사이어티』, 한국경제신문사, 2002
한국개발연구원, 시장경제연구원 지음,『시장경제의 재발견』, 한빛비즈(주). 2012
CCTV경제 30분 팀 지음, 류방승 옮김, 『화폐전쟁, 진실과 미래』, 랜덤하우스코리아, 2011
IBM 지음, 『IBM 한국 보고서』, 한국경제신문사, 2007